KRETA

Archäologischer und touristischer Reiseführer

Texte
RENGINA MOUSTERAKI

Redaktion
NORA DRAMITINOU-ANASTASOGLOU

Übersetzung
WOLFGANG SCHÜRMANN

Produktion-Druck
VERLAG K. ADAM

Layout
KATERINA ADAM

Fotografien
KOSTAS ADAM, ILIAS GEORGOULEAS
GIANNIS GIANNELOS, ANGELIKI DOUVERI

ISBN: 978-960-6689-27-7

KRETA

OSTKRETA
Iraklion, Lassithi

WESTKRETA
Rethymnon, Chania

K.ADAM
PUBLISHING

INHALT

NAME 8
GEOGRAPHISCHE LAGE 9
MORPHOLOGIE - KLIMA 10
FAUNA UND FLORA 12
MYTHOLOGIE 14
GESCHICHTE 20

Die Geschichte der Ausgrabungen auf Kreta 20
Mittel- und Jungsteinzeit 21
Minoische Zeit: Vorpalastzeit 21
Altpalastzeit 22
Die Schrift der Altpalastzeit und der Diskus von Phaistos 25
Neupalastzeit 26
Nachpalastzeit 30
Historische Zeit: Subminoische und protogeometrische Zeit 32
Geometrische und orientalisierende Zeit 33
Archaische Zeit 33
Klassische Zeit 34
Hellenistische Zeit 36
Römische Zeit 37
Erste byzantinische Periode 38
Araberherrschaft 39
Zweite byzantinische Periode 39
Venezianerherrschaft 40
Türkenherrschaft 44
Die jüngere Vergangenheit 46

REGIERUNGSBEZIRK IRAKLION 48
KURZE GESCHICHTE DER STADT IRAKLION .50
RUNDGANG DURCH DIE STADT IRAKLION 52
DIE MUSEEN VON IRAKLION 58
DER PALAST VON KNOSSOS 62
1. Rundfahrt 72
Agia Pelagia-Phodele-Tylissos-Sklavokambos
2. Rundfahrt 76
Agia Varvara-Zaros-Kloster Vrondissi-Kloster Varsamonero-Kamares-Höhle
3. Rundfahrt 80
Agia Varvara-Gortyn-Agii Deka-Platanos-Lendas
4. Rundfahrt 86
Agii Deka-Mires-Phaistos-Agia Triada-Tymbaki-Matala-Mires-Kali Limenes
5. Rundfahrt 96
Myrtia-Archanes-Vathypetro-Partheni-Kloster Apanosiphi
6. Rundfahrt 102
Peza-Agies Paraskies-Kloster Angarathou–Kastelli-Viannos-Ano Symi-Arvi
7. Rundfahrt 106
Karteros-Amnissos-Eileithyia-Höhle–Nirou Chani-Gouves-Skotino-Höhle
Limani Chersonissou-Stalida-Mallia

REGIERUNGSBEZIRK LASSITHI 114
KURZE GESCHICHTE DER STADT AGIOS NIKOLAOS 116
RUNDGANG DURCH DIE STADT 118
DIE MUSEEN VON AGIOS NIKOLAOS 120
1. Rundfahrt 122
Agios Nikolaos-Elounda-Spinalonga–Plaka
2. Rundfahrt 126
Agios Nikolaos-Kritsa-Lato-Neapolis-Milatos-Driros-Lassithi-Hochebene

3. Rundfahrt 134
   Agios Nikolaos-Istros-Kloster Phaneromeni-Gournia-Pachia Ammos-Mochlos-Chamezi-Sitia
4. Rundfahrt 142
   Sitia-Agia Photia-Kloster Toplou-Vai-Palekastro-Zakros
5. Rundfahrt 150
   Sitia-Piskokephalo-Praisos-Kloster Kapsa-Makrygialos-Kouphonissi-Agia Photia-Ierapetra
6. Rundfahrt 156
   Ierapetra-Myrtos-Vassiliki-Agios Nikolaos

REGIERUNGSBEZIRK RETHYMNON 162
KURZE GESCHICHTE DER STADT RETHYMNON 164
RUNDGANG DURCH DIE STADT RETHYMNON 166
DIE MUSEEN VON RETHYMNON 172
1. Rundfahrt 174
   Atalis-Kloster-Panormos-Bali
2. Rundfahrt 178
   Perama-Melidoni-Höhle-Zoniana-Axos-Anogia-Idäische Grotte
3. Rundfahrt 186
   Adele-Amnatos-Kloster Arkadi-Eleftherna-Margarites-Kloster Arsani-Stavromenos
4. Rundfahrt 192
   Prasses-Agia Photini-Meronas-Thronos-Asomaton-Schule-Amari-Apodoulou
5. Rundfahrt 198
   Armeni-Mixorrouma-Spili-Akoumia-Agia Galini
6. Rundfahrt 204
   Koxare-Kourtaliotiko-Schlucht-Asomatos-Kloster Preveli
   Lefkogia-Plakias-Kotsyphou-Schlucht-Agios Vassilios
7. Rundfahrt 210
   Atsipopoulo-Prines-Roustika-Prophitis Elias-Kloster
   Argyroupolis-Myriokephala-Asi Gonia-Episkopi-Petre-Strand-Gerani

REGIERUNGSBEZIRK CHANIA 214
KURZE GESCHICHTE DER STADT CHANIA 216
RUNDGANG DURCH DIE STADT CHANIA 220
DIE MUSEEN VON CHANIA 226
AUSFLÜGE IN DIE UMGEBUNG VON CHANIA 228
1. Rundfahrt 234
   Chania-Agia Marina-Maleme-Kolymbari-Gonia-Kloster-Polyrrhenia-Kastelli-Gramvoussa
2. Rundfahrt 242
   Kastelli Kissamou-Phalassarna-Chryssoskalitissa-Elaphonissi-Topolia
3. Rundfahrt 246
   Chania-Phloria-Kandanos-Temenia-Paliochora
4. Rundfahrt 250
   Chania-Agia-Alikianos-Nea Roumata-Prasses-Sougia
5. Rundfahrt 256
   Chania-Alikianos-Lakki-Omalos-Hochebene-Samaria-Schlucht-Agia Roumeli-Loutro
6. Rundfahrt 266
   Chania-Vrysses-Askyphou-Hochebene-Frangokastello-Sphakia-Anopolis-Gavdos
7. Rundfahrt 270
   Chania-Kloster Chryssopigi-Souda-Aptera-Kalyves-Vamos-Georgioupoli-Kournas-See

NÜTZLICHE INFORMATIONEN 278
MUSIK UND TÄNZE 280
KRETISCHE KÜCHE 282
REGISTER 284

Name

Die Etymologie des vorgriechischen Namens Kreta ist nicht geklärt.

Zur Identität der Krete, die dem Mythos zufolge der Insel ihren Namen geliehen hat, sind zahlreiche Vermutungen geäußert worden. So soll sie eine Nymphe oder nach anderen eine Tochter des Königs Asterion oder eines der Kureten gewesen sein. Wieder andere führen den Namen auf Kretas zurück, einen Sohn des Zeus und der Nymphe Idaia. In prähistorischer Zeit war Kreta die mächtige Insel der Keftiu »...in der Mitte des grünen Meeres...«. In den homerischen Epen ist Kreta das »weite Land mit den hundert Städten« und in anderen Schriftquellen die »Insel der Seligen«, die »Idäische« (nach dem Berg Ida) oder die »Langgestreckte«.

Geographische Lage

Kreta, die fünftgrößte Insel des Mittelmeers und die größte Griechenlands, liegt am südlichen Rand der griechischen Inselwelt. Nach Norden schließt sich das Kretische, nach Süden das Libysche, nach Westen das Myrtoische und nach Osten das Karpathische Meer an. Kreta scheint im östlichen Mittelmeer zwischen den Erdteilen Europa, Afrika und Asien vor Anker gegangen zu sein, von denen es etwa derselbe Abstand trennt. Diese Lage war seit jeher für die Bedeutung Kretas ausschlaggebend gewesen; sie machte sie zum idealen Anlaufplatz für die das östliche Mittelmeer befahrenden Schiffe und zum Umschlagplatz für den Warenverkehr zwischen Nordafrika, den Inseln der Ägäis sowie den Küstenstädten Syriens und Kleinasiens.

Kreta besitzt eine langgestreckte Form und eine Fläche von 8.331 qkm. Die größte Länge in Ostwestrichtung beträgt 260 km. Die Breite schwankt zwischen 60 km und 14 km an der Landenge zwischen dem Golf von Mirabello und der Stadt Ierapetra.

Langgezogene Gebirgsketten durchziehen Kreta von der West- bis zur Ostküste. Viele von ihnen sind durch tiefe Schluchten gespalten, manche kahl und andere dicht bewaldet, und in vielen öffnen sich geheimnisvolle Höhlen.

Auf schroff aufragende Berge folgen niedrigere, deren Hänge mit Olivenbäumen, Steineichen und Mastixsträuchern bestanden sind. In dieser Bergwelt befinden sich fruchtbare Hochebenen, und die Hänge gehen in kleine grüne Ebenen mit Zitrusplantagen, Weinfeldern und Gemüsegärten über.

An die dicht bewachsenen Hänge drängen sich kleine und große Dörfer, andere liegen in den Tälern und auf den Hochebenen. Die Nordküste der Insel besitzt zahlreiche, zumeist große und offene Buchten mit langen goldenen Sandstränden, die von dichter Vegetation gerahmt werden. Im Gegensatz dazu ist die Südküste schroff, weitgehend ohne Bewuchs und durch kleine Buchten gegliedert, deren Strände aus Kieseln oder grauem Sand bestehen.

Kreta ist in die vier Regierungsbezirke Chania, Rethymnon, Iraklion und Lassithi mit den Hauptstädten Chania, Rethymnon, Iraklion, dem Verwaltungszentrum Kretas, und Agios Nikolaos aufgeteilt. Die vier größten Städte der Insel haben sich an der Nordküste entwickelt, von wo aus die Kommunikation mit dem übrigen Griechenland in älterer Zeit leichter bewerkstelligt werden konnte.

Die einzige größere Stadt an der Südküste ist Ierapetra, von wo aus die Nordküste über die gleichnamige Landenge leicht zu erreichen ist. In diesen fünf Städten und in Sitia östlich von Agios Nikolaos sind die meisten Bewohner der Insel konzentriert und in Handel und Gewerbe tätig. Viele von ihnen sind in direktem Zusammenhang mit dem Tourismus beschäftigt, der während der letzten Jahrzehnte eine sprunghafte Entwicklung erlebt hat. Die übrigen Kreter sind vor allem in der Landwirtschaft und der Tierhaltung tätig und wohnen in den kleinen und großen, über die ganze Insel verstreuten Dörfern.

Kreta besitzt aufgrund seiner geographischen Lage ein ausgezeichnetes Klima. Das hier herrschende Mittelmeerklima, das zu den mildesten dieser Zone zählt, schwankt den landschaftlichen Gegebenheiten entsprechend. Die ebenen Küstenbereiche im Norden und Westen besitzen ein gemäßigtes Klima mit milden Wintern. Während des Winters sind die meisten Regenfälle zu verzeichnen.

Auf den milden Winter folgt ein kurzer Frühling. Die Hitze des Sommers wird durch die Meeresbrisen und die Nordwestwinde gemildert, die Etesien oder Meltemia, die während der Sommermonate wehen. Der Herbst ist lang und angenehm und besitzt mit gewöhnlich 20-25° C höhere Temperaturen als der Frühling.

Flora

Auf Kreta, das für seine große Pflanzenvielfalt bekannt ist, wachsen 30% aller für das gesamte Griechenland nachgewiesenen Pflanzen.

Der große Reichtum der kretischen Pflanzenwelt wird erst dann hinreichend deutlich, wenn man berücksichtigt, dass Kreta lediglich 6% der Fläche Griechenlands einnimmt.

Auf dieser Insel mit ihrer großen klimatischen Vielfalt und den unterschiedlichen Landschaftstypen wachsen rund 1.800 Arten und Unterarten, von denen 180 nur hier anzutreffen sind.

Das Wachstum der Pflanzen hängt von der jeweiligen Höhe und Jahreszeit ab. An den Sandstränden wachsen Tamarisken und schneeweiße Seelilien.

An den felsigen Küsten der Inseln Agria und Imeri Gramvoussa blüht das Anthemis, während in der Nähe der Küste (Vai und Preveli) die kretische Palme wächst, die zu den endemischen Arten der Insel zählt. An den Sandstränden der Inseln Gavdos und Chrissi (oder Gaidouronissi) sieht man kleinwüchsige Zedern und auf der Insel Elaphonissi sowie am gegenüber liegenden Strand das äußerst seltene Androcymbium Rehinger.

In den kretischen Feuchtgebieten gedeihen Schilfrohr, Weiden und Buschpflanzen, die sandige Ufer- und Küstenzonen bevorzugen.

Wahre »Archen«, in denen aufgrund des schwierigen Zugangs zahlreiche seltene Pflanzenarten überlebt haben, bilden die kretischen Schluchten, in denen man zahllosen Arten seltener Wildblumen, Büsche und Kräute begegnet, von denen viele nur auf Kreta gedeihen, wie dem duftenden Salbei, dem Majoran und dem berühmten kretische Diktamon – der aufgrund des übertriebenen Pflückens vom Verschwinden bedroht ist -, der für pharmazeutische und kosmetische Zwecke verwendet wird.

Fauna

Die kretische Fauna ist nicht minder reich. Hasen, Igel, Nagetiere und Fledermäuse leben in den Ebenen und Vorgebirgsregionen.

In entlegene, unzugängliche Bereiche der Insel weit

entfernt von jeder menschlichen Tätigkeit, wie die Samaria-Schlucht, die Gipfelzonen der Weißen Berge und die unbewohnten Inselchen Thodorou, Dia und Agii Pantes, haben sich die kretischen Wildziegen zurückgezogen, die von den Kretern »Kri-kri« genannt werden (Capra aegagrus cretica).

Außer der Wildziege, die in der Religion der Minoer eine wichtige Rolle gespielt hat, zählen zu den endemischen Säugetieren Kretas der Hase, der kretische Marder, der kretische Dachs, die kretische Wildkatze, fünf Mäusearten, darunter das Stachelschwein, und das kretische Wiesel, das die Einheimischen »Kalogiannou« nennen.

Die Zugvögel, die im Herbst von Europa nach Afrika und im Frühling zurück fliegen, benutzen Kreta als Durchgangsstation und vergrößern die ohnehin bereits große Zahl der Vogelarten der Insel.

Die Mythen Kretas

Angesichts der Jahrtausende langen Geschichte Kretas ist es nicht verwunderlich, dass die Insel eine reiche mythologische Tradition besitzt. Die meisten dieser Mythen werden von Homer, Hesiod, Herodot, Thukydides, den tragischen Dichtern, Platon, Aristoteles und den späteren historischen Schriftstellern überliefert. Andere leben im Gedächtnis der einfachen Menschen als Märchen und Fabeln weiter.

In zahlreichen kretischen Mythen finden sich Elemente vorgriechischer und vordorischer Kulte, wie dem der Selene, während sich in anderen das Ausgreifen Kretas über seine natürlichen Grenzen hinaus widerspiegelt.

Zeus

Die Diktäische Grotte, in der Zeus geboren wurde.

Zeus war für die Menschen der Antike der höchste und König aller Götter und nach Homer der Vater der Götter und der Menschen. Auf Kreta geboren und herangewachsen, wurde der bedeutendste der Zwölfgötter auch der »Kretageborene« genannt. Um auf den Thron der Götter zu gelangen, musste er zunächst einen harten Kampf gegen seinen Vater Kronos führen.

Kreta, der Geburtsort des Zeus

Kronos war von seinen Eltern Ge und Uranos geweissagt worden, dass ihn eines seiner Kinder vom Thron stoßen würde. Deshalb verschlang er jedes Neugeborene, das ihm seine Gattin Rhea schenkte. Als Rhea mit Zeus schwanger war, befolgte sie den Rat ihrer Eltern Ge und Uranos. Nachdem sie in einer Höhle auf Kreta (der Diktäischen Grotte) niedergekommen war, wickelte sie einen Stein in ein Tuch und reichte ihn an Stelle des Säuglings ihrem Gatten Kronos. Danach verbarg sie Zeus in einer Höhle am Berg Ida (der Idäischen Grotte). Sie vertraute den kleinen Zeus den Nymphen an, und die Kureten, gutartige Dämonen, schlugen mit ihren Schwertern auf ihre Schilde, damit Kronos nicht das Geschrei des Kindes hören konnte. Das Kind wurde von der Ziege Amaltheia genährt, deren Horn nach dem Sieg des Zeus zum Symbol der Fülle wurde, aus dem alle Güter der Erde hervorquollen.

Zeus und Europa

Zeus entführte Europa, die Tochter des Agenor, in Gestalt eines weißen Stieres aus Phönizien an den Ort seiner Geburt nach Kreta. Er nahm sie auf seinen Rücken und flog über das Meer nach Kreta, das in dieser Zeit vom König Asterion regiert wurde. Er verband sich mit ihr in der Diktäischen Grotte oder unter einer Platane in Gortyn, die dem Mythos zufolge seither nicht mehr ihre Blätter verlor. Aus dieser Verbindung gingen drei Söhne hervor: Minos, Rhadamanthys und Sarpedon. Zeus machte Europa drei Geschenke: den bronzenen Riesen Talos, den goldenen Hund Lailaps, dem keine Jagdbeute entging, und einen Köcher mit Pfeilen, die nie ihr Ziel verfehlten.

Der Name Europa bedeutet »breitstirnig« und weist, wie der ihrer Schwiegertochter Pasiphae, auf den Kult der Mondgöttin Selene. Die Verbindung von Zeus und Europa unter einem Baum erinnert an den im minoischen Kreta verbreiteten Baumkult, und die Tatsache, dass Zeus die Gestalt eines Stieres annimmt, um sich mit Europa zu verbinden, bestätigt die wichtige Rolle des Stieres in der minoischen Religion.

Links: Die Rückseite des Euro mit Europa auf dem Stier. Rechts: Der stiergestaltige Zeus bringt Europa nach Kreta.

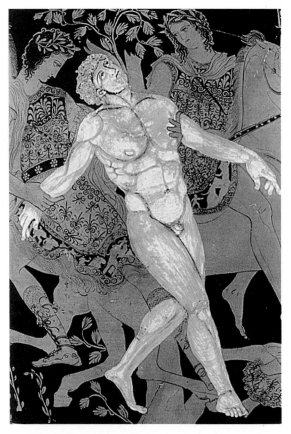

Der Riese Talos

Der bronzene Riese Talos war von Hephaistos geschaffen worden. Eine andere Überlieferung berichtet, dass er der Vater des Phaistos oder der Sohn des Kretas war, der wiederum dem Bronzegeschlecht entstammte. Seine Aufgabe bestand darin, die Zwistigkeiten unter den Kretern zu schlichten. Um diese schwierige Aufgabe erfüllen zu können, umrundete er drei Mal pro Jahr die Insel und führte dabei die Bronzetafeln mit sich, auf denen die Gesetze verzeichnet waren. Einer anderen Version zufolge war Talos der ruhelose Wächter der Insel. Er umrundete die Insel drei Mal pro Tag und schleuderte schwere Felsblöcke gegen die fremden Schiffe, die sich den kretischen Küsten näherten. Der bronzene Gigant war nur an der Ferse verwundbar. Dort endete die einzige Ader seines Körpers, durch die an Stelle von Blut die göttliche Flüssigkeit »Ichor« floss. Als sich die Argonauten mit Jason und Medea Kreta näherten, griff Talos ihr Schiff an. Da versetzte ihn Medea durch einen Zauber in Schlaf und öffnete die Ader, so dass die Flüssigkeit ausfloss und Talos starb.

Talos scheint ursprünglich ein Sonnengott gewesen zu sein, der später zum Heros herabgesunken war. Hierfür sprechen die Bronze, aus der er bestand, sowie sein Verhältnis zum Feuer und seine Eigenschaft als Richter.

Pasiphae und der gottgesandte Stier

Die unsterbliche Pasiphae, eine Tochter des Sonnengottes Helios und der Okeanide Perseïs, war die Gemahlin des Königs Minos, dem sie vier Söhne und vier Töchter schenkte. Poseidon sandte Minos einen weißen Stier, den er auf seinem Altar opfern sollte. Das Tier war jedoch von so großer Schönheit, dass Minos seiner Verpflichtung nicht nachkam. Er behielt den Stier vielmehr für sich und opferte an seiner Stelle einen anderen. Poseidon geriet daraufhin in Zorn und rächte sich, indem er Pasiphae in Liebe zu dem gottgesandten Tier entbrennen ließ. Die Königin bat Daidalos um Hilfe, um sich mit dem Stier vereinigen zu können. Der kunstfertige Erfinder konstruierte daraufhin eine hohle hölzerne Kuh, in deren Innerem sich Pasiphae verbarg und mit dem Stier verband.

Die Vereinigung Pasiphaes mit dem Stier erinnert an die »Stiersprünge«, die akrobatischen Stierspiele der kretischen Jünglinge der minoischen Zeit.

Der Minotauros und das Labyrinth

Nach der Vereinigung mit dem heiligen Tier gebar Pasiphae den Minotauros, ein Ungeheuer mit dem Körper eines Mannes und dem Kopf eines Stieres. Minos sperrte ihn im Labyrinth unter dem Palast von Knossos ein, in das man leicht hinein-, aufgrund der zahllosen Windungen aber nicht wieder herausgelangen konnte. Zusammen mit den Feinden des Minos im Labyrinth gefangen, ernährte sich der Minotauros von Menschenfleisch. Dort tötete ihn schließlich mit Hilfe der Ariadne der athenische Heros Theseus, der Sohn des Königs Aigeus. Der Mythos vom Minotauros und vom Labyrinth verweist auf den minoischen Stierkult. Das Zentrum dieses Kultes war der vielräumige, verwinkelte Palast von Knossos. Eines der heiligen Symbole der minoischen Religion war die Doppelaxt, die auch im Wort »Labyrinth« erscheint, das »Haus der Doppelaxt« bedeutet.

Daidalos und Ikaros

Daidalos stammte aus Athen und war ein genialer Erfinder, der die Architektur und die Bildhauerei besonders liebte.

Er kam nach Kreta, um für Minos den reich mit Wandmalereien geschmückten Palast und das Labyrinth zu errichten. Nachdem er Pasiphae zu Diensten gewesen war, fürchtete er sich vor dem Zorn des Königs, so dass er sich entschloss, zusammen mit seinem Sohn Ikaros Kreta zu verlassen. Da Daidalos nicht zu Schiff fliehen konnte, suchte er nach einer anderen Möglichkeit. Als er aus seinem Versteck die Vögel beobachtete, dachte er, dass auch er Flügel benutzen könnte, um Kreta zu verlassen. So fertigte er vier Flügel an, zwei für sich selbst und zwei für Ikaros, indem er gesammelte Vogelfedern mit Hilfe von Wachs miteinander verband. So ließen Vater und Sohn die Insel weit hinter sich. Der leichtere Ikaros stieg jedoch zu hoch auf, so dass die Sonne das Wachs zum Schmelzen brachte. Ikaros stürzte ins Meer, das seither seinen Namen trägt, und ertrank.

Die mythische Gestalt des Daidalos steht für die bedeutenden technischen Erfindungen der Minoer und die kulturelle Entwicklung des minoischen Kreta.

Die reiche mythologische Überlieferung Kretas ist hiermit natürlich nicht erschöpft. Die Brüder des Minos, Miletos und seine Kinder sind nur einige der zahlreichen mythischen Gestalten, die zusammen mit den Nymphen, den Halbgöttern, den Halbgöttinnen und den Heroen in den Mythen agieren, die auf der Insel spielen.

Links oben: Der Tod des Talos
Links unten: Daidalos vor Pasiphae.

Oben: Theseus tötet den Minotauros.

Seite 18-19: Das Stiersprung-Fresko, Knossos, 15. Jh. v. Chr.

Die Geschichte der Ausgrabungen auf Kreta

Die archäologischen Forschungen, die auf Kreta durchgeführt worden sind, haben entscheidend zur Rekonstruktion der Jahrtausende alten Geschichte der Insel beigetragen.

Die ersten Ausgrabungen sind auf Kreta im Jahre 1878 von dem irakliotischen Händler und Kunstliebhaber Minos Kalokerinos vorgenommen worden und brachten den südlichen Abschnitt der Westmagazine des Palastes von Knossos ans Licht. Im Jahre 1900 nahm der englische Archäologe Sir Arthur J. Evans seine Ausgrabungen in Knossos auf. Bis zum Jahr 1902 hatte er den größten Teil des Palastes freigelegt. Auf der Grundlage der mythischen Überlieferungen verband er den Palast mit dem mythischen König Minos und gab der Periode zwischen dem Ende der neolithischen Zeit (2600 v. Chr.) und dem Ende des 2. Jahrtausends v. Chr. (1100 v. Chr.) den Namen »minoische Zeit«. Vor allem auf der Grundlage der gefundenen Keramik teilte er diese Periode in drei Phasen ein: die frühminoische (2600-2000 v. Chr.), die mittelminoische (2000-1600 v. Chr.) und die spätminoische (1600-1100 v. Chr.), wobei jede dieser Phasen feiner gegliedert wurde, nämlich in Frühminoisch I, II, III, Mittelminoisch Ia-b, IIa-b, IIIa-b und Spätminoisch Ia-b, II, IIIa-c. Später gliederte N. Platon, gestützt auf wichtige historische Ereignisse, dieselbe Periode in vier Phasen: die Vorpalastzeit (2600-2000 v. Chr.), die Altpalastzeit (2000-1700 v. Chr.), die Neupalastzeit (1700-1450 v. Chr.) und die Nachpalastzeit (1450-1100 v. Chr.).

Knossos.

Mittel- und Jungsteinzeit (9000-2600 v. Chr.)

Die Geschichte Kretas scheint früh eingesetzt zu haben. Abschläge aus Obsidian – einem kristallinen Vulkangestein, das für die Herstellung von Werkzeugen benutzt wurde – sowie die Höhlenmalereien in der Nähe des Dorfes Asphendou bei Chania haben einige Forscher zu der Schlussfolgerung veranlasst, dass die Insel bereits in der mittleren Steinzeit besiedelt gewesen ist (9000-7000 v. Chr.). Für die anschließende Phase der Jungsteinzeit (7000-2600 v. Chr.) ist die menschliche Anwesenheit sicher bezeugt. Die Menschen lebten zunächst weiter in Höhlen, gingen dann aber dazu über, feste Unterkünfte zu schaffen. Die Tierhaltung begann die Jagd und der Ackerbau das Sammeln zu ergänzen. In dieser Zeit wurden die ersten Behausungen errichtet, kleine einfache Hütten mit Flachdächern aus Zweigen und Lehm. Im Laufe der Zeit verbesserten die Kreter ihre Wohnbauten, die nun mehrere Räume, gebaute Herde und verputzte Fußböden erhielten. Das Alltagsleben wurde durch die Herstellung von Geräten aus Knochen und Stein erleichtert. Aus Ton wurde Keramik mit einfachem linearem Dekor und aus Bergkristall und Muscheln Schmuck angefertigt. Statuetten aus Ton und Marmor dienten kultischen Zwecken.

Minoische Zeit – Vorpalastzeit (2600-2000 v. Chr.)

Das neue Charakteristikum des folgenden Zeitabschnitts, der in drei Phasen gegliedert wird, ist der Gebrauch des Kupfers in der Ägäis, der nach 2800 v. Chr. einsetzt. Die Basis der Wirtschaft der Kreter bildet weiterhin die Landwirtschaft, die durch die Tierhaltung ergänzt wird. Gezüchtet werden Ziegen und Schafe, die Fleisch und Wolle zum Weben liefern, sowie Rinder, Schweine und Geflügel. Die Jagdbeute bildet eine willkommene Bereicherung des Speisezettels.

Phaistos.

In dieser Zeit entwickeln sich neue Berufe, wie die der Handwerker, der Händler und der Seeleute. Die Handwerker stellen aus Ton und Stein Gefäße und aus Metall Werkzeuge und Waffen her, und die Händler übernehmen die Verteilung der Fertigprodukte. Der Handel, der in dieser Zeit auf dem Tausch basiert, spaltet sich in Import- und Exporthandel auf. Innerhalb der Insel werden die Produkte mit Wagen transportiert. Die für den Export bestimmten Waren werden von den Siedlungen zu den Häfen der Insel und dann per Schiff in die Gebiete des griechischen Festlands, zu den ägäischen Inseln, nach Zypern, Ägypten und Syrien transportiert. Nach Kreta eingeführt werden zahlreiche Rohstoffe, die gegen Olivenöl und Wein, das in dieser Zeit noch reichlich vorhandene Zypressenholz sowie kunstvoll gearbeitete Ton- und Steingefäße eingetauscht werden. In dieser Zeit bilden sich in fruchtbaren Gebieten, an Hängen, auf Hügelkuppen und generell an Schlüsselstellen, die eine Kontrolle der umliegenden Gebiete gestatten, die ersten größeren Siedlungen. Die Siedlungen waren durch schmale, mit Steinplatten gepflasterte Gassen gegliedert. Da die Arbeit Gewinn erbrachte, wuchsen die Siedlungen der Insel rasch, so dass bald eine Form von Verwaltung notwendig wurde, die die Kontrolle über die reichen Gebiete ausübte. So ist wahrscheinlich das Auftreten der ersten Lokalfürsten zu erklären, die das von ihnen kontrollierte Gebiet verwalten. Parallel hierzu organisiert sich der Kult, der in dieser Zeit einen matriarchalischen Charakter besitzt, und es bildet sich die Priesterschaft heraus.

Während der zweiten Phase der Vorpalastzeit (2400-2100 v. Chr.) erlebt Kreta einen sprunghaften Aufschwung. Die Steinbearbeitung, die Keramikproduktion, die Metalltechnik und die Goldschmiedekunst entwickeln sich weiter. Die für den täglichen Gebrauch bestimmten Gefäße werden weiterhin aus Ton gearbeitet, doch besitzen sie nun entwickeltere Formen und sind in vielfältiger Weise dekoriert. Für die Metallverarbeitung werden neue Techniken entwickelt. Außer Kupfer werden Silber (für die Herstellung wertvoller Gefäße und Waffen), Gold (für die Schmuckherstellung) und Bronze (für Waffen und Werkzeuge) verarbeitet. Auch in der Kleinkunst sind Fortschritte zu verzeichnen. Es werden Statuetten aus Steatit, Elfenbein und Marmor geschaffen, und es werden aus Elfenbein und anderen weichen Materialien die ersten Siegel geschnitten, die unterschiedliche Formen besitzen und vor allem praktischen Zwecken dienen.

Während der dritten Phase der Vorpalastzeit (2100-2000 v. Chr.) werden die Siedlungen von Vassiliki, Trypiti und Myrtos zerstört, von denen die beiden erstgenannten neu besiedelt werden, während Myrtos endgültig aufgegeben wird. Zur selben Zeit entstehen überall auf der Insel zahlreiche neue Siedlungen. Außerdem werden auf Kythera und Melos Kolonien gegründet, die von den kretischen Schiffen als Zwischenstationen benutzt wurden. Während dieser letzten Phase der Vorpalastzeit macht die Steinbearbeitung weitere Fortschritte. Dasselbe ist auch bei der Keramik festzustellen, für deren Herstellung seit etwa 2100 v. Chr. die langsam drehende Töpferscheibe eingesetzt wird. Die Metalltechnik wird ebenfalls weiterentwickelt. Es werden längere und härtere Dolche, Doppeläxte, Messer zum Schneiden von Leder sowie Hacken und Sägen hergestellt. Neben der Keramik und der Metalltechnik macht vor allem die Goldschmiedekunst ungeahnte Fortschritte, was in noch größerem Maße auch für die Siegelschneidekunst gilt.

Altpalastzeit (2000-1700 v. Chr.)

Die Altpalastzeit auf Kreta entspricht etwa der Mittleren Bronzezeit (2000-1600 v. Chr.) und ist eine Zeit eindrucksvoller Fortschritte. Wahrscheinlich sahen sich die Kreter aufgrund von außen drohender Gefahren gezwungen, sich unter der Herrschaft eines oder mehrerer Fürsten zu organisieren, die offenbar aus den Lokalfürsten hervorgingen. Residenzen dieser

Täfelchen aus Fayence mit Ölbäumen, Wildziege und Häuserfassaden. Diese als »Stadtmosaik« bekannten Täfelchen haben eine Holzlade geschmückt und stammen aus dem ersten Palast von Knossos. Iraklion, Archäologisches Museum.

Der Diskus enthält insgesamt 242 Zeichen, die mit Holzstempeln eingedrückt sind. Sie bilden auf beiden Seiten des Diskus 61 aneinander gereihte, durch vertikale Linien voneinander getrennte Gruppen, wobei jede Gruppe aus zwei bis sieben Zeichen besteht. Die 45 unterschiedlichen Zeichen des Diskus stellen Pflanzen, eine Boxhandschuh, Schiffe, Objekte und Werkzeuge des täglichen Gebrauchs, Waffen, Tiere und menschliche Gestalten dar.

Könige oder Fürsten sind die Paläste, die um 2000/1900 v. Chr. gegründet werden und während der folgenden sechs Jahrhunderte eine große Blüte erleben. Offenbar bestand ein gutes Einvernehmen unter diesen Herrschern, da alle Städte unbefestigt sind. Die Konzentration der Macht auf wenige Personen und das friedliche Zusammenleben hatten Fortschritte auf allen Wirtschaftssektoren der Insel zur Folge. Parallel hierzu führte diese Konzentration der Macht und des Reichtums Kreta zu einer im Bereich der Ägäis bis dahin nicht gekannten kulturellen Blüte. Die ersten Paläste werden an Stellen errichtet, an denen in der Vergangenheit Lokalfürsten die Macht ausgeübt hatten. Der größte Palast entsteht in Knossos und kontrolliert das nördliche Zentralkreta, während das südliche Mittelkreta dem im Palast von Phaistos residierenden Herrscher untersteht, der die fruchtbare Messara-Ebene kontrolliert. Der Palast von Mallia wacht über die Gebiete östlich von Knossos. In dieser Zeit entstehen überall auf der Insel Paläste, nämlich in Zakros, Kydonia, Archanes und Monastiraki. Neben den Palästen werden die Häuser der Würdenträger und der Priester errichtet, und im Umfeld siedeln sich die Städte an, die Plätze und gepflasterte Straßen besitzen und in Wohnblocks gegliedert sind. Die ersten (oder alten) Paläste sind mehrgeschossige, komplizierte Bauten mit zahlreichen Räumen, Werkstätten und Magazinen und besitzen effektive Wasserversorgungs- und Abwassersysteme. Die Außenwände bestehen aus großen Kalksteinquadern. Die um einen Zentralhof gruppierten Räume liegen an breiten Korridoren. Die Stockwerke sind durch innere Treppenhäuser miteinander verbunden. Die verputzten Innenwände der Paläste werden zunächst mit vielfarbigen Quaderimitationen und später mit Fresken geschmückt, deren Motive der Natur entnommen sind. Die Fußböden sind mit farbige Platten belegt oder bestehen aus farbig bemaltem Stuck. Die Existenz von Werkstätten und zahlreichen Magazinen innerhalb der Paläste zeigt, dass dort nicht nur die für die Versorgung des Palastes benötigten Güter gelagert wurden, sondern auch die Produkte, die als Steuern von den Untertanen eingeliefert wurden. In den Palastwerkstätten wurden Objekte hergestellt, die nicht nur für die Palastbewohner und die einheimischen Märkte, sondern auch für den Export bestimmt waren.

Auch in dieser Zeit ist die Religion matriarchalisch geprägt, wenn auch die Darstellungen weiblicher Gottheiten, bei denen die Betonung auf dem Aspekt der Fruchtbarkeit liegt, seltener werden. Während der Altpalastzeit werden weiterhin die Natur und die Große Mutter in ihren drei Aspekten verehrt, nämlich dem chthonischen (unterweltlichen, als Schlange), dem himmlischen (als Taube) und dem irdischen. Die Religion bildet das Bindeglied zwischen dem Palast und den einfachen Menschen. Mit ihrer Stärkung steigt der Einfluss der Priesterkaste, an deren Spitze der König oder Fürst steht.

Die in dieser Zeit geschaffenen Bewässerungsanlagen verhelfen der Landwirtschaft zu einer erheblichen Steigerung der Produktion. Auch der Export steigt an und führt die Kreter zu Kontakten mit Gebieten jenseits der Ägäis. Die Exportgüter werden mit Segelschiffen befördert, die auch gerudert werden können. Im Inneren der Insel ist inzwischen ein relativ gut ausgebautes Wegenetz mit Plattenpflasterung entstanden, das die nördlichen Gebiete Kretas mit den südlichen verbindet. Die Keramik erlebt einen besonderen Aufschwung. Der Kamares-Stil, bei dem der zweifarbige Dekor auf einen schwarzen oder dunklen Hintergrund aufgetragen wird, erreicht seinen Höhepunkt. In den Werkstätten der Kleinplastik entstehen anthropomorphe und tiergestaltige Tonstatuetten sowie Modelle von Heiligtümern, Häusern, Altären und Schiffen. Fortschritte sind auch bei der Siegelsteinproduktion festzustellen, die jetzt in zahlreichen Formen aus Halbedelsteinen hergestellt werden.

Die Altpalastzeit geht zu Beginn des 17. Jhs. v. Chr. zu Ende. Es wird angenommen, dass die südliche Ägäis in diese Zeit von zahlreichen schweren Erdbeben heimgesucht wurde.

Offenbar haben die Paläste im Zeitraum zwischen 1800 und 1750 v. Chr. zwei Katastrophen erlebt, doch wurden die Schäden behoben und die Paläste weiter bewohnt, bis sie dann um 1700 v. Chr. endgültig zerstört wurden. Als wahrscheinlichster Grund wird ein schweres Erdbeben angenommen, doch führen einige Forscher die Zerstörungen auf kriegerische Auseinandersetzungen zwischen den Palastzentren zurück.

Die Kreter geben die zerstörten Gebäude auf und errichten an deren Stelle neue, glanzvollere Bauten. Nach diesen neuen Palästen wird die nun folgende Zeit zwischen 1700 und 1450 v. Chr. als Neupalastzeit bezeichnet.

Die Schrift der Altpalastzeit und der Diskus von Phaistos

In dieser Zeit tritt auf Kreta eine Ideogramm- oder Hieroglyphenschrift auf, wie sie Evans genannt hat, mit der die ersten schriftlichen Mitteilungen aufgezeichnet werden. Bestimmte Symbole dieser Ideogrammschrift besitzen phonetischen Charakter und geben Laute oder Silben wieder. Einige von ihnen sind in die spätere Linear A- und B-Schrift übernommen worden. Ein charakteristisches Beispiel für die Hieroglyphenschrift ist der berühmte Diskus von Phaistos, der mit der altpalastzeitlichen Linear A-Schrift gleichzeitig ist und um 1700-1600 v. Chr. datiert wird. Der Diskus von Phaistos hat trotz aller Bemühungen bisher noch nicht entziffert werden können.

Neupalastzeit (1700-1450 v. Chr.)

Während der Neupalastzeit erreichte die minoische Kultur ihren Höhepunkt. Nach der Zerstörung der Palastzentren um 1700 v. Chr. werden an denselben Stellen neue Paläste errichtet und die wirtschaftlichen Verhältnisse neu organisiert. Um 1630/20 v. Chr. erschüttert ein neuerliches Erdbeben die Insel, richtet aber nur geringe Schäden an, die rasch behoben sind. Für das minoische Kreta beginnt nun eine neue glanzvolle Periode. Im Umfeld der Paläste bilden sich dicht bewohnte Siedlungen mit Wohnhäusern, öffentlichen Plätzen und in der Regel mit Platten belegten Straßen. In der Nähe der Paläste und innerhalb der Städte entstehen eindrucksvolle Bauten sowie die Wohnhäuser der Reichen und der Würdenträger des jeweiligen Gebiets.

Außerhalb der Städte werden Villen und Landhäuser errichtet, und auf dem Land bilden sich zahlreiche Dörfer und kleine Städte. Die Macht ist zentralisiert, wobei der größte und wichtigste Palast in Knossos ganz Kreta kontrolliert. Die verschiedenen Palastzentren sind eng miteinander verbunden, und die »Pax Minoica«, der minoische Friede, sichert der Insel einen ungehinderten Fortschritt und großen Wohlstand. Die Paläste folgen alle einem einheitlichen architektonischen Konzept. Sie besitzen mehrere Stockwerke und eine große Zahl von Räumen, die unterschiedlichen Zwecken dienen. In den Palästen konzentriert sich das politische, religiöse, wirtschaftliche und gesellschaftliche Leben des jeweiligen Gebiets. Das Baumaterial stammt aus dem Steinbrüchen und den Wäldern der Insel. Um den Erdbeben besser standhalten zu können, werden die Mauern aus Steinblöcken und Holzbalken errichtet. Baumstämme (vor allem von Zypressen) dienen als Säulen, die mit dem schlanken oberen Ende nach unten aufgestellt werden. Die Fußböden werden mit Schieferplatten belegt, deren Fugen mit Stuck geschlossen werden. Die Paläste besitzen zahlreiche Magazinräume, Propyläen, Lichthöfe sowie im Zentrum und im Westen jeweils einen offenen Hof. Dort sind Altäre und heilige Symbole (Doppeläxte) gefunden worden, die belegen, dass dort Zeremonien vollzogen worden sind. Die Kultstätten befanden sich im Westflügel der Paläste, während die königlichen Gemächer im Nord- oder Ostflügel untergebracht waren, die einen Ausblick boten oder eine bessere Kommunikation ermöglichten.

In den sogenannten Landhäusern waren verschiedene Werkstätten (Färbereien, Räume für die Aufbereitung des Töpfertons und Öfen zum Brennen der Gefäße) und Einrichtungen für die Verarbeitung der landwirtschaftlichen Produkte untergebracht. Außerdem besaßen sie Magazine, Heiligtümer, Höfe, Zisternen und Bäder.

Auch in dieser Zeit stützt sich die minoische Ökonomie auf die Landwirtschaft und die Tierhaltung. Gleichzeitig blüht das Handwerk. Neben der Töpferei, der Steinbearbeitung und der Metalltechnik, die die wichtigsten Handwerkszweige darstellen, beschäftigen sich die Werkstätten mit der Weberei und der Strickerei sowie mit der Herstellung von Duftstoffen, Farbstoffen und Arzneimitteln. Die Kreter dieser Zeit importieren vor allem Rohstoffe und exportieren einen Teil ihrer Landwirtschafts- und einen großen Teil der Werkstattproduktion. Wirtschaftskontakte bestehen zu Ägypten, den Städten Byblos und Ugarit in Phönizien, Mari am mittleren Euphrat, der kleinasiatischen Küste sowie zu Zypern und Sizilien. Eine wichtige Rolle haben bei der Organisation und Durchführung des minoischen Handels offenbar die Paläste gespielt, die vor allem den Außenhandel kontrolliert zu haben scheinen.

Parallel zum Handel bauen die Minoer einen starke Flotte, die zum einen die Insel vor feindlichen Übergriffen schützt und zum anderen die »minoische Meeresherrschaft« aufrechterhält, die den gesamten zentralen und östlichen Mittelmeerbereich umfasst. Die Minoer gründen auf Inseln der Kykladen und der Dodekanes sowie in Milet und Iasos in

Das Fresko der »Blauen Damen« aus dem Palast von Knossos. Die minoischen Frauen trugen offene Mieder und komplizierte Frisuren mit Ketten und Diademen.

Karien Handelsstationen oder Kolonien, und ihre Spuren sind bis zur weit entfernten Insel Samothrake zu verfolgen. An allen Küsten Kretas werden Häfen angelegt, über die der Außenhandel abgewickelt wird. Das bereits während der Altpalastzeit angelegte Straßennetz im Innern der Insel wird durch den Ausbau neuer Straßen verbessert. Darüber hinaus werden Brücken und Wegestationen für die Gespanne und die Reisenden angelegt. Die Verbesserung und Systematisierung der Bewässerungsanlagen bringt eine weitere Steigerung der Landwirtschaftsproduktion. Außerdem werden die Trinkwasserversorgung und die Abwasserentsorgung der Paläste verbessert. Das Leben der Minoer ist eng mit der Religion verknüpft, in der die Natur die Hauptrolle spielt, in der den Vorstellungen der Minoer zufolge die göttlichen Mächte wirken. Der König nimmt innerhalb des Kultes eine wichtige Stellung ein, da ihm zugleich das Amt des Hohenpriesters zufällt. Verehrt wird weiterhin die Göttin der Fruchtbarkeit, deren Statuetten sie mit entblößten Brüsten und mit Schlangen in den Händen wiedergeben. Zu den heiligen Symbolen zählen die Kultischen Doppelhörner, die Doppelaxt (»Labrys«), der heilige Knoten und der Kopf des heiligen Stieres.

Unter den Künsten erlebt die Malerei im neupalastzeitlichen Kreta eine besondere Blüte, wie die Überreste der erstaunlichen Wandmalereien zeigen, die bei den Ausgrabungen ans Licht gekommen sind. Diese Meisterwerke der prähistorischen Kunst vermitteln den Forschern über ihre künstlerische Qualität hinaus wertvolle Informationen über das Leben in dieser Zeit auf der Insel. Die Malerei, deren künstlerisches Zentrum sich in Knossos befindet, wird vor allem für die Dekoration der Räume der Paläste und Villen eingesetzt. Die erhaltenen Wandmalereien stammen aus der 2. Hälfte des 17., dem 16. und der 1. Hälfte des 15. Jhs. v. Chr. Die Entwicklung der Freskomalerei während der Neupalastzeit beeinflusst auch die Dekoration der Tongefäße, deren Motive von der Flora und der Meeresfauna angeregt sind. Eine entsprechende Entwicklung, wie sie bei der Keramik und der Vasenmalerei festzustel-

len ist, ist auch bei der Steinbearbeitung, der Kleinplastik, der Siegelschneidekunst, der Metallverarbeitung und dem Goldschmiedehandwerk zu beobachten. Parallel zur Hieroglyphen- oder Ideogrammschrift erscheint zu Beginn der Neupalastzeit das neue System der Linear A-Schrift.

Um 1450 v. Chr. werden sämtliche Palastanlagen Kretas zerstört. Die Gründe für diese Katastrophe sind nach wie vor Gegenstand der Forschung. Spyros Marinatos, der Akrotiri auf Santorin und Amnissos ausgegraben hat, hatte schwere Erdbeben für die Zerstörung der Palastzentren verantwortlich gemacht, die anscheinend der Explosion des Vulkans von Thera vorausgegangen waren. Die durch die Explosion ausgelöste Flutwelle (Zunami) hatte große Teile der Kykladeninseln überflutet. Diese Theorie hat allerdings keine allgemeine Anerkennung gefunden. Eine Gruppe von Forschern schreibt die Zerstörungen schweren Erdbeben zu, die Feuersbrünste ausgelöst hatten.

Andere Gelehrte vertreten die Meinung, dass die Paläste nach einer Invasion von außen oder nach Wirren und Aufständen im Inneren verlassen worden waren, die einen allgemeinen Niedergang und die Aufgabe bestimmter Siedlungsplätze nach sich gezogen hatten. Die Auflösungserscheinungen auf der Insel der Minoer machten sich die Achäer zunutze. Siedler aus der Argolis richteten sich in Knossos ein, das noch für ein weiteres Jahrhundert Hauptstadt Kretas blieb. Trotz ihres Endes hat die neupalastzeitliche Kultur nicht nur Kreta, sondern auch Gebieten außerhalb der Insel, in denen die Minoer Handelsstationen und Kolonien gegründet hatten, ihren Stempel aufgedrückt. Die auf Santorin entdeckte Kultur ist von minoischen Elementen durchdrungen, und auch die kriegerischen Achäer, die Träger der mykenischen Kultur, haben sich von den Minoern beeinflussen lassen.

Unten:
Die Doppelhörner, eines der heiligen Symbole der Minoer.

Rechts:
Die »Schlangengöttin« aus dem Palast von Knossos. Iraklion, Archäologisches Museum.

Nachpalastzeit (1450-1100 v. Chr.)

Nach der Zerstörung der Palastzentren um 1450 v. Chr. wurden bestimmte Plätze verlassen, wie der Palast von Phaistos, von dem nur kleine Abschnitte wiederhergestellt und bewohnt wurden. In anderen Palästen regte sich schon bald wieder neues Leben, wie in Knossos, das wiederum die Führung übernahm und ein letztes Jahrhundert der Blüte erlebte. In Knossos ließen sich offenbar um 1450 v. Chr. achäische Krieger nieder, die vom griechischen Festland nach Kreta gekommen waren. Nicht lange nach ihrer Ankunft hatten sie sich die Vorherrschaft auf der Insel erstritten.

Der anschließende Zeitraum wird als kretisch-mykenische Zeit bezeichnet, wodurch angedeutet wird, dass Kreta nun ein Teil der mykenischen Welt geworden war, ohne jedoch seine kulturelle Identität preiszugeben. Die Kultur dieser Zeit weist zahlreiche mykenische Elemente auf. Im Palast von Knossos, der wiederhergestellt wird und Anbauten erhält, residiert nun der »Fanax« (König), und in der Umgebung entstehen Bauten wie die »Königliche Villa«, der »Kleine Palast«, das »Südliche Königsgrab« und das Königsgrab von Isopata. Knossos gedeiht, behält seine Machtposition innerhalb der Ägäis und pflegt Beziehungen mit Syrien und Palästina. Außer Knossos bestehen nach der Katastrophe von 1450 v. Chr. auch Archanes, Agia Triada, Kommos, Mallia und Kydonia weiter. Die reichen Funde aus den Nekropolen von Phourni bei Archanes und aus dem dortigen Palast zeigen, dass die Nachpalastzeit für Archanes eine Zeit der Wohlstands gewesen ist. Die Waffen deuten auf einen durch die Achäer ausgelösten Wandel in der Gesellschaft hin, die nun einen kriegerischeren Charakter annimmt. Um 1380/1300 v. Chr. wird das Palastzentrum in Knossos zerstört, vielleicht wiederum durch ein Erdbeben, und nur zu einem kleinen Teil wiederhergestellt.

Der auf das Ende von Knossos folgende Zeitabschnitt ist durch die Abwesenheit der Palastautorität charakterisiert. Funde aus jüngerer Zeit haben gezeigt, dass das Leben in den alten Zentren der Insel weiterging und das neue Siedlungen gegründet wurden.

Die im nachpalastzeitlichen Kreta verehrte Gottheit ist die »Göttin mit den erhobenen Armen«, auch sie eine Göttin mit ausgeprägtem Fruchtbarkeits- und Naturcharakter. Zugleich erscheint nun eine bewaffnete Göttin, die zusammen mit den heiligen Symbolen der achtförmigen Schilde den kriegerischen Geist widerspiegelt, der die kretische Gesellschaft dieser Zeit prägt. Zusammen mit der weiblichen Gottheit wird nun auch eine männliche verehrt, die ebenfalls einen ausgeprägtem Fruchtbarkeits- und Naturcharakter besitzt. Der Einfluss der kriegerischen Achäer auf die Wandmalerei, die Keramik und die Vasenmalerei des nachpalastzeitlichen Kreta ist offensichtlich. Die Wandmalereien geben nun Motiven den Vorzug, die den Achäern angemessen sind, wie Prozessionen und sich wiederholenden Szenen (»Prozessionsfresko«, Greifenfresko im Thronsaal, Fresko mit den achtförmigen Schilden, »Klappstuhlfresko«). Es wird nun die Linear B-

Unten: Das Innere eines Kuppelgrabes in Phourni.

Rechts oben: Das Greifen-Fresko aus dem Palast von Knossos.
Rechts unten: Der Sarkophag von Agia Triada.

Schrift eingeführt, die der entsprechenden Schrift gleicht, die in den mykenischen Palästen benutzt wird. Der Zeitraum 1200-1100 v. Chr. ist eine Zeit der Wirren und endet mit der Auflösung der mykenischen Welt.

Dasselbe Klima scheint auch auf Kreta geherrscht zu haben. Um 1200 v. Chr. leitet eine neue Katastrophe den Niedergang ein, und am Ende der Nachpalastzeit werden sämtliche Palastzentren der Insel aufgegeben.

Einige Forscher führen die Wirren dieser Zeit in der südlichen Ägäis auf eine Naturkatastrophe wie ein Erdbeben oder einen Vulkanausbruch zurück. Andere verbinden sie mit der Ankunft einer weiteren Welle achäischer Siedler von der Peloponnes, die sich nach dem Zusammenbruch der mykenischen Welt in Zentralkreta niederlassen.

Wieder andere halten es für wahrscheinlicher, dass die Destabilisierung, die im gesamten östlichen Mittelmeerbereich festzustellen ist, durch die Bewegungen der sogenannten »Seevölker« ausgelöst worden war. Zunächst werden zahlreiche Küstensiedlungen verlassen, während andere traditionsreiche Siedlungsplätze, die für eine Zeitlang aufgegeben worden waren, neu besiedelt werden. Es werden nun auf Kreta die ersten befestigten mykenischen Akropolen angelegt, die von den kriegerischen Aktivitäten der nachpalastzeitlichen Kreter Zeugnis ablegen. Gegen Ende dieses Zeitraums werden nahezu alle Siedlungen auf Kreta endgültig verlassen.

In den anschließenden Jahrhunderten scheint Kreta die Isolation vorgezogen zu haben. Trotz ihrer idealen geographischen Lage unterhält die Insel nach der von Homer geschilderten Zeit weder politische noch militärische Beziehungen mit der Außenwelt.

Der als »Master Impression« bekannte tönerne Siegelabdruck stammt vom Kastelli-Hügel in Chania. 15. Jh. v. Chr. Chania, Archäologisches Museum.

Historische Zeit
Subminoische und protogeometrische Zeit (1100-900 v. Chr.)

Die Ägäis erlebt zu Beginn des 11. Jhs. v. Chr. eine unruhige Zeit. Der Niedergang des festländischen Griechenland veranlasst die Bevölkerung zur Suche nach neuen Siedlungsplätzen. Zahlreiche Achäer verlassen die heimatlichen Herdfeuer in der Argolis und in Lakonien und siedeln nach Kreta über, wo sie neue Siedlungen gründen.

Auf die Achäer folgen um 1000-950 v. Chr. Gruppen von Dorern, die aus der Nordostpeloponnes nach Kreta kommen. Sie gründen kleine unabhängige Gemeinwesen vor allem im Hinterland und bewirken bedeutende strukturelle und demographische Veränderungen.

Die Unruhe und die Unsicherheit, die die einheimischen Kreter (»Eteokreter«) nach der Ankunft (nach 1100 v. Chr.) der neuen Siedler verspüren, veranlassen sie dazu, ihre alten Siedlungen im Norden und im Osten zu verlassen und an weit von den Küsten entfernten, unfruchtbaren und oft schwer zugänglichen Stellen in den Bergen neue zu gründen. In diesen Siedlungen werden die alten minoischen Traditionen weiter gepflegt und durch die neuen kulturellen Elemente bereichert, die die anspruchslosen Dorer mitgebracht hatten, die z. B. die Verarbeitung von Eisen beherrschten.

Während in dieser Zeit in der kretischen Architektur, der Keramik und der Kleinkunst fremde Einflüsse festzustellen sind, bleibt die minoische Tradition in der Religion und den Bestattungssitten zumindest zu Beginn ungebrochen. Siegelsteine sind selten, und Schmuck wird aus Steatit, Ton und Bronze angefertigt. Nach und nach nehmen die Kreter die neuen Gewohnheiten an, die mit den neuen Siedlern auf die Insel gekommen waren. In der Religion treten nun neben den alten Fruchtbarkeitsgottheiten auch die männlichen Gottheiten des griechischen Pantheons auf (Zeus und Poseidon). Der bedeutendste technische Fortschritt dieser Zeit ist die Verwendung von Eisen an Stelle von Bronze vor allem bei der Waffenherstellung.

Geometrische und orientalisierende Zeit (900-650 v. Chr.)

Die Bergdörfer, in die sich die Eteokreter zurückgezogen hatten, werden zu Beginn der geometrischen Zeit aufgegeben, und in den Gebieten, in denen die Dorer überwiegen, bilden sich unabhängige Herrschaftsbereiche. Diese etwa hundert Stadtstaaten sind nach dem spartanischen Militärsystem organisiert.

Die Städte Kretas – vor allem diejenigen der zentralen Gebiete – beginnen sich im 8. Jh. v. Chr. aus der geschlossenen Wirtschaft der vergangenen Jahre zu lösen. Die landwirtschaftliche Produktion und die Verarbeitung nehmen zu, und es werden Handelsbeziehungen mit Attika, den Kykladen, Rhodos, Milet, Zypern und Syrien aufgebaut. Zu Beginn der orientalisierenden Zeit (700 v. Chr.) ist Kreta dorisiert. Die Aristokraten bestimmen die Politik, doch bleiben zahlreiche alte administrative und religiöse Elemente unangetastet. Die Künste verraten deutliche Einflüsse aus dem Osten. In der Vasenmalerei leben zwar minoische Elemente fort, wie die Polychromie, doch sind die Motive nun östlich beeinflusst. In der Metallverarbeitung, der Goldschmiedekunst und in der Kleinplastik koexistieren minoische, geometrische und östliche Elemente. Zu den charakteristischsten Werken dieser Zeit zählen die Bronzeschilde und -tympana aus dem 8. und 7. Jh. v. Chr., die in der Idäischen Grotte gefunden worden sind.

Archaische Zeit (650-500 v. Chr.)

Während der gesamten archaischen Zeit zieht Kreta es vor, am Rand der großen historischen Ereignisse und Zusammenstöße zu bleiben, die sich auf dem griechischen Festland und den Inseln abspielen. Die Herrschaft der Aristokratie und die militärische Organisation der Stadtstaaten bleiben auch in dieser Zeit bestehen. Das Zusammenleben innerhalb der Stadtstaaten wird durch Gesetze geregelt. Ein beredtes Zeugnis für das allumfassende Gesetzeswerk, das in archaischer und klassischer Zeit auf der Insel gilt, stellt die Inschrift von Gortyn dar, die im 5. Jh. v. Chr. im kretisch-dorischen Dialekt aufgezeichnet worden ist. Die Regelungen umfassen das Erbschafts- und Familienrecht. Kreta nimmt im 7. Jh. v. Chr. in der Keramikproduktion, der Vasenmalerei und der Architektur ein bedeutende Stellung ein, die, wie die übrigen Künste, ihre eigene Physiognomie besitzt. Tempel aus dieser Zeit sind in Gortyn, Dreros und Prinias ans Licht gekommen. Was die kretische Plastik anbelangt, so sind

Oben: Teil eines Porosfrieses von einem Gebäude in Chania. Spätes 8.-frühes 7. Jh. v. Chr. Chania, Archäologisches Museum.

Rechts: Weibliche Tonstatuette aus einer unterirdischen Grabanlage in Chania. Spätes 4.-frühes 3. Jh. v. Chr. Chania, Archäologisches Museum.

bedeutende Stein- und Bronzeskulpturen sowie Reliefs aus dieser Zeit gefunden worden, in der in ganz Griechenland der »dädalische« Stil vorherrscht. Dieser Stil ist nach Daidalos, dem mythischen kretischen Bildhauer, benannt und für die gesamte fr128harchaische Plastik Griechenlands charakteristisch.

Die kretische Kunst erlebt im 6. Jh. v. Chr. einen Niedergang, der vor allem durch drei Faktoren bedingt ist: Einfälle von außen, Kriege zwischen den kretischen Stadtstaaten und den Aufstieg der ionischen Städte, die langsam den Ägäishandel monopolisieren. All dies wirkt sich natürlich auf die Ökonomie der Insel aus, lässt auch die künstlerische Produktion nicht unbeeinflusst und führt Kreta schrittweise in den Abstieg.

Klassische Zeit (500-330 v. Chr.)

Während die klassische Zeit für die meisten griechischen Städte eine Zeit der Blüte darstellt, bleibt Kreta am Rande des Geschehens.

Die instabile politische Situation auf Kreta, die durch zahllose Aufstände und ständige Bruderkriege charakterisiert ist, hindert es an der Teilnahme an den Perserkriegen. Auch während der Zeit zwischen 480 und 336 v. Chr. mischen sich die Kreter nicht in die Auseinandersetzungen zwischen den Städten des griechischen Festlands ein, da sie mit keinem der beiden großen Zentren der Macht (Athen und Sparta) verbunden sind. Erst nachdem die Makedonen die Vorherrschaft erlangt hatten, nehmen die Kreter am Feldzug Alexanders d. Gr. nach Asien teil. Zunächst werden die kretischen Stadtstaaten von Königen regiert. Nach der Abschaffung der Monarchie übernehmen dann die »Kosmoi« deren religiöse und militärische Pflichten.

Hellenistische Zeit (330-67 v. Chr.)

Die Bruderkriege zwischen den Städten Kretas dauern auch während der hellenistischen Zeit an, was den Niedergang der Insel zur Folge hat. Um sich zu schützen, gehen die kretischen Städte kurzlebige Bündnisse mit den Königen der hellenistischen Reiche ein. Das hierdurch bedingte Eingreifen fremder Mächte in die inneren Angelegenheiten der Insel verschlimmert die Lage. Um die Mitte des 3. Jhs. v. Chr. führen die gesellschaftlichen und politischen Entwicklungen zu einer Reform der traditionellen aristokratischen Institutionen. Sie bleiben zwar formell bestehen, werden aber nun in allen kretischen Städten demokratischer. Zugleich ist eine Tendenz zur Bildung von Städtebünden festzustellen, und so bilden sich am Ende des 4. Jhs. v. Chr. die »Vereinigung der Bergstädte« und um die Mitte des 3. Jhs. v. Chr. der »Bund der Kretaier«. Im 2. Jh. v. Chr. nutzen Piraten aus Kilikien die durch die Missstände in der Verwaltung und die Bruderkriege entstandene Schwäche Kretas aus und verwandeln seine Küsten in Piratenschlupfwinkel, von denen aus sie ihre Raubzüge in die von den Römern beherrschten Gebiete unternehmen. Den Kampf gegen die Piraten nehmen die Römer dann zum Vorwand, um die Insel zu besetzen. Ein erster Versuch durch den Konsul Marcus Antonius im Jahre 71 v. Chr. scheitert, da sich die Kreter angesichts der drohenden Gefahr zusammenschließen und entschlossenen Widerstand leisten. Ein zweiter Angriff erfolgt dann im Jahre 69 v. Chr. unter der Führung des Konsuls Quintus Caecilius Metellus. Trotz des erbitterten Widerstands der kretischen Städte ist die Eroberung Kretas im Jahre 67 v. Chr. abgeschlossen. Zunächst fällt Kydonia, dann Phalassarna, dessen Hafen abgeriegelt wird, und schließlich Knossos.

Die Ruinen der hellenistischen Stadt auf Kap Trypitos.

Römische Zeit (67 v.-330 n. Chr.)

Nach der Eroberung durch die Römer wird Kreta in eine römische Provinz umgewandelt. Die Stadt Gortyn, in der der römische Gouverneur residiert, steigt zur Hauptstadt der Insel auf. Die kretischen Städte bewahren eine zumindest formelle Autonomie, und die römische Provinzverwaltung greift nicht substantiell in ihr politisches System ein. Römer lassen sich vor allem in Gortyn nieder, wo sie unter der Führung von »curatores« ein »synedrion« bilden. Auf die Eroberung Kretas durch die Römer folgt eine lange Zeit des Friedens. Die günstigen Bedingungen führen zu einem Anstieg der Bevölkerungszahl. Die im Niedergang begriffenen oder zu Beginn der Römerherrschaft zerstörten Städte leben seit dem 2. Jh. n. Chr. neu auf, und es werden weitere kleinere und größere Städte gegründet. Mit der Konsolidierung des Friedens kann die Insel wieder ihre durch ihre geographische Lage begünstigte Funktion als Zwischenstation innerhalb des Ostwesthandels erfüllen, wodurch sie wirtschaftlich aufblüht. Vor allem an der Südküste, an der die Handelsrouten dieser Zeit vorbeiführen, entstehen neue Handelshäfen.

Im 1. und 2. Jh. n. Chr. ist in den Städten eine intensive Bautätigkeit festzustellen, und zwar vor allem in Gortyn, wo zahlreiche glanzvolle Bauten errichtet werden. Die Räume werden mit schönen Mosaikfußböden geschmückt, von denen viele bis heute erhalten geblieben sind.

Technische Verbesserungen steigern die landwirtschaftliche Produktion, und neue Straßen erleichtern den Verkehr; außerdem werden Schutzmaßnahmen gegen Überschwemmungen ergriffen, Brücken errichtet sowie Zisternen und Wasserleitungen angelegt. In dieser Zeit treten zu den traditionellen kretischen Gottheiten Britomartis (= süße Jungfrau) und Diktynna Götter des griechischen Pantheons (Hermes, Demeter, Persephone, Apollon, Artemis – die mit Britomartis geglichen wird – und Asklepios) sowie ägyptische (Isis, Osiris und Sarapis) und orientalische Gottheiten (Kybele) hinzu.

In der 2. Hälfte des 1. Jhs. n. Chr. bringt Bischof Titus, ein Schüler des Apostels Paulus, das Christentum auf die Insel.

Die ersten Christenverfolgungen finden unter Kaiser Decius statt (249-251 n. Chr.). Im Rahmen der von Kaiser Diocletian (284-303 n. Chr.) durchgeführten Verwaltungsreform wird Kreta Mysien angegliedert. Trotz gewisser römischer Einflüsse gelingt es den Kretern, ihre Sprache und ihre Religion sowie ihre Sitten und Gebräuche zu bewahren. Die lateinische Sprache wird nur innerhalb der Verwaltung und von den zugewanderten Römern gesprochen, während die Kreter Hochgriechisch und parallel hierzu den dorischen Dialekt sprechen. Während des 2. und 3. Jhs. n. Chr. erlebt die Mosaikkunst eine besondere Blüte, und in Kissamos in Westkreta wird offenbar eine lokale Mosaizistenschule unterhalten.

Die römische Villa in Analipsi

Die erste byzantinische Periode (324-824 n. Chr.)

Die byzantinische Zeit beginnt mit der Gründung der Stadt Konstantinopel im Jahre 324 n. Chr., in die Konstantin d. Gr. im Jahre 330 n. Chr. die Hauptstadt des Römischen Reiches verlegt. Informationen über Kreta sind aus dieser Zeit kaum vorhanden. Nach der Teilung des Römischen Reiches in Ost- und Westrom durch die Nachfolger des Kaisers Theodosius im Jahre 395 n. Chr. gehört Kreta zur östlichen Reichshälfte. Es wird der »Hyparchie« Illyrien zugeschlagen, die auch das griechische Festland umfasst. Die Provinz mit der Hauptstadt Gortyn wird von Makedonien aus verwaltet.

In dieser Zeit breitet sich auf Kreta das Christentum aus. Unter Kaiser Leon III. dem Isaurier wird die Kretische Kirche, die bis dahin dem Papst in Rom unterstand, unter die direkte Aufsicht des Patriarchats von Konstantinopel gestellt. Während der ersten byzantinischen Periode erlebt Kreta eine wirtschaftliche Blüte. Seit der Zeit Konstantins d. Gr. hatten die Kreter damit begonnen, überall auf der Insel christliche Kirchen im Typus der Basilika zu errichten. Um die Mitte des 7. Jhs. n. Chr. beginnen die Araber, vor allem die Südküste Kretas unsicher zu machen. 823/828, als Michael II. Byzanz regiert, nutzen die ägyptischen Sarazenen unter Abu Hafs Omar die Krise des byzantinischen Staates und die Schwäche der byzantinischen Flotte aus und besetzen Kreta. Sie richten sich für etwa eineinhalb Jahrhunderte auf der Insel ein und überfallen von hier aus die Küstengebiete und die Inseln des östlichen Mittelmeerraums.

Araberherrschaft (823-961)

Nach der Eroberung der Insel gründen die Araber auf ihrem Boden einen eigenen unabhängigen Kleinstaat und errichten an der Stelle des heutigen Iraklion die Stadt Chandakas (Rabd al-Khandaq). Die neuen Eroberer verbreiten Angst und Schrecken auf der Insel. Die Städte einschließlich Gortyn veröden, und die Menschen, denen nicht die Flucht in die Berge gelingt, werden Opfer einer unmenschlichen Sklaverei. Chandakas, das bald im Ruf des größten Sklavenmarktes des Ostens steht, wird zur Basis für Raubzüge in das gesamte östliche Mittelmeergebiet. Auf diese Weise häufen die kretischen Araber ungeheure Schätze an. Byzanz versucht mehrfach vergeblich, Kreta zu befreien, bis die byzantinische Flotte im Jahre 961 auf Kreta landet und den Krieg gegen die Araber aufnimmt.

Zweite byzantinische Periode (961-1204)

Die Unternehmungen beginnen mit der Belagerung von Chandakas, das am 7. März 961 nach harten, blutigen Kämpfen den Byzantinern in die Hände fällt. Die von den Arabern errichteten Mauern werden geschleift. Die Städte werden wieder bewohnbar gemacht und mit Befestigungsanlagen versehen. Um die geschrumpfte Zahl der einheimischen Bevölkerung zu erhöhen, wird im Jahre 1082 der Sohn des Kaisers Alexios I. Komnenos mit 12 Abkömmlingen bedeutender byzantinischer Familien nach Kreta entsandt. Die Siedler werden mit Vorrechten und Land vor allem im Westen der Insel ausgestattet. Diese Siedler und ihre Nachkommen, mit denen die feudale Organisation der Insel beginnt, bilden die aristokratische Oberschicht des byzantinischen Kreta.

Sie gründen bedeutende kretische Familien, die in der späteren Geschichte der Insel eine wichtige Rolle spielen sollten. Nachdem Kreta das arabische Joch abgeschüttelt hat, unter dem es eineinhalb Jahrhunderte gelitten hat, kehrt es in den Schoß von Byzanz zurück und nimmt wieder seinen griechischen Charakter an. Die neue byzantinische Provinz Kreta wird von einem von Konstantinopel eingesetzten »Dukas« regiert.

Der Festungsturm in Eleutherna ist von der hellenistischen bis zur byzantinischen Zeit benutzt und von den Venezianern zum besseren Schutz der Akropolis restauriert worden.

Chandakas wird Hauptstadt, und die kretische Kirche wird wieder dem Patriarchat von Konstantinopel unterstellt. Der Friede, der während der folgenden 200 Jahre auf Kreta und in den umliegenden Gebieten herrscht, schafft die notwendigen Voraussetzungen für eine neue kulturelle Blüte.

Venezianerherrschaft (1204-1669)

Im Jahre 1206 erobern Genuesen in dem Versuch, die Handelsrouten des östlichen Mittelmeers unter ihre Kontrolle zu bringen, unter der Führung des Piraten Enrico Pescatore die Stadt Chandakas sowie den zentralen und östlichen Teil Kretas und errichten an günstigen Stellen 14 Festungen. 1210 geht Kreta dann offiziell in den Besitz der Republik Venedig über.

Oben: Aptera ist 823 n. Chr. von den Arabern zerstört worden.

Unten: Abschnitt der Befestigungsmauer der Stadt Chania.

Die Venezianer richten das Königreich Kreta ein (Regno di Candia) und sorgen für die Organisation der Verwaltung und des Militärs. Die Verwaltung wird von einem »Duca« und zwei »Consiglieri« (Beratern) geführt; zusammen bilden sie die »Authentia« (Autorität). Der Sitz des Duca ist Chandakas, das – wie ganz Kreta – in Candia umbenannt wird. Candia ist in venezianischer Zeit die größte Stadt Kretas und besitzt einen bedeutenden Handelshafen. Die Insel wird administrativ in vier Teile geteilt, deren Verwaltung jeweils von einem »Rettore« geleitet wird, der politische und militärische Kompetenzen besitzt. Venedig richtet auf Kreta ein gemischtes Feudalsystem ein, das zu Veränderungen in der kretischen Gesellschaft führt. Um den Problemen bei der Beherrschung der Insel zu begegnen, werden in drei Wellen – 1211, 1222 und 1252 – Siedler (»Feudati«) auf die Insel gesandt, die Land erhalten, das den kretischen Adligen genommen wird, was zu Missstimmungen führt. Die Inselbewohner werden in Klassen eingeteilt: die adligen Venezianer und Kreter, die Stadtbewohner und die Landbewohner.

Die Beherrschung Kretas bereitete den Venezianern zahlreiche Probleme. Die Übertragung des landwirtschaftlich nutzbaren Landes an die venezianischen Siedler zieht Serien von Aufständen der Kreter nach sich. Der erste von ihnen bricht unmittelbar nach der Ansiedlung der ersten Einwanderer im Jahre 1211 aus. Bis zum Jahr 1365, in dem der Aufstand des Johannes Kallergis ausbricht, reiht sich eine Erhebung an die andere.

Im Laufe der Zeit beginnt das Feudalsystem Auflösungserscheinungen zu zeigen, und parallel hierzu setzt der Aufstieg der überwiegend griechischstämmigen Stadtbewohner ein. In den Städten bildet sich die neue Klasse der Händler heraus, die einen erfolgreichen Exporthandel betreibt. In den folgenden Jahren hat die kretische Wirtschaft Fortschritte zu verzeichnen. Auch die Landwirtschaft blüht auf, und der Weinbau nimmt zu. Die kretischen Winzer produzieren den in Europa sehr geschätzten süßen Wein »Malvuazia«. Außer Wein exportiert die Insel Olivenöl, Weizen, Käse, Honig, Baumwolle und Zitronen. Die Bevölkerungszahl steigt an.

Die Städte vergrößern sich und werden mit neuen prächtigen Bauten geschmückt. Zahlreiche öffentliche Arbeiten werden durchgeführt. Die Insel entwickelt sich zu einem bedeutenden Handelsplatz, von wo aus die Güter nach Ägypten, Syrien, der nördlichen Ägäis und dem Schwarzen Meer weiterverfrachtet werden. Gemeinsam mit der Wirtschaft blühen auch die Künste und die Literatur. Unter dem Einfluss der Renaissance entsteht die »Kretische Malerschule«, die sich zwar von der italienischen Malerei beeinflussen lässt, gleichzeitig aber Elemente der byzantinischen Tradition bewahrt.

Zu den wichtigsten Vertretern dieser Schule zählen Domenikos Theotokopoulos (El Greco), Michail Damaskinos und Theophanis. Auch in der Erziehung sind Fortschritte zu verzeichnen. Zahlreiche junge Kreter studieren an den Universitäten von Venedig und Padua und kehren als fertige Gelehrte zurück.

Der Löwe von San Marco, das Symbol der Republik Venedig, schmückt die von den Venezianern überall auf Kreta errichteten Kastelle.

Die Dichtung und vor allem das Theater blühen während der letzten beiden Jahrhunderte der Venezianerherrschaft. Führende Vertreter sind Vincenzo Cornaro mit »Erotokritos« und »Das Opfer des Abraham« und Georgios Chortatzis mit der »Erophile«, Werken, die im kretischen Dialekt geschrieben sind.

Oben: Der Koules in Iraklion.
Unten: Die Insel Spinalonga.

Rechts oben: Die Schiavi-Bastion des Kastells von Chania.
Rechts unten: Die Fortezza von Rethymnon.

Die von der venezianischen Architektur beeinflusste Baukunst bringt in dieser Zeit bemerkenswerte, von venezianischen Architekten errichtete Bauten hervor. Die Türken werfen seit dem 16. Jh. begehrliche Blicke auf Kreta. Während des 3. venezianisch-türkischen Krieges (1537-1541) versucht der berühmte, von der Insel Lesbos stammende Freibeuter Khair Eddin Barbarossa als Kommandeur der türkischen Flotte im Jahre 1538, Chania, Rethymnon und Candia zu erobern. Er plündert und zerstört Dörfer in Nordwest-, Mittel- und Ostkreta, muss sich aber schließlich aufgrund des heftigen Widerstands zurückziehen. Die Überfälle wiederholen sich 1539 und 1571-1573.

Bis zum Ausbruch des 5. venezianisch-türkischen Krieges in der Ägäis im Jahre 1645 herrscht Friede. In diesem Jahr erscheint die türkische Flotte vor der Nordküste Westkretas und setzt bei Chania ein zahlenmäßig großes Heer an Land, das nach einer etwa zweimonatigen Belagerung die Stadt erobert.

Der Fall von Chania wird nicht nur von Venedig, sondern vom gesamten christlichen Europa mit Anteilnahme verfolgt. Angesichts der türkischen Überlegenheit gegenüber den Venezianern ist das Schicksal Kreta vorbestimmt.

Nach einem Jahr ist auch Rethymnon gefallen, und im Mai 1648 beginnt die langjährige Belagerung von Candia, die 21 Jahre dauert.

An der Seite der Venezianer nehmen auch Griechen an den Kämpfen teil, weil Kreta nach dem Fall von Konstantinopel den letzten griechischen Vorposten darstellt. Im Herbst des Jahres 1669 müssen die letzten Verteidigungsversuche eingestellt werden, und die Stadt ergibt sich den Türken.

Mit dem Fall von Candia geht die Venezianerherrschaft zu Ende, und Kreta wird dem Osmanischen Reich einverleibt.

Türkenherrschaft (1669-1898)

Auch nach dem Fall von Candia verbleiben noch drei Inselfestungen, Gramvoussa, Souda und Spinalonga, bis 1715 in venezianischer Hand. Kaum haben die Türken Kreta erobert, beginnen die Verwüstungen, Geiselnahmen und Meuchelmorde, so dass zahlreiche Kreter die versklavte Insel verlassen und auf die noch in venezianischer Hand befindlichen Eptanissa und nach Italien flüchten. Andere ziehen sich in die unzugänglichen Bergregionen zurück. Verwaltungsmäßig bildet Kreta ein Wilajet (Provinz), das in die drei Bezirke Chania, Rethymnon und Candia eingeteilt wird. Nur Sphakia behält seine Selbstverwaltung und entrichtet lediglich eine geringe jährliche Steuer. Gouverneur ist der Pascha mit Sitz in Candia. Die Türken verteilen das landwirtschaftlich nutzbare Land neu, das teils als »Vakufia« (Stiftungen) muslimischen Institutionen, teils als »Timaria« (Lehnsbesitz) türkischen Würdenträgern überlassen wird. Das 17. Jh. ist für die Kreter eine Zeit schwerer Prüfungen. Seit dem Beginn der Türkenherrschaft bilden sich Bewegungen, die den Widerstand gegen die türkischen Besatzer organisieren. Im 18. Jh. basiert die kretische Wirtschaft vor allem auf der Landwirtschaft. Unter den Baumkulturen kommt den Olivenhainen die größte Bedeutung zu. Mit dem Ausbau der Landwirtschaft können die kretischen Bauern langsam ihre Position verbessern.

Gegen Ende des 18. Jhs. konzentriert sich die Bevölkerung wieder in den städtischen Zentren, vor allem in Chania, das zum wichtigsten Handelshafen Kretas aufsteigt. Die großen Mengen von Produkten aus Ackerbau und Viehzucht, die dem Exporthandel zugeführt werden, bringen dem Seehandel, an dem sich auch kretische Schiffe beteiligen, einen neuen Aufschwung. Der Freiheitskampf der versklavten Griechen, der 1821 beginnt, greift auch auf Kreta über. Die ersten in Westkreta aufflammenden Aufstände werden von den Türken unterdrückt, die nun zum ersten Mal auch das Gebiet von Sphakia besetzen. Die Kreter lassen sich jedoch nicht einschüchtern und setzen die Aufstände fort. Gegen Ende des Jahres 1827 werden Bemühungen unternommen, den Freiheitskampf neu zu beleben und Kreta an den neu gegründeten griechischen Staat anzugliedern. Bis zum Oktober befindet sich die gesamte Insel in Aufruhr.

Die Türken finden sich in den Festungen eingeschlossen, und die Aufständischen kontrollieren einen großen Teil der Insel. Zur großen Enttäuschung der Kreter gliedert das im Jahre 1830 von den europäischen Schutzmächten unterzeichnete Protokoll Kreta nicht in den griechischen Staat ein. Unter Vermittlung der drei europäischen Großmächte schließen Griechenland und die Türkei einen Waffenstillstand, und Kreta verbleibt im Besitz des Sultans, der die Insel Mohamed Ali von Ägypten überlässt.

Die 1840 endende ägyptische Besatzung hinterlässt eine nahezu verödete Insel. 1877 brechen neue Aufstände aus. Obwohl die Aufständischen fast die gesamte Insel unter ihre Kontrolle bringen, überlassen die europäischen Großmächte Kreta wiederum dem türkischen Sultan, der allerdings 1878 gezwungen ist, die »Verfassung von Chalepa« zu unter-

Das historische Kloster Arkadi.

zeichnen, in der den Kretern die freie Religionsausübung zugestanden wird; außerdem ist nun im Parlament und vor den Gerichten die griechische Sprache zugelassen, und die Einsetzung eines christlichen Gouverneurs wird zugesagt. Da diese Übereinkünfte von den Türken aber schon bald nicht mehr beachtet werden, brechen neue Aufstände aus. Nach der Abschlachtung von Christen in Chania im Jahre 1897 kommen griechische Truppenverbände auf die Insel, besetzen zusammen mit kretischen Freiwilligen die Städte und fordern die Vereinigung mit Griechenland.

Nun sehen auch die europäischen Großmächte ein, dass eine endgültige Lösung für die kretische Frage gefunden wurden muss. Um die Rückkehr der Türken einerseits und die einseitige Verkündung der Vereinigung Kretas mit dem freien Griechenland andererseits zu verhindern, wird die Insel 1898 zum autonomen »Staat Kreta« unter der formellen Aufsicht des Sultans erklärt. Die Großmächte übernehmen die Garantie und bringen ihr Militär auf die Insel. Der jüngere Sohn des griechischen Königs Konstantinos, Georgios, wird zum Hochkommissar ernannt und geht im Dezember 1898 in Souda an Land.

Die jüngere Vergangenheit

Nach der Ankunft von Georgios tritt das kretische Parlament zusammen. Die Hauptforderung der Kreter, die Vereinigung mit Griechenland, wird von den europäischen Großmächten abgelehnt. 1908 verlässt das Militär der Großmächte die Insel, und das Hochkommissariat wird abgeschafft. Venizelos übernimmt die vorläufige Regierung Kretas.

Nach dem Ende der Balkankriege und der Unterzeichnung des Vertrags von London verzichtet der Sultan auf seine Rechte auf die Insel, die nun endlich in den griechischen Staatsverband aufgenommen wird. Am 1. Dezember 1913 weht dann in Anwesenheit von Eleftherios Venizelos und des griechischen Königs Konstantinos zum ersten Mal die griechische Flagge über der Phirkas-Festung.

In den folgenden Jahren teilt Kreta das Schicksal des freien Griechenland. Der bald zu verzeichnende Fortschritt wird durch den 2. Weltkrieg unterbrochen. Eine wichtige Episode des Versuchs der Deutschen, Griechenland zu erobern, ist die Schlacht um Kreta, die am 20. Mai 1941 mit der Bombardierung der Insel durch die Luftwaffe beginnt. Die griechischen und die britischen Soldaten, die zur Vorbereitung der Verteidigung auf die Insel gebracht worden waren, leisten mit Unterstützung der unbewaffneten Bevölkerung, die sich heroisch an den Kämpfen beteiligt, erbitterten Widerstand. Die Schlacht endet am 28. Mai mit der Besetzung Kretas.

Nach der Befreiung und den schwierigen Nachkriegsjahren beginnt in den 50er Jahren des 20. Jhs. die rasche Aufwärtsentwicklung. Die Wirtschaft hatte während der letzten Jahrzehnte rapide Fortschritte zu verzeichnen, und heute ist Kreta einer der wirtschaftlich leistungsfähigsten Teile Griechenlands.

Oben: Die Festung von Gramvoussa.

Unten: Der Phirkas in Chania, wo 1913 die griechische Fahne gehisst wurde.

Regierungsbezirk Iraklion

Der Regierungsbezirk Iraklion umfasst einen großen Teil Zentralkretas und setzt sich aus den Bezirken Temenos, Viannos, Kenourgio, Malevizi, Monophatsi, Pediada und Pyrgiotissa zusammen. Er ist mit einer Fläche von 2.641 qkm der größte Regierungsbezirk Kretas. Seine natürliche Grenze zum Regierungsbezirk Rethymnon im Westen ist der Psiloritis und zum Regierungsbezirk Lassithi im Osten das Dikti-Gebirge. Der heutige Regierungsbezirk Iraklion mit seinen Hügeln und fruchtbaren Ebenen, wie der Messara-Ebene – der größten der Insel – und derjenigen von Malevizi, ist seit der prähistorischen Zeit ununterbrochen bewohnt. Er ist reich an archäologischen Ausgrabungsstätten, da sich in den fruchtbaren Gebieten (von Knossos, Phaistos, Mallia und Archanes) bereits in prähistorischer Zeit bedeutende Städte entwickelt hatten, deren Überreste freigelegt worden sind. Iraklion, die Hauptstadt des Bezirks und seit 1972 auch ganz Kretas, liegt am östlichen Rand der gleichnamigen offenen Bucht. Sie ist ein bedeutendes Handelszentrum und die größte Stadt der Insel.

KURZE GESCHICHTE DER STADT IRAKLION

Unten: Eine Bastion des Mauerrings.

Rechts oben: Das Chania-Tor. Rechts unten: Der Bembo-Brunnen.

Die Geschichte von Iraklion beginnt in minoischer Zeit, als an dieser Stelle der kleine Hafen von Knossos angelegt wird. Die zugewanderten Dorer geben der unbedeutenden Siedlung den Namen Herakleia. Der Aufstieg der Stadt beginnt erst mit der Ankunft der Araber im Jahre 823 n. Chr. Sie umgeben die Stadt mit starken Mauern und einem großen Graben und nennen sie »Rabd al-Khandaq«, d. h. Festung mit Graben. Nach dem Namensbestandteil »Khandaq« (Graben) wird die Stadt später »Chandakas« genannt. Zur Zeit der Araberherrschaft wird sie zu einem Piratenstützpunkt und einem Zentrum des Sklavenhandels im Mittelmeer. Nach der Vertreibung der Araber durch die Byzantiner im Jahre 961 wird die Stadt wieder aufgebaut und erhält eine neue Stadtmauer. In venezianischer Zeit trägt sie den Namen Candia, der dann auch für die Insel insgesamt gebraucht wird. Sie ist Sitz des »Dukas« von Kreta und des militärischen Oberbefehlshabers. Die Stadt blüht auf und wird mit Brunnen, großen freien Plätzen sowie mit glanzvollen Bauten und Kirchen geschmückt. Die Aufwärtsentwicklung erreicht nach der Eroberung Konstantinopels durch die Türken im Jahre 1453 ihren Höhepunkt, als hier zahlreiche Intellektuelle Zuflucht suchen. Die Stadt dehnt sich über den byzantinischen Mauerring hinweg aus und erhält eine neue mächtige Befestigungsmauer, über deren Errichtung etwa 100 Jahre vergehen. Diese bis heute ausgezeichnet erhaltenen Mauern ermöglichen es später der Stadt, 21 Jahre lang der Belagerung durch die Türken zu trotzen. Architekt der neuen Mauern ist der Venezianer Michele Sanmicheli. Ihre Grundform ist dreieckig, und nach außen ist ihnen ein breiter Wassergraben vorgelegt. Sie sind mit sieben Bastionen verstärkt und besaßen vier große Tore: das Alte Tor Richtung Hafen – das im 19. Jh. abgerissen worden ist -, das Lazaretou-Tor, das Neue Tor und das Chania-Tor.

Für die Verteidigung der Stadt in Richtung auf das Meer wird ebenfalls gesorgt.

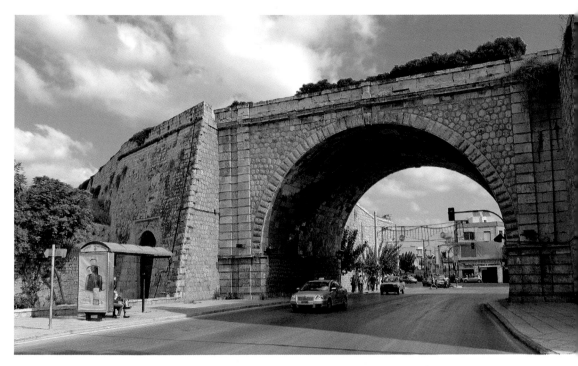

Der Hafen wird durch eine starke Meeresfestung, den »Großen Koules«, geschützt, der bis heute erhalten geblieben ist; eine weitere kleinere Festung, die später errichtet worden ist, ist 1935 niedergelegt worden.

1669 wird Candia nach 21jähriger Belagerung von den Türken eingenommen und seither »Megalo Kastro« (große Festung) genannt. Die Mauern werden wiederhergestellt und neue Abschnitte errichtet. Die Kirchen der Stadt werden in Moscheen verwandelt. Die griechische Bevölkerung nimmt ab, und der ummauerte Teil der Stadt, in dem nun ausschließlich Muslime leben, nimmt den Charakter einer orientalischen Stadt mit engen Gassen und niedrigen Häusern an. Im September 1856 wird die Stadt von einem schweren Erdbeben erschüttert und fast vollständig zerstört.

Nach der Befreiung vom türkischen Joch im Oktober 1898 ändert die Stadt ihren Namen nach dem antiken Herakleia in Iraklion. Ihr Gesicht verändert sich in der Folgezeit, weil zahlreiche Stadtteile entweder durch Erdbeben oder durch die Bomben des 2. Weltkriegs zerstört werden. So werden die meisten alten Bauten durch neue mehrgeschossige Gebäude ersetzt. Zu diesen Veränderungen trägt auch die sprunghafte Entwicklung des Tourismus im Regierungsbezirk Iraklion während der letzten Jahrzehnte des 20. Jhs. bei.

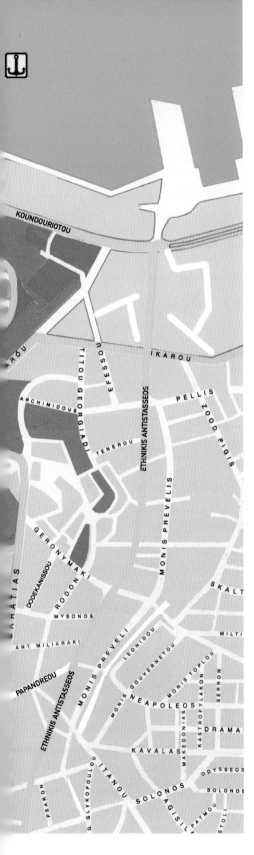

RUNDGANG DURCH DIE STADT

Oben und unten: Der Löwen-Platz. Rechts: Die Kirchen des heiligen Markus und des heiligen Titus. Die Loggia.

Das geräuschvolle Zentrum der modernen Stadt Iraklion wird von den venezianischen Befestigungsmauern umschlossen. Die meisten Sehenswürdigkeiten liegen an den zentralen Plätzen der Innenstadt.

Wir beginnen den Stadtrundgang beim Archäologischen Museum, das nach dem Archäologischen Nationalmuseum in Athen das zweitgrößte Griechenlands ist. Es liegt am Beginn der Xanthoudidou-Straße am Eleftherias-Platz am östlichen Rand der Stadt. Von demselben Platz geht auch die den Fußgängern vorbehaltene Dedalou-Straße mit ihren Geschäften, Restaurants und Cafes aus, die am Eleftheriou-Venizelou-Platz endet, der auch »Platz der Löwen« oder »des Brunnens« genannt wird und zahlreiche Besucher anzieht. An diesem Platz liegen viele Restaurants, Cafes und Volkskunstgeschäfte. Der Platz der Löwen, der in venezianischer Zeit das gesellschaftliche Zentrum der Stadt bildete, ist im Jahre 1628 mit einem prächtigen Brunnen geschmückt worden, an dem die Wasserleitung der Stadt endete. Der Brunnen schmückt noch heute die Mitte des bevölkerten Platzes. Das Wasser ergießt sich in acht Becken, die miteinander in Verbindung stehen.

Die Außenseiten dieser Becken sind mit Reliefs geschmückt, die Szenen aus der griechischen Mythologie darstellen. So sieht man Europa auf dem Rücken des Stieres zwischen Delphinen, Nymphen, Tritonen und Eroten.

In der Mitte des Brunnens tragen vier Löwen, die ursprünglich zu einen älteren Brunnen gehört haben, das mittlere Becken. Ursprünglich hatte hier eine Statue des Poseidon gestanden, die anscheinend durch ein Erdbeben zerstört worden war.

Fast gegenüber dem Brunnen erhebt sich an der Geschäftsstraße des 25. August die Kirche des heiligen Markus, die älteste venezianische Kirche auf Kreta. Die dreischiffige Basilika ist im 13. Jh. errichtet worden. Von den Türken war sie in eine Moschee umgewandelt worden, ist dann aber 1956 in ihrer ursprünglichen Form wiederhergestellt worden und dient heute als Kulturzentrum sowie als Ausstellungs- und Konzerthalle. Etwas weiter nördlich erhebt sich an derselben Straße die venezianische Loggia, ein zweistöckiges Gebäude mit einer von Säulen getragenen Arkadenfassade. In ihr versammelten sich in venezianischer Zeit die venezianischen und kretischen Adligen. Heute ist in der nach den Zerstörungen des 2. Weltkriegs wieder aufgebauten Loggia das Rathaus untergebracht. In der Nähe der Loggia befindet sich die Kirche des Stadtpatrons von Iraklion, des heiligen Titus, die in venezianischer Zeit der Sitz des lateinischen Erzbischofs war. Die Kirche ist in byzantinischer Zeit errichtet worden. Sie wurde 1446 restauriert und nach der Brandkatastrophe von 1544 im Jahre 1557 wiedererrichtet.

Nachdem die Türken sie in eine Moschee umgewandelt hatten, wurde sie 1872 in ihrer alten Form wiederhergestellt. In der Kirche wird der Schädel des heiligen Titus gehütet.

Am Ende der Straße des 25. August liegt unweit des Eleftherios-Venizelos-Platzes der Nikephoros-Phokas-Platz.

Von diesem Platz, auf dem zahlreiche Straßen zusammenlaufen, folgen wir der 1866-Straße mit ihren zahlreichen offenen Marktständen. Sie endet am Kornarou-Platz, auf der die Bronzegruppe mit Aretousa und Erotokritos aufgestellt ist.

In der Nähe befindet sich der Bembo-Brunnen, der älteste der Stadt. Der mit Reliefs, Wappen und einer kopflosen römischen Statue geschmückte Brunnen verdankt seinen Namen seinem Schöpfer, dem venezianischen Architekten Zuanne Bembo.

Gleich daneben sieht man einen weiteren Brunnen, den »Koumbes« (Sebil Chanes), der von den Türken errichtet und 1982 restauriert worden ist. Aus derselben Zeit stammt auch der Idomeneus-Brunnen, während der Priuli-Brunnen in der Delimarkou-Straße im Viertel Agia Triada 1666 vom Gouverneur Antonio Priuli angelegt worden ist.

Vom Ostrand des Kornarou-Platzes folgen wir nun der Evans-Straße bis zum Neuen Tor, einem der beiden erhaltenen Stadttore. Die dortige Inschrift nennt das Erbauungsjahr 1587 und den Namen des damaligen Gouverneurs Mocenigo. In der Nähe des Tores ist ein Freilichttheater angelegt worden. Wir folgen nun der Nikolaou-Plastira-Straße, die an der Innenseite des südlichen Mauerabschnitts entlangführt. Am südlichsten Punkt der Festungsmauer befindet sich die Martinengo-Bastion.

Ein Weg führt zur Plattform hinauf, die den höchsten Punkt der Stadt bildet; von hier aus kann man die gesamte Stadt Iraklion überblicken. An dieser Stelle ist der bedeutende kretische Schriftsteller Nikos Kazantzakis bestattet (1885-1957). Auf dem schlichten Grab liest man eine Inschrift mit seinem Bekenntnis: »Ich hoffe nichts, ich fürchte nichts, ich bin frei«.

Die Plastira-Straße wendet sich nun nach Westen und endet am Chania-Tor, dem zweiten erhaltenen Stadttor, das den Zugang von

Westkreta bildete. Die Außenseite ist mit einem Relief mit dem Löwen von San Marco, einer Büste des Pantokrators und einer griechischen Inschrift und die Innenseite mit einem Medaillon geschmückt, in dem der Pantokrator mit der Inschrift »Omnipotens« (der Allmächige) dargestellt ist.

Über die Leophoros Kalokerinou oder Platia Strata kehren wir ins Zentrum der Stadt zurück. Am Weg liegt der Agias-Ekaterinis-Platz, auf der sich die Kathedrale des heiligen Minas, die größte Kirche Kretas, erhebt, die 1862-1895 errichtet worden ist. Es handelt sich um eine Kreuzkuppelkirche mit vier gleich großen Kreuzarmen und zwei hohen Glockentürmen. Im Inneren der Kirche werden sechs Ikonen von der Hand des Michail Damaskinos aufbewahrt, dem bedeutenden kretischen Maler des 16. Jhs. und Lehrer von Domenikos Theotokopoulos.

Am Nordostrand des Platzes befindet sich die Kirche der heiligen Ekaterini vom Sinai, die ursprünglich eine Filiale des gleichnamigen Klosters war. Sie ist im 16.

Links: Der Kornarou-Platz.

Der Koumbes.

Der Priuli-Brunnen.

Rechts oben: Das Grab von Kazantzakis. Rechts unten: Die Kirche des Agios Minas.

Jh. als Basilika mit Querschiff errichtet worden. Der nördliche Abschnitt ist als Kapelle mit Kuppel gestaltet. Zur Zeit der Venezianerherrschaft war hier die Schule für Literatur und Künste untergebracht, die während des 16. und 17. Jhs. eine Art Universität darstellte. Aus dieser Schule sind zahlreiche bedeutende Schriftsteller und Künstler hervorgegangen, wie Chortatsis und Vitsentzos Kornaros. Heute ist in der Kirche der heiligen Ekaterini eine Sammlung von Ikonen der mittelalterlichen kretischen Malerschule untergebracht.

Wir kehren nun zum Eleftheriou-Venizelou-Platz zurück und wenden uns nach Norden zum Kallergon-Platz, in deren Nähe sich der Dominikou-Theotokopoulou-Park befindet, der in der Mitte der modernen Stadt eine erfrischende Oase bildet.

Vom Kallergon-Platz aus kann man zum Historischen Museum gehen, das an der Sophokli-Venizelou-Straße (auch Bedenakia genannt) liegt, oder der Straße des 25. August folgen, die am venezianischen Hafen endet, der heute als Yachthafen dient. Dort sind die überwölbten steinernen Arsenale erhalten, die Bestandteile der im 16. Jh. von den Venezianern errichteten Werften waren. Jede dieser Hallen konnte eine Galeere aufnehmen.

Diesen gegenüber erhebt sich am Eingang zum alten Hafen die mächtige Festung Rocca al Mare oder »Koules«, die im Jahre 1303 von den Venezianern zum Schutz des Hafens errichtet worden ist. Sie wurde durch ein Erdbeben zerstört und 1523 neu errichtet. Noch heute befindet sich das Relief mit dem Löwen der Republik Venedig an seinem angestammten Platz. Ein Teil der Terrasse der Festung dient heute als Freilichttheater.

Links oben: Die Straße des 25. August.
Links unten: Der venezianische Hafen.

Rechts: Der Koules.

Archäologisches Museum

Das Archäologische Museum von Iraklion beherbergt die weltweit größte Sammlung minoischer Altertümer. In seinen Sälen sind Funde ausgestellt, die in ganz Kreta ans Licht gekommen sind.

Die Exponate umfassen Statuetten, Tongefäße, Geräte, Werkzeuge und Schmuckobjekte aus dem Neolithikum (6500-2500 v. Chr.) und der Vorpalastzeit (2500-2000 v. Chr.), die aus der neolithischen Siedlung von Knossos und den vorpalastzeitlichen Siedlungen und Nekropolen stammen, die im nördlichen und südlichen Zentralkreta sowie an der Südküste entdeckt worden sind.

Links: Die Prozession der Rhytonträger, um 1550 v. Chr.

Rechts: Der »Lilienprinz«, 15. Jh. v. Chr.

Es folgen altpalastzeitliche Funde aus den ersten Palästen von Knossos und Mallia, aus den Hafenstädten Poros und Psira sowie aus Gipfelheiligtümern. Die Objekte der Neupalastzeit (1700-1450 v. Chr.) stammen aus den Palästen und Nekropolen von Knossos, Phaistos und Mallia. Außerdem sieht man Funde aus der reifen und der letzten Phase des Palastes von Knossos vor seiner Zerstörung um 1450 v. Chr.

Zu den bedeutendsten Funden zählen der Diskus von Phaistos und das königliche Brettspiel »Satrikon«, das im Palast von Knossos gefunden worden ist. Es ist aus Bergkristall, Gold und blauer Glasmasse gearbeitet, und die Spielsteine bestehen aus Elfenbein.

Zu den Funden aus der Neu- und der Nachpalastzeit (1450-1100 v. Chr.) zählen Objekte aus dem Palast von Zakros (wie das herausragende Rhyton aus Bergkristall), aus Archanes, aus den Hafenstädten Poros und Katsambas, aus den Nekropolen von Knossos, Phaistos, Mallia, Mochlos und Gournia sowie aus dem Grab von Kamilari, verblüffende Beispiele der minoischen Goldschmiedekunst (goldene Ringe, Ohrgehänge und Halsketten mit Edelsteinen), Funde aus dem Palast von Agia Triada, der Villa von Amnissos, den Landhäusern von Vathypetro, Tylissos und Nirou sowie aus den Höhlen von Arkalochori, Psychro und Patsos. Außerdem sieht der Besucher Fundobjekte aus der subminoischen, der protogeometrischen und frühgeometrischen Zeit (1100-800 v. Chr.), Stücke aus der geometrischen und der orientalisierenden Zeit (800-650 v. Chr.), minoische Tonsarkophage, in denen die Verstorbenen bestattet wurden, minoische Wandmalereien (wie die Reliefmalerei mit dem Stier), den bemalten Steinsarkophag aus Agia Triada, Kleinfunde aus archaischer, klassischer, hellenistischer und griechisch-römischer Zeit (7. Jh. v.-4. Jh. n. Chr.), Münzen der kretischen Städte, Großplastik der archaischen Zeit (7.-6. Jh. v. Chr.) sowie Skulpturen aus klassischer, hellenistischer und römischer Zeit.

Historisches Museum Kretas

Das Historische Museum, das bedeutende Exponate beherbergt, ist im dreistöckigen klassizistischen Kalokerinos-Haus in der Kalokerinou-

Straße 7 untergebracht. Die in 12 Räumen ausgestellten Objekte illustrieren die Entwicklung der kretischen Kultur von der frühchristlichen Zeit bis zum 20. Jh. und sind in thematische und chronologische Einheiten gegliedert. Ausgestellt sind u. a. Skulpturen aus der Basilika des heiligen Titus in Gortyn, Grabplatten, Wandmalereien des 18. Jhs. aus dem Haus des Fazil Bey in Iraklion, Fayencetäfelchen, Ikonen, Priestergewänder und Kirchengerät aus byzantinischer Zeit, byzantinische und venezianische Münzen, venezianischer und byzantinischer Schmuck, wichtige Schriftstücke, Siegel, Porträts, Waffen, Firmane, mittelalterliche Karten und Fotografien.

Einer der Räume ist Emmanouil Tsouderos gewidmet und enthält Objekte aus seinem Besitz und eine Sammlung von Briefmarken des Staates Kreta. Im Nikos Kazantzakis gewidmeten Raum sind persönliche Objekte und Autographen des großen neugriechischen Schriftstellers ausgestellt. Im zweiten Stockwerk ist ein traditionelles kretisches Bauernhaus mit dem entsprechenden Inventar rekonstruiert.

Sammlung byzantinischer Ikonen – Agia Ekaterini

In der Kirche der heiligen Katherina vom Sinai (am gleichnamigen Platz) sind Wandmalereien aus dem 13. und 14. Jh., Kirchenbücher, Zimelien, Handschriften und Holzschnitzereien ausgestellt. Besonders bedeutend ist die Sammlung byzantinischer Ikonen, unter denen sich sechs Exemplare aus dem 16. Jh. befinden, die dem großen kretischen Ikonenmaler Michail Damaskinos zugewiesen werden.

Naturhistorisches Museum

Dargestellt wird die kretische Pflanzen- und Tierwelt in minoischer Zeit. Die Sammlung umfasst ausgestopfte Tiere u. a.

Links oben: Die Prozession der Rhytonträger. Links unten: Das Stierfresko.

Rechts: Agia Ekaterini vom Sinai.

DER PALAST VON KNOSSOS

Rund 5 km südöstlich von Iraklion liegt in einer Hügellandschaft, die vom Fluss Katsambas, dem antiken Kairatos, durchflossen wird, der Palast von Knossos, die wichtigste Ausgrabungsstätte Kretas.

Der prunkvolle Palast erhob sich auf dem Kephala-Hügel in der Mitte eines fruchtbaren Tales und nahm eine Fläche von 22.000 qm ein. Den Schätzungen der Archäologen zufolge besaß er etwa 1.400 Räume und zwei große Höfe, den Westhof mit dem offiziellen Eingang zum Palast und einen Zentralhof für die religiösen Zeremonien. Am West- und Ostrand des großen Zentralhofs erheben sich der West- und der Ostflügel des Palastes.

Der Westflügel besaß drei Stockwerke. Im Erdgeschoss befanden sich Heiligtümer und Magazine und in den Obergeschossen Empfangsräume und andere Heiligtümer.

Der Ostflügel besaß zahlreichere Stockwerke, da die Minoer das an dieser Stelle abfallende Gelände entsprechend nutzten. So bestand die zum Hof gerichtete Seite aus drei und die auf den Fluss Kairatos blickende aus vier oder fünf Geschossen. In diesem Flügel befanden sich die königlichen Gemächer sowie Magazine und Werkstätten.

Von der Größe der den Palast umgebenden Stadt zeugen die ausgedehnten Nekropolen in der Umgebung. 2,5 km vom Palast entfernt befindet sich das monumentale Königsgrab von Isopata, in dem bedeutende Funde ans Licht gekommen sind. Kuppelgräber sind in Kephala und auf dem Gypsades-Hügel entdeckt worden, und im Bereich der Universität Kretas gibt es eine ausgedehn-

Unten:
Die Ausgrabung von Knossos.

Rechts:
Die »Kouloures«.

Das Westpropylon.

Die Südpropyläen.

te Nekropole der historischen Zeit. Der Hafen der Stadt lag an der Mündung des Kairatos beim heutigen Poros-Katsambas.

Knossos besaß ein bemerkenswertes Wasserversorgungs- und Abwassersystem. Trinkwasser wurde mit Rohrleitungen von der Quelle am Berg Jouchtas in die Stadt und den Palast geleitet. Das Abwasser wurde durch zwei Leitungen aus dem Palast geleitet: Eine diente der Ableitung des Regenwassers und die andere der Ableitung des Brauchwassers.

Die ersten Siedlungsspuren auf dem Hügel stammen aus der Zeit um 6000 v. Chr., und an derselben Stelle wurde dann um 1900 v. Chr. der erste Palast errichtet. Dieser wurde um 1700 v. Chr. zerstört, aber sofort größer und schöner neu errichtet. Der neue Palast wurde um 1600 v. Chr. durch ein schweres Erdbeben stark beschädigt, doch wurden die Schäden rasch behoben und neue luxuriöse Bauten errichtet. Um 1450 v. Chr. ereignete sich eine weitere Katastrophe. Der Palast wurde wieder instand gesetzt und nun von den eingewanderten Achäern bewohnt. Um 1200 v. Chr. wurde der Palast von Knossos ein weiteres Mal zerstört und diesmal nicht wieder aufgebaut; die Stadt existierte allerdings bis in byzantinische Zeit weiter. Zur Zeit der Venezianerherrschaft befand sich hier an der Stelle der römischen Stadt das Dorf Makrys Toichos. Nahezu alle antiken Ruinen, die man heute in Knossos sieht, stammen aus der letzten Phase seiner Blütezeit.

Rundgang durch die Ausgrabungsstätte

Zur Besichtigung des Palastes von Knossos folgen wir zunächst dem Pfad, der zum Westhof führt. Dieser wird von gepflasterten Wegen durchschnitten, die als »Prozessionswege« bezeichnet werden.

Im südlichen Bereich des Hofes sieht man drei runde, mit Steinen verkleidete Gruben, die unter der Bezeichnung »Kouloures« bekannt sind und in der Altpalastzeit als Magazine für Gefäße und Gerätschaften gedient haben, die für Kultzeremonien benutzt wurden. Außerdem befinden sich hier die Überreste von zwei gebauten Altären, die von den hier abgehaltenen Kultzeremonien zeugen.

In der Südwestecke des Hofes befindet sich der Westeingang mit dem Westpropylon, einem offenen Raum mit Vordach, dessen Ostwand mit dem Stiersprung-Fresko geschmückt war. An der Südostecke des Propylons beginnt der Prozessionskorridor, ein langer Gang, der seinen Namen von der Wandmalerei mit den Rhytonträgern erhalten hat, die seine Wände geschmückt hat. Dargestellt ist ein Festzug junger Männer und Frauen, die Kultgefäße in den Händen halten. Der mit Platten gepflasterte Korridor endet bei den Südpropyläen, von wo aus eine Treppe zum ersten Stock des Westflügels hinaufführte.

Ein weiterer Korridor führt vom Propylon nach Osten, biegt dann nach Norden um und endet an der Südwestecke des Zentralhofs.

Dieser Abschnitt ist mit einer Kopie des Freskos des Lilienprinzen rekonstruiert worden. Der südliche Abschnitt des Prozessionskorridors ist nicht erhalten. Der Besucher durchquert einen rekonstruierten Raum und betritt die Südpropyläen, von denen ein Teil wieder hergestellt worden ist. Die Westwand ist mit Kopien des Prozessionsfreskos und der Wandmalerei des Rhytonträgers geschmückt. Die Mauern sind mit den eingezogenen Holzbalken rekonstruiert worden, die die Minoer benutzten, um die Steinmauern widerstandsfähiger gegen Erdbeben zu machen.

An der Südseite des Bereichs östlich der Propyläen sind große Doppelhörner aus Kalkstein (Kultsymbole der Minoer) aufgestellt worden, die die Fenster des Palastes geschmückt haben. Die Südpropyläen bestanden aus zwei Teilen, die jeweils mit zwei Säulen ausgestattet waren. Von hier führt eine breite Treppe, die nach den Ausgrabungen rekonstruiert worden ist, zum ersten Stockwerk des Westflügels, das Evans als »Piano Nobile« bezeichnet hat.

Östlich der Treppe ist eine rechteckige Struktur ausgegraben worden, die als Tempel der Göttin Rhea gedeutet wird. Im nach Süden anschließenden Raum ist eine Wanne mit Linear B-Täfelchen gefunden worden. Im ersten Stock befanden sich wichtige Räume des Palastes.

Vom Treppenabsatz gelangt man in einen Vorraum, an den sich nach Osten ein kleiner quadratischer Raum anschloss, aus dem Kultgefäße ins Erdgeschoss gefallen waren, weshalb er die Bezeichnung Schatzkammer erhalten hat. Vom Vorraum aus betritt man einen großen Raum mit drei Säulen und drei Pfeilern, der von Evans den Namen »Dreisäulenheiligtum« erhalten hat. Nach Westen schließt sich obere Korridor an, von dem aus zwei westlich gelegene Hallen zugänglich waren, die »Große Halle« mit zwei Säulen und die »Kulthalle« mit sechs Säulen. Genau unter dem Korridor verläuft im Erdgeschoss der Korridor der Magazine, ein langer, dunkler Gang mit Holzdecke, der anscheinend mit Öllämpchen beleuchtet wurde. An diesem Korridor liegen die 18 langgestreckten, schmalen Westmagazine aufgereiht, die große Tongefäße (Pithoi) enthielten, in denen Olivenöl und Wein gelagert wurden. Unter diesen Magazinen gab es Krypten, in denen Objekte verwahrt wurden.

Vom oberen Korridor aus ist ein rekonstruierter Raum zugänglich, der an seiner Südseite einen Lichtschacht besitzt, der an drei Seiten von Säulen getragen wird. An den Wänden dieses Raumes, der über dem Thronsaal liegt, sind

Die Südpropyläen von Knossos mit den Doppelhörnern.

Kopien von Wandmalereien angebracht, die verschiedene Räume des Palastes geschmückt haben.

Eine rekonstruierte Treppe am Ende des oberen Korridors führt ins zweite Geschoss, während eine breite Doppeltreppe, auf der man noch die Basen von zwei Säulen sieht, die die Decke trugen, in der Art eines Stufenpropylons zum mit Steinplatten gepflasterten Zentralhof hinunterführt.

Im Erdgeschoss schließt sich an die Treppe nach Norden der Bereich des Thronsaals an, der in die späteste Bauphase der Palastes wohl um 1450-1375 v. Chr. zu datieren ist. Hinter einer Türwand befindet sich zwei Stufen tiefer der Vorraum des Thronsaals, der mit unregelmäßigen schwarzen Steinplatten ausgelegt ist. In der Mitte ist ein großes rundes Porphyrbecken aufgestellt, das im Korridor nördlich des Raumes gefunden worden ist.

*Oben links:
Der zentrale
Lichthof.
Oben rechts: Die
Westmagazine.*

*Unten:
Außenansicht
des Thronsaales.*

Vor einer Wand steht auf einer flachen Basis die Imitation eines Holzthrons zwischen Wandbänken aus Gipsstein (Alabaster). Zwei Durchgänge führen zum Thronsaal, auf dessen Boden Alabastra (kleine Gefäße für Duftöle) gefunden worden sind, die wahrscheinlich hier zurückgelassen worden sind, als der Palast während einer religiösen Zeremonie eilig geräumt wurde. An der Nordwand ist der aus Gipsstein gearbeitete Thron des Königs von Knossos erhalten – wahrscheinlich der älteste erhaltene Thron Europas -, der eine hohe Rückenlehne besitzt und von ebenfalls aus Gipsstein bestehenden Wandbänken flankiert wird. Zwei Wände sind mit dem Greifenfresko geschmückt (Greifen waren Symbole der Macht), dessen Original sich im Archäologischen Museum von Iraklion befindet. Vor der dem Thron gegenüber liegenden Südwand führen Stufen zu einem tiefer liegenden rechteckigen Raum hinunter, dessen Boden und Wände mit Gipssteinplatten belegt sind. Dieser Raum wird als »Kultisches Reinigungsbecken« interpretiert, in dem rituelle Reinigungen vorgenommen wurden.

Oben: Der Thronsaal des Königs von Knossos. Unten: Das »Dreiteilige Heiligtum«.

Wir verlassen den Thronsaal und wenden uns nach Süden, wo sich an die breite Treppe das »Dreiteilige Heiligtum« anschließt, das zentrale Heiligtum der minoischen Paläste. Die Fassade, die mit Doppeläxten bekrönt war, war dreigeteilt: Der mittlere Teil war überhöht und besaß eine Säule, während die niedrigeren seitlichen Teile jeweils mit zwei Säulen ausgestattet waren. Nach Norden schlossen sich zwei kleine Räume an, der Raum mit dem großen Pithos und die »Kultische Schatzkammer« mit zwei großen gebauten Krypten, in denen die Statuetten der »Schlangengöttinnen« gefunden worden sind. Westlich des Heiligtums befindet sich der Vorraum mit der Steinbank, dessen Türwand im Westen zu den Pfeilerkrypten überleitet. In die Pfeiler sind Darstellungen von Doppeläxten eingeritzt.

Wir überqueren nun den Zentralhof und wenden uns dem Ostflügel des Palastes zu, der relativ gut erhalten geblieben ist. Die Stockwerke dieses Flügels waren durch eine Treppe mit flachen, breiten Stufen aus Gipsstein miteinander verbunden. Das mit Hilfe eines Lichtschachtes beleuchtete, sogenannte »Große Treppenhaus« teilt den Ostflügel in einen nördlichen und einen südlichen Abschnitt.

Das Große Treppenhaus führt zum Raum mit den Säulen hinunter, an den sich nach Osten das »Megaron« des Königs mit der Halle der Doppeläxte anschließt.

Die Türwand in der Mitte konnte geschlossen werden, so dass aus einer einheitlichen Halle zwei Räume entstanden. Vor der Nordwand stand der hölzerne Thron des Königs, und hier werden die Audienzen stattgefunden haben. Zwei Säulenhallen im Osten und Süden öffneten sich auf einen winkelförmigen Lichthof.

Ein Korridor verbindet das »Megaron« des Königs mit dem südlicher gelegenen kleineren »Megaron« der Königin. Die Wand über der Tür schmückt eine Kopie des Delphinfreskos. Nach Westen schließt sich das kleine Bad der Königin an, in dem eine Wanne gefunden worden ist. Ein Korridor im Süden führt zu einem rechteckigen Raum mit einer niedrigen Bank, der als Toilettenraum der Königin gedeutet wird. Vom Raum mit den Säulen führt das Große Treppenhaus ins erste Obergeschoss zur sogenannten Halle der königlichen Wache, die mit Wandmalereien geschmückt ist, die achtförmige Schilde darstellen. Es handelt sich um das Obergeschoss des »Megarons« des Königs, das mit dem Obergeschoss des »Megarons« der Königin in Verbindung steht. Die Wandmalereien im »Megaron« des Königs stellen achtförmige Schilde, einen Stier und einen Nautilus dar. Südlich des »Megarons« der Königin befinden sich das Südostbad, das »Heiligtum der Doppeläxte« (in dem Kultsymbole und die Statuette einer Göttin mit erhobenen Armen gefunden worden sind) und das südöstliche Reinigungsbecken.

Nach Norden schließt sich an das »Megaron« des Königs der Werkstattbereich des Ostflügels an. Verstreut auf dem Boden liegende Steingefäße, ein unbearbeiteter Basaltblock und die auf den Steinen erkennbaren Bearbeitungsspuren bezeugen, dass sich hier die Werkstatt der Steinschneider befunden hat. Nach Norden folgt ein Raum mit Wandbänken, neben denen sich Vertiefungen befinden, die mit der Herstellung von Tongefäßen in Verbindung standen.

Das große Treppenhaus.

Die Gemächer der Königin.

Das Heiligtum der Doppeläxte.

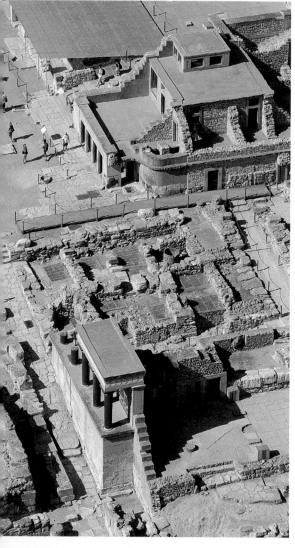

Nördlich der Werkstätten sieht man die mit einem modernen Schutzdach versehenen Magazine der Riesenpithoi, die aus der Altpalastzeit stammen. Von hier führt eine Treppe zum Korridor des Brettspiels hinauf, in dem das Satrikion-Spiel gefunden worden ist. Von hier sind auch die Rohre der Wasserleitung zu erkennen, die vom Berg Jouchtas Trinkwasser zum Palast leiteten. Westlich des Korridors des Brettspiels befanden sich die Nordosthalle und noch weiter westlich die Nordostmagazine.

An der Nordseite des Zentralhofs endet der Korridor des Nordeingangs. Westlich dieses Korridors sind einige Räume ans Licht gekommen, die nicht miteinander in Verbindung stehen (Gefängniszellen oder Keller). An dieser Stelle sind in der Neupalastzeit zwei Räume und ein Heiligtum errichtet worden. In einem der Räume ist das Fresko mit dem Krokus pflückenden Affen, und im anderen sind Täfelchen mit Linear B-Schrift ans Licht gekommen.

Eine Treppe führt zur Westbastion des Korridors hinauf, die teilweise wiederhergestellt worden ist. An der Wand sieht man die Kopie des Relieffreskos eines Stieres in einem Olivenhain. Der Korridor des Nordeingangs führt zum »Nördlichen Pfeilersaal«, in den von Westen der Nordeingang des Palastes einmündete.

Südwestlich des Nördlichen Pfeilersaales ist ein Teil des Nördlichen Reinigungsbeckens rekonstruiert worden, welches das größte des Palastes war und in dem Gefäße gefunden worden sind, die anscheinend bei den rituellen Reinigungen verwendet worden waren.

Es stand mit einer Doppeltür mit einem Raum in Verbindung, von dem aus drei Türen zur Nordweststoa überleiteten.

Westlich des Reinigungsbeckens sieht man vor der Nordwestecke des Palastes den sogenannten Theaterbezirk, einen rechteckigen gepflasterten Platz, der von einem »Prozessionsweg« durchschnitten wird und an den sich im Osten und im Süden Stufenreihen anschließen.

In der Südostecke werden die Stufen von einer Art Empore unterbrochen, auf der möglicherweise der König Platz nahm.

In der Umgebung des Palastes sind Ruinen von

*Links oben: Blick auf den Korridor des Nordeingangs.
Links unten: Die Magazine der Riesenpithoi.
Oben: Der Korridor des Nordeingangs.
Unten: Das nördliche »Kultische Reinigungsbecken«.*

Häusern der Stadt freigelegt worden, die die Namen »Haus der Fresken«, »Südhaus«, »Südosthaus«, »Haus der heiligen Tribüne«, »Haus der herabgestürzten Steinblöcke« und »Haus des Stieropfers« erhalten haben.

Vom Theaterbezirk führte ein Weg, die sogenannte »Königliche Straße«, durch die Stadt Knossos zum Kleinen Palast, der in der Nähe des Palastes nordwestlich der Stadt errichtet war und in dem ein Rhyton aus Serpentin in Form eines Stierkopfes gefunden worden ist.

An seine Nordwestseite schließt sich das sogenannte »Unerforschte Herrenhaus« an, das in der Phase Spätminoisch IA. errichtet worden ist. Südlich der »Königlichen Straße« liegt das »Haus der Fresken«, das seinen Namen den Fragmenten herrlicher Wandmalereien verdankt, die in einem seiner Räume gefunden worden sind.

Nordöstlich des großen Palastes ist die »Königliche Villa« ausgegraben worden, die am Ende der Neupalastzeit errichtet worden ist, und südlich das Gästehaus oder, nach Evans, die Karawanserei, von der zwei auf den Palast blickende Räume rekonstruiert worden sind.

Südlich der Karawanserei sind die Überreste des »Hauses des Hohenpriesters« freigelegt worden, das einen steinernen Altar besitzt. Noch weiter südlich hat Evans auf dem Gypsades-Hügel das »Königliche Tempelgrab« rekonstruiert, das zwar als Grab angelegt, aber auch als Heiligtum genutzt worden ist. Links (westlich) der von Knossos nach Iraklion führenden Straße ist die »Villa des Dionysos« (2. Jh. n. Chr.) freigelegt worden, die ihren Namen einem schönen Fußbodenmosaik mit einer Darstellung des Dionysos verdankt.

Oben: Die königliche Straße. Unten: Der Theaterbezirk.

1. RUNDFAHRT

Iraklion-Agia Pelagia-Phodele
Tylissos-Sklavokambos

Unsere erste Rundfahrt führt in den Bezirk Malevizi, die für ihre köstlichen Trauben und den süßen Wein bekannt ist.

Die westliche Grenze des Bezirks wird von den Ausläufern des Psiloritis gebildet, während die gleichnamige fruchtbare Ebene einen großen Teil des Bezirks einnimmt. Endlose Weingärten bedecken die Ebene und die Hänge der flachen Hügel, sind aber auch noch in höheren Lagen zu finden. Der Name des im Mittelalter berühmten Weines »Malvazias« ist von diesem Anbaugebiet abgeleitet.

Wir verlassen Iraklion durch das Chania-Tor und folgen der neuen Küstenautobahn in Richtung Rethymnon. Wir passieren das Tourismusgebiet Ammoudara mit seinem schönen Sandstrand und seinen großen Hotelkomplexen sowie Linoperamata. Hinter Linoperamata verlassen wir die Autobahn und folgen der Straße, die durch eine grüne Landschaft zum traditionellen Dorf Rodia führt, das das Kretische Meer überblickt.

Gegenüber dem Hauptplatz des Dorfes beginnt eine ansteigende Straße, die zu einem schönen, von hohen Bäumen beschatteten Tal führt, in dem das Savvathianon-Kloster liegt, das zur Zeit der Herrschaft der Venezianer bekannt

Unten:
Ammoudara.

Rechts oben:
Agia Pelagia
und Lygaria.
Rechts unten:
Phodele.

war. Die Klosterkirche ist der Panagia (Muttergottes) geweiht. Über einen 200 m langen Pfad, der über eine Steinbrücke führt, erreicht man die Höhlenkirche des heiligen Antonios, die teilweise aus dem anstehenden Fels gehauen ist.

Wir kehren zur Autobahn zurück und folgen ihr nach Norden. Wir passieren Pandanassa und treffen 3 km nach der Abfahrt Paleokastro drei weitere, die jeweils 2 km auseinander liegen und die malerische Bucht von Agia Pelagia sowie die kleinere Bucht von Lygaria mit ihrem Sandstrand zum Ziel haben.

An der vor den Nordwinden geschützten Bucht von Agia Pelagia ist eine große Luxushotelanlage errichtet worden. Das viel besuchte Urlaubszentrum verdankt seinen Namen einem mittelalterlichen Kloster, von dem innerhalb der heutigen Ortschaft nur die Klosterkirche erhalten geblieben ist.

An derselben Stelle wird die antike Stadt Apollonia vermutet. An der Stelle Kladotos sind spätminoische Kammergräber, Überreste eines Prytaneions aus dem 4. Jh. v. Chr. sowie Ruinen eines Hauses und einer Töpferwerkstatt ausgegraben worden.

Wir kehren zur Autobahn zurück und folgen ihr nach Westen. Nach 4,5 km sieht man rechts die sandige Bucht von Phodele.

Wir verlassen die Autobahn in Richtung Süden und erreichen nach 3 km das Dorf Phodele, in dem einer Überlieferung zufolge im Jahre 1541

*Die
Theotokopoulos-
Büste.*

Arolithos.

der große griechische Maler der Renaissance Domenikos Theotokopoulos oder El Greco geboren worden sein soll, der in Spanien berühmt geworden ist. Das Dorf liegt theaterartig in der Mitte eines von Orangen- und Zitronenbäumen, Platanen und Ried bewachsenen grünen Tales. Den Dorfplatz beherrscht eine Büste von Theotokopoulos. 1 km nördlich des Dorfes befindet sich an der Stelle Skotini eine mit Fresken geschmückte spätbyzantinische Kirche (14. Jh.), die dem Tempelgang Mariä geweiht ist. Die Kreuzkuppelkirche steht inmitten eines Orangenhains an der Stelle eines Vorgängerbaus aus dem 8. Jh.

Von Phodele aus kann man einer Staubstraße weiter nach Süden folgen, die zunächst das historische Kloster des heiligen Pandeleimon passiert, das an einem grünen Hang errichtet ist, und nach 6 km auf die alte Nationalstraße Iraklion-Rethymnon trifft. Dieser folgen wir nach links und erreichen nach 1,5 km das malerische Dorf Marathos mit seinen Steinhäusern. 10 km hinter Marathos treffen wir auf eine Abzweigung, die nach Süden nach Tylissos führt. Wenn man auf diese Besichtigungen verzichten will, kann man von Phodele aus nach Iraklion zurückkehren. Vor dem Dorf Gazi biegen wir nach rechts ab und folgen der alten Nationalstraße Iraklion-Rethymnon. Außerhalb von Gazi haben Ausgrabungen die Ruinen eines kleinen Heiligtums ans Licht gebracht, das zu einem größeren Baukomplex gehört hat. Hier sind Statuetten der »Göttin mit den erhobenen Armen« gefunden worden, die im Archäologischen Museum in Iraklion ausgestellt sind.

Nach 3 km gabelt sich die Straße. Die rechte Gabelung führt nach Marathos, Damasta und schließlich nach Rethymnon. Wir folgen der linken, die nach Süden nach Tylissos führt. Kurz vor Tylissos liegt an einer mit Mastixsträuchern und Stechbeeren bewachsenen Stelle das traditionelle Dorf Arolithos, das ein kleines volkskundliches Museum besitzt. Zwischen den Häusern, die an diejenigen vermietet werden, die einen solchen Urlaub bevorzugen, liegen Werkstätten von Töpfern, Holzschnitzern und Webern sowie eine Taverne, ein Cafe und eine Backstube. Schließlich erreichen wir das Dorf Tylissos, das auf den Ruinen der gleichnamigen minoischen Stadt an den mit Reben und Olivenbäumen bewachsenen Ausläufern des Psiloritis errichtet worden ist.

Tylissos

In einem kleinen Kiefernhain im Nordosten des Dorfes sind drei große luxuriöse Wohnbauten (Haus A, B und C) aus spätminoischer Zeit (17.-15. Jh. v. Chr.) ausgegraben worden, die bis etwa 1450 v. Chr. bewohnt gewesen sind. Die Häuser besaßen offene Höfe, Kulträume, Magazine, Treppenhäuser, Korridore und Wohnräume, die um 1700 v. Chr. errichtet worden sind. Die Bauten waren aus Stein errichtet und besaßen dicke Außenmauern. Die Fußböden waren mit Platten belegt, und die aus Lehm bestehenden Dächer waren mit Schieferplatten abgedeckt.

Jede Wohnung besaß 3-4 Räume. Im Erdgeschoss befanden sich wahrscheinlich die Räume der Bediensteten sowie die Werkstätten und Magazine, während die Besitzer im Obergeschoss wohnten.

Das größte der drei Häuser, Haus A, war zweistöckig und besaß einen plattierten Innenhof, den man durch den stattlichen zentralen Eingang betrat. Im Erdgeschoss befanden sich Wohnräume, eine Pfeilerkrypta, ein Kultisches Reinigungsbecken und Magazine. Eine Treppe führte zu den Räumen im Obergeschoss, deren Wände mit Fresken geschmückt waren.

Westlich von Haus A liegt das kleinere Haus B, das 21 Räume besaß (Vorraum, Treppenhaus, offenen Hof, Küche, Wohnräume und Saal mit Türwand). Nördlich von Haus A befindet sich das ebenfalls mit Wandmalereien geschmückte Haus C mit 23 Räumen und einer ins Oberschoss führenden Treppe. Trinkwasser wurde von der Quelle in Agios Mamas mit Tonrohren in die Häuser geleitet.

Nach der um 1450 v. Chr. erfolgten Zerstörung wurde in der Nachpalastzeit an der Stelle des Hauses C ein mykenisches Megaron errichtet. Die Stadt war auch in der historischen Zeit bewohnt. In klassischer Zeit war Tylissos ein autonomer Stadtstaat und prägte eigene Münzen. Die Ausgrabungen haben bedeutende Funde ans Licht gebracht.

Die Ruinen der minoischen Häuser in Tylissos.

Von Tylissos führt die Straße am Hang des Psiloritis nach Westen bergauf. Wir durchqueren ein kahles, steiniges Gebiet und gelangen schließlich in das langgestreckte schmale Tal von Sklavokambos.

Die nächste Ortschaft ist das schöne Bergdorf Gonies, dessen Häuser in 620 m Höhe theaterartig am Hang des »Philioremos« errichtet sind. Von hier aus genießt man einen herrlichen Blick auf die Gipfel des Psiloritis.

Die Straße wendet sich nun nach Westen und gabelt sich beim 36. km vor dem Dorf Anogia. Eine Gabelung führt weiter nach Anogia und die andere zur Nida-Hochebene und zur Idäischen Grotte, in ein Gebiet, das wir von Rethymnon aus besuchen werden (siehe S. 184).

Sklavokambos

Nach der Abzweigung nach rechts zum Dorf Astyraki sehen wir links der Straße die Überreste einer minoischen Villa aus der Zeit um 1500 v. Chr., die aus drei Abschnitten mit unterschiedlich hoch gelegenen Fußböden besteht. Sie ist nordsüdlich ausgerichtet und hatte den Eingang im Osten.

Die Wohnräume, ein Saal für Zeremonien und die Treppe zum Obergeschoss lagen im Nordosten und die Magazine im Nordwesten. Den südwestlichen Abschnitt des Gebäudes nahmen wahrscheinlich die Gesinderäume ein.

Kloster Paliani

Beim Bau der dreischiffigen Kirche, die der Entschlafung Mariä geweiht ist und deren großes Kirchenfest am 15. August gefeiert wird, sind Architekturelemente einer frühchristlichen Basilika aus der 1. Hälfte des 6. Jhs. n. Chr. wiederverwendet worden.

Hinter der Kirche wächst ein alter Myrtenbaum, die Agia Myrtia. Hier hat offensichtlich, an die christliche Religion angepasst, der uralte minoische Baumkult überlebt. Der Überlieferung zufolge befindet sich im Stamm der Myrte die Ikone der Panagia Myrtidiotissa, weshalb der Baum als heilig gilt und am 23. September mit einem Fest geehrt wird.

2. RUNDFAHRT

Iraklion-Agia Varvara-Zaros
Kloster Vrondissi
Kloster Varsamonero
Kamares und Kamares-Höhle

Auf dieser Rundfahrt, die zunächst durch die Weingärten von Malevizi führt, werden wir die malerischen Dörfer von Ano Riza an den Südhängen des Psiloritis kennenlernen.

Wir verlassen die Stadt durch das Chania-Tor und folgen der Straße, die zur Messara-Ebene führt. Sie verläuft in südwestlicher Richtung und durchquert ein dicht mit Reben bepflanztes Gebiet, in dem die kretischen Sultaninen produziert werden.

Nach 4 km biegen wir nach rechts ab und folgen der ansteigenden Straße, die zum großen Dorf Agios Myronas führt, dem Hauptort des Bezirks Malevizi, das sich über drei Erhebungen verteilt und die Umgebung überblickt.

Die Straße berührt dann das Dorf Pyrgou, das in einer grünen Landschaft gelegene traditionelle Dorf Nissi und die beiden an den östlichen Ausläufern des Psiloritis liegenden Dörfer Kato und Pano Assites.

2 km nordwestlich von Kato Assites befindet sich das historische Kloster des Agios Georgios Gorgoleïmon oder Gorgolaïni, das sehr wahrscheinlich im 16. Jh. gegründet worden ist. Das in einer grünen Landschaft gelegene Kloster ist 1821 von den Türken zerstört und erst 1848 wieder neu besiedelt worden. Die das Kloster passierende Straße führt zur Stelle Xerokambos, wo auch ein von Pano Assites kommender Pfad endet. Von Xerokambos kann man die vom Bergsteigerverein Iraklion unterhaltene, in 1.100 m Höhe gelegene Schutzhütte Prinos erreichen.

Von Pano Assites aus durchquert die Straße in südlicher Richtung ein fruchtbares Tal, erreicht Prinias und trifft nach einer kurzen Fahrt durch eine grüne Landschaft bei Agia Varvara wieder auf die Hauptstraße, die von Iraklion nach Timbaki führt.

Wer nicht den beschriebenen Umweg nehmen will, kann dieser Hauptstraße folgen. Nach 12 km führt eine Abzweigung nach links in 5 km nach Daphnes, einem Dorf, in dem der beste Wein von Malevizi hergestellt wird. Hier wird in den beiden ersten Juliwochen ein Weinfest gefeiert. Wir kehren zur Hauptstraße zurück und folgen ihr zu den Dörfern Siva und Neo Venerato. Von hier führt eine Abzweigung nach Venerato, einem der ältesten Dörfer Kretas, das zwischen Weinfeldern und Olivenhainen liegt. Von Venerato führt eine Straße nach 1,5 km zu einem der ältesten Klöster Kretas, dem Nonnenkloster Paliani.

Wir kehren zur Hauptstraße zurück und folgen ihr nach Süden. Sie steigt nun an und gibt den Blick nach rechts auf das Dorf Prinias und die Erhebung »Patela tou Prinia« frei. 10 km hinter Neo Venerato treffen wir auf das Dorf Agia Varvara, das in einer fruchtbaren Landschaft mit Gemüsegärten und Kirschbäumen liegt und auf die Ebene von Malevizi hinunterblickt. Auf einem Felsen am Eingang des Dorfes sieht man die Kapelle des Prophitis Elias.

In der Mitte des Dorfes erhebt sich die Kirche der Agia Varvara aus dem 13. Jh. Von Agia Varvara führt eine Straße in nordwestlicher Richtung zum Dorf Prinias.

Nördlich von Prinias sieht man die Erhebung »Patela tou Prinia«, die aus mit glatten weißen Felsblöcken übersäten Weinbergen und Olivenhainen aufragt.

Auf dieser Anhöhe, die einen herrlichen Ausblick bietet, sind die Ruinen der Stadt Rhizenia ausgegraben worden, die von 1600 v. Chr. bis in hellenistische Zeit bestanden hat. Die Ausgrabungen haben zwei Tempel aus dem 7. und 6. Jh. v. Chr., Reste der hellenistischen Stadtmauer und am Fuß des Hügels eine Nekropole aus geometrischer Zeit ans Licht gebracht. Südwestlich des Hügels befand sich eine Festung aus hellenistischer Zeit, und auf dem westlich gelegenen Hügel Mandra ist eine Töpferwerkstatt aus dem 7.-6. Jh. v. Chr. entdeckt worden.

Wir fahren nach dem Dorf Agia Varvara nach Süden, verlassen die Hauptstraße und folgen der Abzweigung nach rechts durch ein Tal, das dicht mit Oliven-, Nuss-, Kirsch- und anderen Obstbäumen bestanden ist. Nach 4 km erreichen wir das in einem grünen Tal gelegene Vorgebirgsdorf Panassos.

Die Straße steigt die Ausläufer des Psiloritis hinauf und trifft auf das große Dorf Apano Riza oder Gergeri, in dessen Werkstätten Objekte der lokalen Volkskunst

Oben: Die Kirche der Agia Zoni in Daphnes.

Unten: Die Kirche der Agia Varvara.

gearbeitet werden. Das Dorf liegt an einer Stelle, von der aus man das Tal des Flusses Litheos einsehen kann. Hier beginnt eine Straße – die zunächst asphaltiert ist und später in eine schlechte Staubstraße übergeht -, die nach Norden zum Rouva-Wald führt.

Auf Gergeri folgt das malerische Nivrytos mit seinen traditionellen Häusern, das nur 3 km vom großen Dorf Zaros entfernt liegt, das ebenfalls an den Ausläufern des Psiloritis errichtet ist. Die Häuser begleiten das Bett des Flusses Koutsoulidis. Die gesamte Umgebung ist sehr wasserreich.

Ein Weg führt nach Norden zum Votomos-Quellbezirk. In diesem grünen Hügelland, das mit hohen Platanen, Pappeln und Oleandersträuchern bestanden ist, befindet sich der gleichnamige künstliche See mit seinem dunklen, smaragdgrünen Wasser, der als Zaros-See bekannt ist. Hier gibt es Erfrischungsstände und Tavernen, die die hier gezüchteten Forellen anbieten. Ein Fußpfad führt vom See zur Agios-Nikolaos-Schlucht, an deren Eingang die weiße, innen ausgemalte Kirche des Agios Nikolaos aus dem 14. Jh. steht.

Die 4,5 km lange Schlucht führt zu einem der schönsten Wälder Kretas, dem einzigartigen Steineichenwald von Rouva. 3 km hinter Zaros führt eine Abzweigung zum Vrondissi-Kloster am steilen Südhang des Psiloritis. Es ist von Platanen umstanden und bietet einen

Das Vrondissi-Kloster

Das Kloster war ein Zentrum der Wissenschaften und der Künste. Hier hat Michail Damaskinos sechs seiner bekanntesten Ikonen gemalt, die heute in der Kirche der Agia Ekaterini in Iraklion ausgestellt sind. Zur Zeit der Venezianer war es eines der bedeutendsten monastischen Zentren Kretas. Es ist zu einem unbekannten Zeitpunkt vor 1400 gegründet worden. Im Südschiff der zweischiffigen Klosterkirche sind Fresken aus dem 14. Jh. erhalten. Ein Schiff ist dem Agios Antonios und das andere dem Agios Thomas geweiht.

Besonders charakteristisch ist der in einigem Abstand von der Kirche errichtete unabhängige Glockenturm mit seinen offenen Bögen, der zu den ältesten Kretas zählt. Neben dem Eingang zum Kloster ist ein schöner venezianischer Brunnen aus dem 15. Jh. erhalten.

Die Reliefs stellen Adam und Eva und vier weitere Gestalten dar, unter denen das Wasser austritt, das die Flüsse des Gartens Eden symbolisiert.

herrlichen Blick über die fruchtbare Messara-Ebene, die sich zu seinen Füßen ausbreitet.
Wir kehren zur Hauptstraße zurück, folgen ihr 4 km durch das grüne Tal und erreichen das historische Hirtendorf Vorizia. Von hier aus führt eine gut befahrbare Staubstraße zur 3 km weit entfernten Kirche des Klosters Varsamonero.

Kloster Varsamonero

Die mit Fresken aus dem 14. und 15. Jh. und einer schönen geschnitzten Ikonostase wahrscheinlich aus dem 16. Jh. geschmückte dreischiffige Kirche zählt zu den bedeutendsten christlichen Monumenten Kretas.

Zur Zeit der Venezianerherrschaft war das Kloster ein bedeutendes geistiges Zentrum und als Kloster der Odogitria Varsamonerou bekannt. In der Kirche, die heute als Kirche des Agios Phanourios bekannt ist, werden die Muttergottes, der heilige Johannes und der heilige Phanourios verehrt.

3 km von Vorizia entfernt liegt in 600 m Höhe das Dorf Kamares, ein Zentrum für Volkskunst und Kunsthandwerk. Außerhalb des Dorfes öffnet sich am Südhang eines der Gipfel des Psiloritis, des »Schwarzen Gipfels« (Mavri Koryphi), in 1.525 m Höhe die Kamares-Höhle, die man nach einem anstrengenden Anstieg von 4-5 Stunden erreicht.

Die Straße führt hinter Kamares weiter nach Westen zu den Bergdörfern Lochria, Platanos und Apodoulou an den südlichen Ausläufern des Psiloritis im Regierungsbezirk Rethymnon (siehe Rethymnon, Dörfer im Bezirk Amari, S. 197).

Links oben: Nivrytos und der Votomos-See.
Links unten: Der Brunnen am Eingang des Vrondissi-Klosters.

Rechts oben: Die Kirche des Vondrissi-Klosters.
Rechts unten: Krater des Kamares-Stils aus dem Palast von Phaistos.

Kamares-Höhle

Die Höhle ist im Jahre 1890 entdeckt und danach von Archäologen untersucht worden.
Sie ist in neolithischer Zeit bewohnt und in minoischer Zeit als Kultstätte verwendet worden.
Hier sind zum ersten Mal die mehrfarbig gemalten Gefäße gefunden worden, deren Stil nach dieser Höhle benannt worden ist.

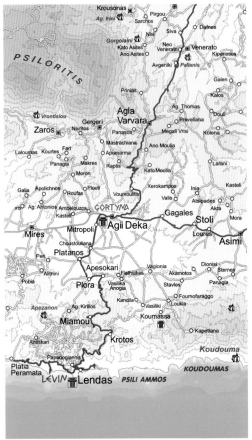

3. RUNDFAHRT

Iraklion-Agia Varvara-Gortyn
Agii Deka-Platanos-Lendas

Diese und die folgende Rundfahrt führen in die Messara-Ebene, die größte Ebene Kretas, die im Süden und im Osten von Bergen begrenzt wird und sich im Westen auf das Libysche Meer öffnet.

Wir verlassen die Stadt durch das Chania-Tor, folgen der Straße zur Messara-Ebene, setzen die Fahrt hinter Agia Varvara in Richtung Süden fort und genießen bald einen schönen Blick über die fruchtbare grüne Ebene mit den verstreut liegenden Dörfern. In der Ferne erkennt man schwach die Gipfel des Asteroussia-Gebirges und im Westen die Messara-Bucht. Etwa 14 km hinter Agia Varvara liegt das Dorf Agii Deka.

Kurz bevor man das Dorf erreicht, trifft man auf die südliche Hauptstraße, die nach Osten zu den Dörfern Gangales, Stoli, Assimi, Pyrgos u. a. an den nördlichen Ausläufern des Asteroussia-Gebirges und schließlich zum Dorf Martha führt. Dort trifft sie auf die Straße, die von Iraklion über Viannos nach Myrtos und von dort aus nach Ierapetra führt (siehe Lassithi S. 156).

Das Dorf Agii Deka (= die zehn Heiligen) liegt auf einer grünen Anhöhe mit Blick über die antike Stadt Gortyn.

Es ist nach den zehn Märtyrern benannt, die im Jahre 250 n. Chr. in der Nähe der Stelle den Tod gefunden hatten, an der später zu ihren Ehren die gleichnamige byzantinische Kirche errichtet wurde. Ihre Gräber befinden sich in der Kapelle der Agii Deka an der Stelle Agia Limni außerhalb des Dorfes. 1 km außerhalb von Agii Deka sieht man beiderseits der Straße in einem ausgedehnten Olivenhain die verstreuten Ruinen der antiken Stadt Gortyn, die in römischer Zeit ihre größte Blüte erlebt hat.

GORTYN

Das Gebiet von Gortyn ist seit 4000-3500 v. Chr. ständig bewohnt, wie die neolithischen Keramikfunde vom Agios-Ioannis-Hügel, auf dem sich die Akropolis der Stadt befand, und die Ruinen

eines neupalastzeitlichen Landhauses im Dorf Mitropolis (an der Stelle Kania) südwestlich von Agii Deka zeigen.

Die Geschichte von Gortyn beginnt im 10. Jh. v. Chr. Ausgehend vom Kern der ersten Siedlung auf dem Hügel mit der befestigten Akropolis breitete sich die Stadt über die Hänge der Nachbarhügel aus.

Um die Mitte des 1. Jahrtausends v. Chr. war Gortyn die führende Macht im südlichen Zentralkreta und in historischer Zeit eine der fünf mächtigsten Städte der Insel. In seinen »Gesetzen« erwähnt sie Platon als blühend und mit guten Gesetzen ausgestattet.

Wie die anderen Stadtstaaten Kretas, so lag auch Gortyn in dieser Zeit mit anderen Städten der Insel in beständigem Streit um die Vorherrschaft in diesem Gebiet, und zwar vor allem mit Knossos und Lyttos. Im 5. Jh. v. Chr. standen die Nachbarstädte Phaistos, Sybritos, Matala und Lasaia unter dem Einfluss von Gortyn, das im 4. Jh. v. Chr. auch Lebena eroberte.

Im 3. Jh. v. Chr. führte es den »Bund der Kretaier« an. Am Ende der hellenistischen Zeit gehörte das gesamte südliche Zentralkreta zu seinem Herrschaftsbereich.

Gortyn war die volkreichste Stadt der Insel, deren »Recht« durch die »Große Inschrift« berühmt geworden ist. Es ist zwar konservativ, zugleich aber von einem fortschrittlichen Geist geprägt, vor allem was die Rechte der Frauen und die Behandlung der Sklaven anbelangt.

Als sich die Römer im 2. Jh. v. Chr. in die politischen Angelegenheiten Kretas einzumischen begannen, stellte sich Gortyn an ihre Seite, während Knossos den Widerstand der anderen Städte gegen Rom organisierte.

Die Römer erwiesen sich als dankbar und erhoben Gortyn nach der Eroberung der Insel im Jahre 67 v. Chr. aus diesem Grund zur Hauptstadt Kretas. Die Wirtschaft der Stadt florierte. Sie dehnte sich aus und erhielt zahlreiche neue Gebäude, wie das Praetorium, das große Nymphaeum, Theater, die Agora, Thermen, ein Amphitheater und ein Hippodrom. Ihre größte Blüte erlebte die Stadt zwischen 120 und 180 n. Chr. Auch während der ersten byzantinischen Periode war Gortyn eine wohlhabende Stadt. Sie war weiterhin der Sitz des Gouverneurs von Kreta, das seit dem 4. Jh. n. Chr. zum Oströmischen Reich gehörte. Sie wurde auch zum Sitz des ersten Bischofs von Kreta, des Apostels Titus. Die Blüte der Stadt dauerte bis zum Jahr 828 n. Chr. an, als sie von den Sarazenen zerstört wurde.

An der Stelle der einstmals großen und mächtigen Stadt befinden sich heute die drei Dörfer Agii Deka, Mitropolis und Ambelouzos.

Links: Das malerische Dorf Agii Deka.

Oben: Die »Große Inschrift« mit den Gesetzen von Gortyn.

Besichtigung der Ausgrabungsstätte

Der Besucher der Ausgrabungen von Gortyn sieht heute nördlich der Straße die Ruine der Basilika des heiligen Titus, die Bischofskirche von Gortyn, die im 6. Jh. n. Chr. aus großen Kalksteinblöcken errichtet und zu Beginn des 9. Jhs. zerstört worden ist. Es handelt sich um eine dreischiffige Basilika mit eingeschriebenem Kreuz und einer von zwei sich kreuzenden Gewölben getragenen Kuppel.

Weiter im Norden befindet sich das im 1. Jh. v. Chr. erbaute römische Odeion, das im 1. Jh. n. Chr. erneuert worden ist und im 3. Jh. n. Chr. seine heutige Gestalt erhalten hat. Es bestand aus dem Bühnenhaus mit Nischen und Statuen, der halbkreisförmigen, mit schwarzen und weißen Platten gepflasterten Orchestra und den mit Marmor verkleideten Sitzreihen. An der Innenseite der nordwestlichen äußeren Stützmauer ist die in Kalksteinplatten gemeißelte »Große Inschrift« mit dem Gesetzeskodex von Gortyn angebracht; der Bereich wird heute durch ein Tonnengewölbe geschützt. Die Inschrift stammt aus der 1. Hälfte des 5. Jhs. v. Chr., wohl aus der Zeit um 480-450 v. Chr., und enthält den ältesten europäischen Zivilrechtskodex. Sie ist im dorischen Dialekt und mit dem archaisch-kretischen Alphabet »boustrophedon« geschrieben, d. h. »wie die Rinder beim Pflügen gehen«, also mit abwechselnd von links nach rechts und von rechts nach links gerichteten Zeilen. Westlich des Odeions sind die Überreste eines der beiden Theater der Stadt entdeckt worden; das andere war in der Nähe des Praetoriums errichtet.

Nordwestlich des Odeions lag außerhalb des Ausgrabungsgeländes auf

einem Hügel mit einem schönen Blick über die Umgebung die Akropolis von Gortyn, wo man heute noch einige Überreste der Festungsmauer und einen kleinen, »Kastro« genannten Turm sehen kann.

Südlich der Straße befinden sich die Ruinen der Agora und des Heiligtums der ägyptischen Gottheiten (der Isis und des Serapis). Weiter südlich erkennt man die Überreste des vorrömischen Tempels und des Altars des Apollon Pythios, der bis zum 4. Jh. n. Chr. der Haupttempel der Stadt war, des Nymphaeums und des Komplexes des Praetoriums, der Residenz des römischen Gouverneurs der Provinz Kreta und Kyrenaika, das in römischer Zeit das Zentrum des politischen Lebens bildete. Es ist im 2. Jh. n. Chr. errichtet und zwei Jahrhunderte später restauriert worden. Noch weiter südlich sind Überreste der römischen Thermen und des Amphitheaters freigelegt worden.

Oben: Die Basilika des heiligen Titus.

Unten: Das römische Odeion.

Innerhalb des Ausgrabungsgeländes sind unter einem Schutzdach bei den Ausgrabungen ans Licht gekommene Skulpturen ausgestellt.

Nach der Besichtigung von Gortyn kehren wir zur Hauptstraße zurück und schlagen hinter Agii Deka die nach Süden führende Straße ein und passieren die Dörfer Mitropolis, das in einem Olivenhain liegt, Platanos, wo zwei früh-minoische Kuppelgräber mit zahlreichen bedeutenden Fundstücken entdeckt worden sind, Plora und Apesokari, wo zwei weitere Gräber dieses Typus und dieser Zeit gefunden worden sind. Wir folgen nun der nach rechts ansteigen-den Straße, die nach Süden zu den Asteroussia-Dörfern Miamou und Kroto führt.

Nach 11 km erreichen wir die Bucht von Lendas, die durch zwei Landzungen geschützt ist: die relativ flache Psamidomouri und die höhere Halbinsel Leontas oder Lendas. An der Bucht liegt das gleichnamige Dorf.

Rechts: Lendas an der Stelle der antiken Stadt Lebena.

Am östlichen Rand der Bucht befindet sich der grauen Sandstrand von Loutra mit kristallklarem Wasser. Von Lendas aus kann man mit dem Boot das abge-legene Koudouma-Kloster erreichen, das an einer sandigen Bucht mit ver-streuten Palmen errichtet ist. Östlich von Lendas lag in der Antike die Stadt Lebena. Die ältesten Siedlungsspuren in diesem Gebiet stammen aus neoli-thischer und frühminoischer Zeit (3. Jahrtausend v. Chr.).

Die hier durchgeführten Ausgrabungen haben Überreste eines Asklepiostempels aus dem 1.-2. Jh. n. Chr., einer westlichen Stoa aus dem 1.-2. Jh. n. Chr., einer nördlichen Stoa aus dem 2. Jh. v. Chr., eines Nymphaions an der östlichen Ecke der Nordstoa, eines Brunnens südlich des Nymphaions, zwei aus Ziegeln errichteter Zisternen, die wahrschein-lich für Heilbäder genutzt worden sind, und eines großen, langgestreckten Gebäudes ans Licht gebracht, das vielleicht als Herberge gedient hat. Außerdem sieht man um die byzantinische Kirche des Agios Ioannis aus dem 14. Jh. die Überreste einer frühchrist-lichen Basilika vielleicht aus dem 5. Jh. n. Chr. An der Stelle Gerokambos westlich von Lendas sind zwei frühminoische Kuppelgräber (2600-2000 v. Chr.) entdeckt worden. Auf dem flachen Hügel Anginaropapouros etwas weiter nördlich ist eine frühminoische Siedlung lokalisiert worden.

Nordöstlich von Lendas ist in der Nähe von Koumassa eine vorpalastzeitliche Nekropole mit einem großen runden Kuppelgrab ent-deckt worden, das zahlreiche wichtige Fundobjekte enthielt (Gefäße aus Stein und Ton und Tonstatuetten).

Lebena

Das antike Lebena war der Handelshafen von Gortyn.

Die Ruinen der Stadt liegen zwischen dem Strand und der Straße verstreut.

Die Stadt, die sich zu einem bedeuten-den Heilzentrum entwickelte, besaß ein Asklepiosheiligtum, das von den Einwohnern von Gortyn zu Beginn des 4. Jhs. v. Chr. neben einer Heilquelle errichtet worden war. Der Ruhm des Asklepieions verbreitete sich rasch, so dass Kranke aus allen Städten Kretas und sogar aus Nordafrika herbei-strömten.

Das Asklepieion erlebte während der römischen Kaiserzeit seine größte Blüte. Neben Asklepios wurden hier Hygieia Soteira, Persephone, die Nymphen und Acheloos verehrt.

Lebena wurde 46 v. Chr. durch ein Erdbeben zerstört, aber rasch wieder aufgebaut und war bis ins 9. Jh. n. Chr. bewohnt.

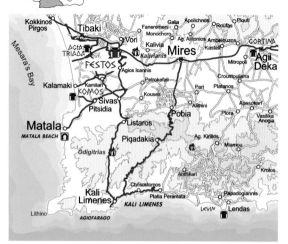

4. RUNDFAHRT

Iraklion-Mires-Phaistos
Agia Triada-Tymbaki
Matala-Kloster Odigitria
Kali Limenes

B ei dieser Rundfahrt verlassen wir die Stadt wie bei der vorherigen durch das Chania-Tor und nehmen die Straße zur Messara-Ebene. Nach Agia Varvara fahren wir weiter in südlicher Richtung und wenden uns erst nach Agii Deka nach Westen.

Nach 8,5 km gelangen wir nach Mires, einem Verkehrsknotenpunkt sowie einem Handels- und Landwirtschaftszentrum und zugleich Sitz der Metropolie von Gortyn und Arkadia. Nach weiteren 8 km führt einen Abzweigung nach rechts nach Vori, das das in einem traditionellen Gebäude untergebrachte Ethnologische Museum Kretas beherbergt.

Ausgestellt sind Objekte der Volkskultur aus den 18. und 19. Jh. Kurz vor der Abzweigung nach Vori führt eine nach links abbiegende Straße nach 2 km zu der bedeutenden Ausgrabungsstätte Phaistos, der nach Knossos zweitwichtigsten Kretas.

Unten: Blick auf Phaistos. Rechts: Der südliche Teil des Westflügels mit den Heiligtümern.

PHAISTOS

Die Grundmauern neolithischer Häuser, die Statuetten, die Scherben von Tongefäßen und die Werkzeuge, die im Umfeld des Palastes von Phaistos gefunden worden sind, bezeugen, dass der flache Kastri-Hügel am westlichen Rand der Messara-Ebene bereits in der neolithischen Zeit bewohnt gewesen ist. Hier wurde dann um 1900 v. Chr. der erste Palast errichtet, der mit einer Grundfläche von 18.000 qm etwas kleiner war als derjenige in Knossos. Um 1700 v. Chr. wurde er durch ein Erdbeben zerstört, das, wie die entsprechenden Funde aus den anderen Gebieten zeigen, auch die übrigen Palastzentren überrascht hat. An der Stelle des zerstörten alten wurde ein neuer, noch prächtigerer Palast errichtet. Der neue Palast, von dem die meisten der heute sichtbaren Überreste stammen, wurde gegenüber seinem Vorgänger rund 8 m nach Osten versetzt erbaut. Um 1450 v. Chr. wurde auch dieser Palast wahrscheinlich durch ein Erdbeben zerstört.

Phaistos beherrschte zur Zeit seiner Blüte die Messara-Ebene. Es besaß mit Matala und Kommos zwei Häfen, und sein Herrschaftsgebiet reichte vom Kap Lithino bis zum Kap Psychion oder Melissa.

Nach der Katastrophe von 1450 v. Chr. wurde der Palast zwar verlassen, dort blieb die Stadt Phaistos weiter bewohnt.

Die autonome Stadt blühte während der archaischen, der klassischen und der hellenistischen Zeit und wurde 160 n. Chr. von ihrer Rivalin Gortyn zerstört, mit der sie in beständigem Streit gelegen hatte.

Die Ausgrabungen von Phaistos wurden im Jahre 1900 vom Leiter der Italienischen Archäologischen Schule Federico Halbherr begonnen und von L. Pernier und D. Levi weitergeführt.

Besichtigung der Ausgrabungsstätte

Die Besichtigung beginnt auf dem mit Platten gepflasterten Hof an der Nordwestseite des Palastes. Von dort führt eine Treppe mit flachen Stufen, die aus der Zeit des ersten Palastes stammt, zum ebenfalls gepflasterten altpalastzeitlichen Westhof hinunter. Gleich rechts sieht man die acht breiten Stufen des sogenannten Theaterbezirks. Hier beginnt ein Prozessionsweg, der in südöstlicher Richtung diagonal über den Hof verläuft und beim Propylon des alten Palastes endet. Links (westlich) des Weges sind vier runde, ausgemauerte Gruben erhalten, die denjenigen von Knossos

Oben: Die zentrale Treppenanlage.

Unten: Die Ausgrabungsstätte von Phaistos.

entsprechen. Linker Hand führt eine monumentale Treppenanlage mit breiten, flachen Stufen östlich der Theaterstufen und genau neben der auf den Westhof führenden Treppe zum Niveau des neuen Palastes hinauf.

Man gelangt zunächst zu einem Propylon mit einer mittleren Säule, von der die Basis erhalten ist, und dann zu einem Lichthof mit drei Säulen. Nordöstlich des Lichthofs führt eine enge Treppe mit Stufen aus Gipsstein zu einem gepflasterten Vorraum hinunter, in dem mehr als 6.500 Siegelabdrücke gefunden worden sind. Von der Ostseite des Vorraums gelangt man auf den mit Kalksteinplatten

gepflasterten Zentralhof, der bereits zum alten Palast gehört hatte und vom neuen weiter benutzt wurde. Die Westseite des Vorraums öffnet sich auf einen Gang mit einem Pfeiler in der Mitte. Zu Seiten dieses Korridors liegen Magazinräume aufgereiht. In einem von ihnen sind ein großer Pithos und ein in den Boden eingelassenes Gefäß gefunden worden, in dem die verschütteten Flüssigkeiten (Wein und Olivenöl) gesammelt wurden.

Ein gepflasterter Korridor südlich der Magazine teilt den Westflügel des Palastes in zwei Abschnitte. In den Räumen des südlichen Abschnitts sind zahlreiche Kultobjekte gefunden worden, weshalb hier die Heiligtümer lokalisiert werden. In zwei miteinander kommunizierenden Räumen sieht man Wandbänke und im nördlicheren einen niedrigen Tisch. An drei Seiten des großen Zentralhofs des Palastes liegen der West-, der Nord- und der Ostflügel. Dem West- und dem Ostflügel waren Pfeiler- und Säulenhallen vorgelegt. Der Ostflügel,

von dem ein Teil abgerutscht ist, war relativ klein und vom Nordflügel durch einen engen Korridor getrennt. Hier werden fürstliche Wohnräume vermutet, die aus einem kleinen Saal mit Türwand, einem Vorraum und einem Lichthof bestanden. Im Südwesten dieser Raumgruppe befindet sich ein Kultisches Reinigungsbecken, zu dem eine Treppe hinabführt. Hier sind Steinhörner, Doppeläxte, Rhyta und Kannen gefunden worden.

Zum Nordflügel, in dem sich die königlichen Gemächer befanden, führt ein mit Platten gepflasterter offener Korridor. An beiden Seiten des Korridors öffnen sich kleine Räume. Der Gang endet auf dem kleinen offenen, mit Platten gepflasterten Nordhof. An der Nordostecke dieses Hofes beginnt ein Korridor, der nach links (Westen) zum Gemach der Königin führt, dessen Boden mit Gipssteinplatten belegt ist. Die unteren Abschnitte der Wände bestehen aus großen Gipssteinblöcken. Außerdem sieht man Wandbänke ebenfalls aus Gipsstein, eine Säulenhalle und in der Mitte einen Lichtschacht. An der Außenseite der Westwand des Raumes ist eine schmale, ins Obergeschoss führende Treppe und südwestlich von ihr ein Peristylhof erhalten, der mit den königlichen Gemächern verbunden war. Nördlich schließen sich an das Gemach der Königin die größeren Gemächer des Königs an. Zu ihnen gehört ein großer Raum mit Türwand, der mit Gipssteinplatten ausgelegt ist; die Wände waren mit Fresken geschmückt. Dem Raum waren nach Norden und Osten Säulenhallen vorgelegt, und im Westen befindet sich ein mit Gipssteinplatten verkleidetes Kultisches Reinigungsbecken.

Der nördliche Abschnitt.

Die Gemächer der Königin.

Die Gemächer des Königs.

Ein Korridor führt von der Nordostecke des Nordhofs zum größeren Osthof. In dessen Mitte ist ein hufeisenförmiger Ofen gefunden worden, in dem wahrscheinlich Kupfer geschmolzen worden ist, wovon entsprechende Gussreste an den Wänden zeugen. Außerdem sind hier zwei Töpferscheiben gefunden worden. Die Räume, die an der Westseite des Hofes aufgereiht sind, werden also die Werkstätten des Palastes aufgenommen haben. Außerhalb der Südseite des Westflügels des Palastes sind die Fundamente eines Rheatempels entdeckt worden.

Nordöstlich des Palastes sind einige Raumfolgen freigelegt worden, die zum Palast der Altpalastzeit gehört haben. In einem dieser Räume ist der Diskus von Phaistos gefunden worden.

Von Phaistos führt eine Straße zur 3 km weit entfernten Ausgrabung von Agia Triada.

AGIA TRIADA

Auf einem Hügel, der seit neolithischer Zeit bewohnt gewesen ist, sind die Grundmauern eines kleinen Palastes aus der Zeit um 1600 v. Chr. freigelegt worden. Die hier durchgeführten Ausgrabungen haben zahlreiche bedeutende Funde ans Licht gebracht, zu denen die »Schnittervase«, der »Prinzenbecher«, das konische Rhyton mit den Sportszenen (alle drei aus dem weichen Material Steatit gearbeitet) und Wandmalereien zählen, die im Archäologischen Museum in Iraklion ausgestellt sind.

Der Palast von Agia Triada, der mit Phaistos offenbar durch eine gepflasterte Straße verbunden war, beherbergte das Verwaltungszentrum des umliegenden Gebiets. Er ist wie die anderen kretischen Paläste um 1450 v. Chr. zerstört worden. Das Gebiet ist aber weiter bewohnt gewesen, wie die Siedlung nordöstlich des Palastes zeigt, die in der Folgezeit eine große Blüte erlebt hat.

Links: Ansichten des Palastes von Phaistos.

Rechts: Agia Triada.

Auf den Ruinen des Palastes aus der Neupalastzeit ist dann der luxuriöse Neubau aus der Nachpalastzeit errichtet worden. Im mittleren Abschnitt des Ostflügels, wo sich die Magazine befunden hatten, wurde das Megaron (Gemächer des Fürsten) und östlich davon eine Stoa errichtet. Aus dieser Zeit stammt auch die große Stoa der Agora.

Im 13. Jh. begann der Niedergang des Palastes von Agia Triada. Die Agora und die angrenzenden Wohnhäuser wurden noch bis zur Mitte dieses Jahrhunderts benutzt, als das Gebiet wie die anderen Palastzentren Kretas verwüstet wurde.

In den folgenden Jahren konzentrierten sich die Aktivitäten dann auf den Bereich um den »Platz der Heiligtümer« an der Südostecke des Palastes.

In geometrischer Zeit wurde der Palast nicht mehr bewohnt und diente, wie die Funde gezeigt haben, als Kultstätte. In hellenistischer Zeit wurde hier ein kleines Heiligtum des Zeus Velchaios gegründet.

Besichtigung der Ausgrabungsstätte

Südöstlich der Ausgrabungsstätte liegt die ausgemalte und mit einem Ziegeldach ausgestattete Einraumkirche der Agios Georgios Galatas aus dem 14. Jh., die zu den ältesten mit Fresken geschmückten Kirchen Kretas

zählt. An dieser Stelle beginnt die Besichtigung des Palastes und der Stadt von Agia Triada.

Der Palast besteht aus zwei Flügeln, einem südlichen, der nordsüdlich, und einem östlichen, der ostwestlich orientiert ist. Die beiden Flügel stoßen im rechten Winkel aufeinander. Nordöstlich des Palastes befindet sich die Agora (Markt) der Nachpalastzeit, und weiter westlich liegen die Wohnbauten der Siedlung.

Im südlichen Abschnitt des Südflügels befanden sich die Gesinderäume und im nordwestlichen Abschnitt die Wohnräume mit Plattenböden und Türwänden. In einem dieser Räume sieht man eine steinerne Wandbank und im kleineren Nachbarraum eine erhöhte rechteckige Gipssteinplatte, die anscheinend als Bett benutzt worden ist. Im nördlich anschließenden Raum sind 19 große Kupferbarren (»Talente«) ans Licht gekommen, weshalb er als Schatzkammer gedeutet worden ist.

Eine Wand des südwestlich an die Schatzkammer anschließenden Raumes hat das Fresko mit den Lilien und den Wildkatzen geschmückt, und im als Archiv gedeuteten Nachbarraum sind zahlreiche tönerne Siegelabdrücke gefunden worden. Im Ostflügel befanden sich die Magazine und östlich von diesen weitere Wohnräume.

Südöstlich des Palastes befindet sich der »Platz der Heiligtümer«, an dem die von Phaistos kommende Straße endete. Von diesem Platz führt eine monumentale Treppe zum Weg, der an der Nordfassade des Palastes entlangführt, und von dort zum Platz der nachpalastzeitlichen Siedlung mit den Grundmauern der Stoa der Agora und der Wohnhäuser abbiegt. An die Säulenhalle schließen sich die Grundmauern von acht rechteckigen Räumen an, die wahrscheinlich Läden aufgenommen haben.

Rund 150 m nördlich der Agora sind zwei runde Kuppelgräber aus dem 3. und 2. Jahrtausend v. Chr. entdeckt worden, die reiche Grabbeigaben enthielten. Südlich von ihnen sind einige vereinzelte rechteckige Gräber untersucht worden. In einem von ihnen ist der bemalte Steinsarkophag von Agia Triada ans Licht gekommen.

Die Agora mit der Stoa und den Läden von Agia Triada.

Zur Hauptstraße zurückgekehrt, fahren wir zur von Treibhäusern umgebenen Ortschaft Tymbaki, einem Landwirtschaftszentrum, in dem aufgrund des besonders milden Klimas Frühkulturen angebaut werden können. Die Straße führt nun durch graugrüne Olivenhaine nach Westen nach Agia Galini, das wir von Rethymnon aus besuchen werden.

2 km hinter Tymbaki führt eine Abzweigung nach Kokkinos Pyrgos mit seinem Sandstrand und dem kleinen malerischen Hafen.

Die Umgebung von Kokkinos Pyrgos und Tymbaki ist das Hauptanbaugebiet für Frühgemüse im Regierungsbezirk Iraklion. Wir kehren nach Tymbaki zurück und folgen der Abzweigung, die in Richtung Südwesten nach Matala führt. Wir passieren das Dorf Kamilari mit dem Kalamaki-Strand, in dessen Nähe ein minoisches Kuppelgrab gefunden worden ist.

Nach 1 km erreichen wir Pitsidia und nehmen nach 1,5 km die nach Kommos führend Abzweigung. Am nördlichen Rand des schönen Sandstrandes sind die Grundmauern der gleichnamigen Stadt freigelegt worden, die in mittel- und spätminoischer Zeit ihre größte Blüte erlebt hat.

Die Ausgrabungen haben eine Siedlung mit Straßen, Wohnhäusern und Magazinen aus der Nachpalastzeit (1450-1100 v. Chr.) ans Licht gebracht. Neben dieser minoischen Stadt ist die Stadt der historischen Zeit mit einem ländlichen Heiligtum vor allem aus klassischer und hellenistischer Zeit entdeckt worden, das einen Tempel, ein rundes Gebäude und einen Hof mit vier gebauten Altären besitzt. In der Nähe des Heiligtums sind mehrere langrechteckige Bauten mit Öffnungen zum Meer hin freigelegt worden, die als Lagerhallen oder Schiffshäuser gedeutet werden.

Wir kehren zur Hauptstraße zurück und erreichen nach 2,5 km Matala, das der zweite Hafen von Phaistos war. Nachdem Phaistos im Jahre 220 v. Chr. von Gortyn erobert worden war, nutzten die Einwohner von Gortyn den Hafen. An der Stelle der antiken Siedlung befindet sich heute das alte Fischerdorf, das sich inzwischen zu einem Ferienziel für Badeurlauber entwickelt hat, die sich von der schönen hufeisenförmigen Bucht mit seinem grobkörnigen Sandstrand und dem tiefen kristallklaren Wasser anlocken lassen.

Die Süd- und die Nordseite der Bucht werden von aufragenden Felsen gerahmt, während sich am südlichen Rand die Wohnhäuser und die Hotels befinden. Gegenüber sieht man die steil aufragenden gelblichen Felsen mit den ausgehauenen Höhlungen, die im 1. und 2. Jh. n. Chr. als Gräber benutzt worden sind. In diesem heute abgezäunten Bereich sind etwa hundert Kammergräber untersucht worden, in denen Sarkophage aufgestellt waren.

Kommos

Kommos war ein wichtiger Hafenplatz am Libyschen Meer und mit den Palästen in Phaistos und Agia Triada verbunden. Die Funde zeigen, dass Kommos Kontakte mit Ägypten, der syrisch-palästinensischen Küste, Kleinasien, Zypern, Italien und dem griechischen Festland pflegte. Die Stadt war auch nach der Zerstörung von 1450 v. Chr. noch bis in die römische Zeit bewohnt.

Kommos.

Odigitria-Kloster

Im Kloster wurden einst die künstlerischen Strömungen gepflegt, die aus Konstantinopel nach Kreta kamen.
Der Turm der Umfassungsmauer besitzt über dem Tor eine Pechnase.
Die der Geburt der Muttergottes und den Aposteln geweihte Klosterkirche besitzt zwei Schiffe und ist im Inneren mit Fresken und Ikonen geschmückt.

Während der Sommermonate fahren Boote von Matala nordwestlich nach Agia Galini.

Wir verlassen Matala und folgen der Straße nach Mires. Nach 7 km führt eine Abzweigung nach rechts zum traditionellen Dorf Sivas mit seinem baumbestandenen Platz und dem steinernen Brunnen. Von hier aus erreichen wir nach 3 km das Dorf Listaros, das durch seine festungsartige Architektur beeindruckt.

Die Straße steigt nun den Hang des Asteroussia-Gebirges hinauf und erreicht nach einer 4 km langen Fahrt durch eine unfruchtbare Landschaft das Wehrkloster Odigitria.

In der Umgebung des Klosters sind einige Gräber aus frühminoischer Zeit entdeckt worden. Nicht weit vom Kloster entfernt beginnt die Agiopharango-Schlucht, die am gleichnamigen Kieselstrand endet.

Nach Mires zurückgekehrt, folgen wir der Abzweigung nach rechts, die nach Süden führt und nach Pombia, in dem ein venezianisches Gebäude namens »Konaki« erhalten ist, und Pigaidakia an der Küste des Libyschen Meeres endet. Hier liegt die kleine Ortschaft Kali Limenes mit ihrem kleinen Hafen und dem langen Sandstrand, an dem der Überlieferung zufolge der Apostel Paulus auf seiner Fahrt nach Rom an Land gegangen war. In der Nähe ist ein Kuppelgrab aus frühminoischer Zeit gefunden worden.

Östlich von Kali Limenes lag gegenüber der kleinen Insel Taphros die antike Stadt Lasaia, die Gortyn als Hafen diente. Von der Stadt, die vor allem in römischer Zeit geblüht hat, sind frühminoische Kuppelgräber und einige architektonische Überreste aus römischer Zeit untersucht worden.

Unten und rechts: Matala.

5. RUNDFAHRT

Iraklion-Myrtia-Archanes
Vathypetro-Kloster Apanosiphi

Bei dieser Rundfahrt passieren wir Knossos und fahren weiter nach Süden zu den Ausläufern des Berges Jouchtas (Höhe 811 m), wo wir Archanes und die Sehenswürdigkeiten der weiteren Umgebung besuchen werden. Wir verlassen Iraklion durch das Neue Tor und passieren Knossos.

Nach dem Dorf Spilia folgen wir der Abzweigung nach links nach Skalani, einem Dorf mit einem schönen Ausblick, und nach Myrtia oder Varvari, dem Heimatort des großen griechischen Schriftstellers Nikos Kazantzakis.

Das am Dorfplatz gelegene Haus der Familien Kazantzakis und Anemogiannis beherbergt heute ein sehr interessantes Museum, in dem ein audiovisuelles Programm Informationen über Leben und Werk des Schriftstellers vermittelt. Außerdem sieht man hier Objekte aus seinem Privatbesitz und Autographen, alle Ausgaben seiner Werke u. a.

Die Marienkirche in Epano Archanes.

Wir kehren zur Hauptstraße zurück und folgen der folgenden Abzweigung nach rechts, die durch grüne Weinberge zunächst nach Kato und nach 12 km nach Epano Archanes führt, einem hübschen Dorf mit engen Gassen und zahlreichen klassizistischen Häusern mit Höfen und Balkonen. Das Dorf liegt 380 m hoch in einem wasserreichen Weinbaugebiet und ist für seine Rosaki-Tafeltrauben und seinen süßen Wein bekannt.

Im Zentrum des Dorfes erhebt sich die Panagia-Kirche mit ihrem schönen Glockenturm; in ihrem Inneren werden bedeutende Ikonen aus dem 16.-19. Jh. verwahrt.

1 km südlich des Dorfes liegt in die Weinberge eingebettet die Kirche des Erzengels Michael (Asomatos) aus dem 14. Jh. mit gut erhaltenen Fresken aus dem Jahr 1315.

In Archanes haben die Archäologen Giannis und Evi Sakellarakis Ausgrabungen mit außerordentlich wichtigen Ergebnissen durchgeführt.

ARCHANES

Im Gebiet von Archanes hat in der Umgebung eines Palastes eine bedeutende minoische Niederlassung bestanden, von der drei Abschnitte freigelegt
worden sind: ein Teil eines minoischen Palastes innerhalb des heutigen
Dorfes, eine Nekropole an der Stelle Phourni und ein minoisches Heiligtum an
der Stelle Anemospilia am Hang des Berges Jouchtas westlich von Archanes.
Archanes war eine autonome Stadt, deren Blütezeit zwischen 2400 und 1200
v. Chr. gelegen hat. Den Kern bildete der Palast, das Verwaltungszentrum,
um das sich die Siedlung bildete. Von hier aus führte der König oder Fürst die
administrative und religiöse Aufsicht über das fruchtbare Gebiet von
Archanes. In der Umgebung der Stadt bestanden kleinere ländliche
Siedlungen und Ortschaften (wie Vathypetro), die ebenfalls dem Palast unter-
standen. Der erste Palast wurde gleichzeitig mit den übrigen kretischen
Palästen um 1900 v. Chr. errichtet, um 1700 v. Chr. durch Erdbeben zerstört
und rasch wieder hergestellt. Um 1600 v. Chr. ereignete sich die zweite
Katastrophe.
Der Palast wurde wiederum erneuert und war bis zur dritten Zerstörung um
1450 v. Chr. weiter bewohnt. Trotz der aufeinander folgenden Zerstörungen
wurde Archanes nicht aufgegeben, doch übte nun ein Mykener die Herrschaft
aus, und es folgte bis etwa 1200 v. Chr. eine neue Blütezeit, als eine neuerli-
che Katastrophe die Bewohner von Archanes wie diejenigen der anderen kretischen Palastzentren zwang, ihre Häuser vorübergehend zu verlassen.
Wenig später wurde Archanes wieder bewohnbar gemacht und blühte auch
nach der Ankunft der Dorer auf Kreta während der geometrischen und der orien-

*Teil des Palastes
von Archanes im
Viertel
Tourkogitonia.*

talisierenden Zeit (900-650 v. Chr.) weiter. In römischer Zeit wurde Archanes der Umgebung von Knossos zugerechnet.

Die Münzen aus der Zeit der Araberherrschaft aus dem Viertel Tourkogitonia und die venezianischen Münzen aus Phourni zeigen, dass Archanes auch später noch bewohnt gewesen ist.

Der Palast von Archanes

Abschnitte des Palastes sind im Viertel Tourkogitonia freigelegt worden. Er war aus Kalkstein, Schiefer und Gipsstein errichtet. Die Außenmauern sind über 1 m und die Innenwände 60-70 cm stark. Die Innenwände waren mit Wandmalereien oder farbigem Putz geschmückt.

Freigelegt worden sind Räume im Bereich des nördlichen Eingangs und ein Teil des um 1450 v. Chr. zerstörten Ostflügels des Palastes. Außerdem sind zahlreiche Fundobjekte ans Licht gekommen, darunter Stücke von Geweben aus Wolle und Flachs, die in einem der Räume in zwei Pithoi gefunden worden sind.

Die Nekropole von Phourni

Oben links: Blick von Phourni zum Gipfel des Jouchtas.

Oben rechts: Das Kuppelgrab A in Phourni.

Auf dem Phourni-Hügel 1,5 km von Archanes entfernt ist eine bedeutende prähistorische Nekropole entdeckt worden, die als eine der größten und wichtigsten der gesamten Ägäis gilt.

Bei den Ausgrabungen des Friedhofs, der zwischen 2400 und 1200 v. Chr. benutzt worden ist, sind fünf Kuppelgräber, rechteckige Grabbauten und ein mykenischer Grabkomplex mit sieben Schachtgräbern untersucht worden. Außerdem befand sich dort ein profanes Gebäude mit einer Weinkelter und Webstühlen.

Das Kuppelgrab A (14. Jh. v. Chr.) besaß einen Seitenraum und war nicht aus-
geraubt. Es enthielt eine königliche Bestattung - die erste nicht geplünderte auf
Kreta – mit reichen Beigaben, darunter Kleinkunstobjekten aus Gold, goldenem
und silbernem Schmuck, Siegeln und Statuetten.

Das Heiligtum auf dem Jouchtas

Bei den Ausgrabungen auf dem Berg Jouchtas 5 km südwestlich von Archanes
ist ein umfriedetes Heiligtum gefunden worden. Es war wie der Palast aus
behauenen Steinen errichtet und bestand aus drei Räumen, die sich auf einen
langen Korridor öffneten.

Die Funde haben gezeigt, dass das Heiligtum in der 1. Hälfte des 17. Jhs. v.
Chr. (1700 v. Chr.) durch ein Erdbeben zerstört und danach nicht wieder
benutzt worden ist.

Oben: Der mykenische Grabbezirk mit 7 Schachtgräbern in Phourni.

Außer Kultgerätschaften, dem Opfertisch, einem gebauten Altar, Pithoi,
einem großen Tonbecken und zwei überlebens-
großen Füßen aus Ton sind innerhalb des
Heiligtums auch vier menschliche Skelette ans
Licht gekommen, und zwar eines im Korridor und
drei weitere im westlichen Raum.

Zwei von diesen stammten von einem Mann und
einer Frau, die offenbar Priesterämter bekleidet
hatten und von herabstürzenden Steinen erschla-
gen worden waren.

Das dritte stammte von einem etwa 18jährigen
Mann und lag auf einer niedrigen Basis aus Stein

Das Gipfelheiligtum

*Auf dem Gipfel des Berges Jouchtas, wo
dem Mythos zufolge Zeus bestattet worden war, befand sich eines der wichtigsten Gipfelheiligtümer des minoischen
Kreta. Es war ein hypäthrales Heiligtum
mit einem Altar und Räumen, in dem
zahlreiche Tonstatuetten und Kultgefäße
gefunden worden sind.*

und Ton, die an einen Altar erinnert, und in seiner Brust steckte ein bronzener Dolch.

Die Funde haben die Ausgräber zu der Schlussfolgerung veranlasst, dass es sich um ein Menschenopfer gehandelt hat, was in der Fachwelt zahlreiche Diskussionen ausgelöst hat.

Das Menschenopfer scheint von den beiden Priestern vollzogen worden zu sein, deren Skelette im Heiligtum gefunden worden sind. Wahrscheinlich war dieses Opfer der letzte Versuch, die Gottheit zu besänftigen, die als für das Erdbeben verantwortlich angesehen wurde, welches das Heiligtum schließlich zerstört hat.

Im kleinen, aber interessanten Archäologischen Museum von Archanes sind die in der Umgebung ans Licht gekommenen Funde ausgestellt.

Einen Besuch lohnen auch das Museum für Kretische Geschichte und Tradition mit traditionellen Werkzeugen und anderen Objekten und das Archaniotische Haus. Außerdem kann eine Olivenpresse besichtigt werden, die auf einem minoischen Haus rekonstruiert worden ist.

Wir verlassen nun Archanes und fahren in Richtung Süden nach Choudetsi. Nach 5 km sieht man rechts die Ausgrabungen von Vathypetro. Hier ist an der Stelle Piso Livadia südöstlich des Jouchtas ein minoisches Megaron freigelegt worden, das einem Lokalfürsten als Residenz gedient haben wird.

Nach Vathypetro berühren wir Choudetsi, fahren weiter in Richtung Süden und erreichen nach 5 km eines der größten Klöster Kretas, das Kloster Agios Georgios Apanosiphis. Das Kloster ist wahrscheinlich um 1600 auf einem mit Platanen bestandenen Hügel errichtet worden.

Unten:
Minoische Bestattungen in Sarkophagen und Pithoi. Archanes, Archäologisches Museum.

Folgende Seite.
Links:
Die minoische Villa von Vathypetro.
Rechts:
Die Weinkelter.

Das Kloster Agios Georgios Apanosiphis

Das bis zur Mitte des 17. Jhs. unbedeutende Kloster wurde nach einer Pestepidemie berühmt, die 1655 die Insel heimsuchte.

Damals verbreitete sich der Glaube, dass der heilige Georgios vor dieser Tod bringenden Krankheit schützen konnte, so dass zahlreiche Pilger ins Kloster strömten und ihm einen großen Teil ihres Vermögens stifteten. Seine größte Blüte erlebte das Kloster nach der Mitte des 18. Jhs.

Es entwickelte sich nach 1750 zu einem der bedeutendsten geistigen Zentren Kretas, in dem zahlreiche Kleriker ihre Ausbildung erhielten. 1821 musste es verlassen werden, weil die Mönche die aufständischen Griechen unterstützt hatten.

Sein heutiges Aussehen hat es 1862 erhalten. Bereits 1866 wurde es ein weiteres Mal geschlossen, weil die Mönche den kretischen Aufständischen geholfen hatten.

Die Klosterkirche besitzt zwei Schiffe, von denen das eine dem heiligen Georgios und das andere der Verklärung Christi geweiht ist.

Etwa 4,5 km nordwestlich des Klosters Apanosiphi befindet sich in der Nähe des Dorfes Karkadiotissa das historische Kloster Aistratigos, von dem die Klosterkirche mit ihren byzantinischen Fresken und einige wenige Gebäude erhalten sind.

Es war der Überlieferung zufolge im Jahre 961 von dem byzantinischen Feldherrn und späteren Kaiser Nikephoros Phokas gegründet und 1672 wahrscheinlich aufgrund des Aufblühens des Nachbarklosters Apanosiphis verlassen worden.

Die minoische Villa von Vathypetro

Die auf einem Hügel errichtete Villa überblickte die Messara-Ebene und kontrollierte ihren nordöstlichen Abschnitt.

Es handelte sich um einen wahrscheinlich um 1600 v. Chr. sorgfältig errichteten, teilweise zweistöckigen Baukomplex, der um 1450 v. Chr. anscheinend durch ein Erdbeben zerstört worden ist.

Nach der Zerstörung ist sie wahrscheinlich als Gehöft verwendet worden.

Die Außenmauern bestehen aus behauenen und die Innenwände aus unbehauenen Steinen, während diejenigen des Obergeschosses, in dem sich die Wohnräume befanden, aus luftgetrockneten Lehmziegeln errichtet waren.

Der Komplex besaß einen Zentral- und einen Westhof, ein Megaron, ein kleines Dreiteiliges Heiligtum, eine Stoa und ein Magazin, in dem 16 Pithoi gefunden worden sind.

Im Erdgeschoss des Südflügels ist eine Weinkelter und im Westhof eine Olivenpresse entdeckt worden. Ein Korridor führte zur Töpferei, in der Reste eines Brennofens gefunden worden sind.

Zu den weiteren Funden zählen Gerätschaften für das Weben, eine große verzierte Bügelkanne für den Öltransport u. a.

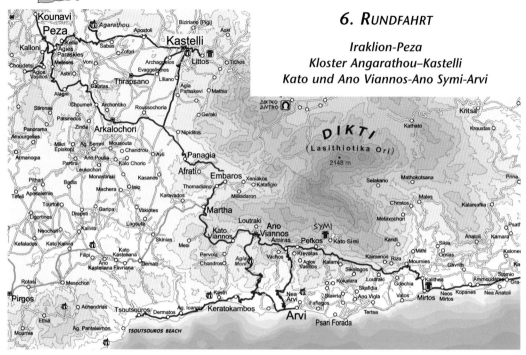

6. RUNDFAHRT

Iraklion-Peza
Kloster Angarathou–Kastelli
Kato und Ano Viannos-Ano Symi-Arvi

Rechts:
Kloster
Angarathou.

Thrapsano.

Kastelli.

B ei dieser Rundfahrt folgen wir der von Iraklion nach Kastelli führenden Hauptstraße des Bezirks Pediada. Wir erreichen zunächst das Dorf Kounavi mit seiner dreischiffigen byzantinischen Kirche. In der Umgebung sind dorische Kapitelle und kleine tönerne Votivtäfelchen aus hellenistischer und römischer Zeit gefunden worden.

Das 3 km entfernte Peza ist für seine Weine bekannt. Hinter Peza gabelt sich die Straße. Die nach rechts führende Straße führt über Kalloni, Agios Vassilios und Choudetsi in den Süden des Regierungsbezirks und die linke zum auf einem Hügel gelegenen Dorf Agies Paraskies, das die Ebene von Peza überblickt; in der Ferne sieht man die Gipfel des Dikti.

Von Agies Paraskies folgen wir der Straße, die nach Osten zur Ortschaft Kastelli Pediadas führt. 3 km hinter Agies Paraskies führt eine Abzweigung zum Dorf Astraki und von dort nach Myrtia.

Wir folgen zunächst der Hauptstraße und nach 3 km der nach links führenden Abzweigung, um eines der ältesten kretischen Klöster, das Kloster Angarathou, zu besuchen. Das Kloster, das auf das Kretische Meer und die grüne Ebene blickt, ist der Entschlafung Mariä geweiht.

Wir kehren zur Hauptstraße Peza-Kastelli

Kloster Angarathou

Das Kloster ist nach einem wild wachsenden Busch benannt, unter dem der Überlieferung zufolge die Marienikone des Klosters gefunden worden sein soll. An derselben Stelle ist dann später die Klosterkirche errichtet worden. Die Existenz des Klosters ist bereits für das 15. Jh. belegt, doch hat es seinen Wehrcharakter erst im 16. Jh. erhalten. Im 17. Jh. war es eines der reichsten Klöster Kretas. Im Jahre 1821 ist es von den Türken weitgehend zerstört worden. 1894 wurde die Klosterkirche wiedererrichtet. Nach der Befreiung Kretas vom türkischen Joch begann für das Kloster eine neue Blütezeit.

Pediada zurück. Nach den Dörfern Samba und Apostoli führt 1 km vor Kastelli eine Abzweigung nach Thrapsano, einem Dorf mit einer langen Töpfertradition. Kastelli, der Hauptort des Kreises Pediada, ist das Handels- und Landwirtschaftszentrum dieses Gebiets und liegt auf einem Hügel am östlichen Rand der fruchtbaren Ebene. Seinen Namen verdankt die Ortschaft dem venezianischen Kastell, das sich an der Stelle des heutigen Gymnasiums erhob. Am Eingang der Ortschaft ist eine römische Nekropole entdeckt worden.

3 km südöstlich von Kastelli befindet sich das Dorf Lyttos in der Nähe des antiken Stadtstaates Lyktos oder Lyttos, dem mächtigen Gegenspieler von Knossos.

Lyttos

Die Stadt Lyttos oder Lyktos war nach Lyktos, dem Sohn des Lykaon, oder aber nach ihrer Lage an einem hohen Hang (lyttos = hoch) benannt.

Lyttos lag an den westlichen Ausläufern des Dikti-Gebirges an einer natürlich befestigten Stelle. Polybios bezeichnet sie als die älteste Stadt Kretas. Sicher ist, dass sich Lyttos nach der Einwanderung der Dorer um 1100 v. Chr. zum dorischen Zentrum Kretas und zu einem autonomen Stadtstaat entwickelte, der das umliegende Gebiet kontrollierte und sich damit das benachbarte Knossos zum Feind machte.

Als autonomer Staat prägte Lyttos eigene Münzen mit der Darstellung eines Adlers auf der einen und des Kopfes eines Wildschweins sowie der Legende »der Lyttier« auf der anderen Seite. Die Stadt besaß das größte Theater Kretas, und ihr Trinkwasser wurde mit Hilfe einer aus dem Fels gehauenen Leitung herangeführt.

Um 220 v. Chr. wurde Lyttos von Knossos zerstört. Viele Jahre später gelang es den Lyttiern mit Hilfe Spartas, ihre Stadt zurückzugewinnen und wieder aufzubauen.

Außer dem Theater besaß die Stadt eine Agora und ein Buleuterion und war an ver-

schiedenen Stellen mit Statuen römischer Kaiser geschmückt. Von der antiken Stadt sind Stützmauern, weitere architektonische Überreste, die Ruinen der Wasserleitung und auf der Akropolis ein halbkreisförmiger Turm aus frühchristlicher Zeit erhalten.

Nach Kastelli wenden wir uns nach Süden. Nach den Abzweigungen, die zu den Dörfern Liliano und Agia Paraskevi führen, treffen wir auf die Hauptstraße Iraklion-Arkalochori. Nicht weit südlich von Arkalochori befindet sich der Hügel Prophitis Elias. Die dort entdeckte Höhle barg wertvolle Funde und hatte von 2500 bis 1450 v. Chr., als ihr Eingang durch herabstürzende Felsblöcke verschlossen wurde, als Kultstätte gedient.

Von der Ortschaft Arkalochori führt die Straße zum Dorf Panagia. Kurz vor dem Dorf Aphrati führt eine Staubstraße zu den Ausläufern des Prophitis Elias, wo sich die in geometrischer und archaischer Zeit blühende Stadt Arkadia oder Arkades befand. Die hier durchgeführten Ausgrabungen haben die ummauerte hellenistische Akropolis, ein Heiligtum aus geometrischer bis archaischer Zeit sowie Wohnhäuser aus dieser Zeit ans Licht gebracht.

Nach Panagia und dem kleinen malerischen Dorf Embaros führt die Straße durch endlose Olivenhaine nach Martha, wo die von Agii Deka kommende südliche Hauptstraße des Regierungsbezirks endet.

Wir folgen der nach Süden führenden Straße und erreichen zunächst Kato und danach Ano Viannos, die Hauptstadt des gleichnamigen Bezirks. Das große Dorf liegt theaterartig an den Hängen von drei Hügeln an den südwestlichen Ausläufern des Dikti-Gebirges.

Die Umgebung von Viannos ist dicht mit Olivenbäumen, Platanen und Myrten bestanden. An der Stelle der heutigen Ortschaft hatte in der Antike die autonome Stadt Biannos bestanden, die im 2. Jh. v. Chr. unter die Vorherrschaft von Hierapytna geriet. Im Jahre 1822 wurde das Dorf durch die Soldaten des Hassan Pascha zerstört. Dasselbe wiederholte sich im Jahre 1866 während des großen kretischen Aufstands gegen die Türken. Viannos ist der Heimatort des bedeutenden neugriechischen Schriftstellers Giannis Kondylakis.

Die Ortschaft ist durch steile Gassen, Steinhäuser, den kleinen Platz mit einer uralten Platane, Pappeln und malerische Tavernen charakterisiert. Die Kirchen des Agios Georgios und der Agia Pelagia sind mit Fresken aus dem 15. bzw. dem 14. Jh. geschmückt. Viannos ist für sein ausgezeichnetes Olivenöl, seine Johannisbrotschoten und seine Milchprodukte bekannt.

Außerhalb der Ortschaft sind an der Stelle Galana Charakia zwei aus dem Fels gemeißelte Gräber mit insgesamt 30 Grabpithoi gefunden worden. Auf einer nahe gelegenen Anhöhe ist ein mittelminoisches Gebäude entdeckt worden, und an der Stelle Kephala bei Chondros hat eine spätminoische Siedlung bestanden.

Die Ausgrabung von Lyttos.

7 km südöstlich von Viannos liegt das Dorf Amiras an einem mit Olivenbäumen bestandenen Hang. Wenn wir der Straße folgen, die hinter Amiras nach Osten ansteigt, gelangen wir zum 740 m hoch gelegenen Dorf Pefkos. Es folgen die Nachbardörfer Kato und Ano Symi mit der Kirche des Agios Georgios (15. Jh.).

Oberhalb dieser Dörfer ist an der Stelle Krya Vryssi, von wo man einen herrlichen Blick auf das Libysche Meer genießt, eines der bedeutendsten kretischen Heiligtümer ausgegraben worden, das von 1600 v. bis um 300 n. Chr. ohne Unterbrechung betrieben worden ist; seine größte Blüte wird ins 7. und 6. Jh. v. Chr. datiert.

Das Heiligtum des Hermes Kedrites und der Aphrodite in Ano Symi

In dem hoch in den Bergen gelegenen Heiligtum wurden Hermes Kedrites und Aphrodite verehrt. Das Zentrum des Heiligtums bildete ein hypäthraler rechteckiger Altar, an den sich im Süden und im Osten drei Terrassen und im Norden kleine Kulträume anschlossen. Bei den Ausgrabungen sind zahlreiche bedeutende Funde aus minoischer Zeit ans Licht gekommen.

Von Amiras führt eine abschüssige Straße nach Süden in ein Tal mit Bananen- und Gemüseplantagen und erreicht nach 13 km die wasserreichen Küstendörfer Arvi und Nea Arvi mit einer Panagia-Kirche aus der Zeit der Venezianerherrschaft, Obstplantagen, einem weißen Sandstrand und einer eindrucksvollen grünen Schlucht.

An einem Hang neben der Schlucht befindet sich das Kloster des Agios Antonios, das am Ende des 19. Jhs. an der Stelle eines Zeusheiligtums errichtet worden ist.

Die Hauptstraße führt von Pefko nach Südosten nach Mournies und zum Küstendorf Myrtos und erreicht nach 16 km die Stadt Ierapetra.

Das Dorf Ano Viannos.

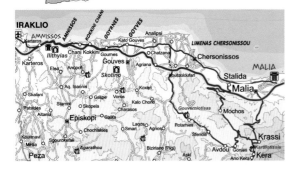

7. Rundfahrt

*Iraklion-Karteros-Amnissos
Eileithyia Höhle–Chani Nirou
Gouves-Skotino Höhle
Limani Chersonissou-Stalida-Mallia*

Bei dieser Rundfahrt werden wir das Gebiet östlich von Iraklion kennenlernen. Wir verlassen die Stadt nach Osten, passieren den Flugplatz, erreichen Karteros mit seinem feinen Sandstrand (auf der gegenüber liegenden Insel Dia sind Spuren minoischer und römischer Besiedlung gefunden worden) und unmittelbar danach Amnissos, das in minoischer Zeit einer der Häfen von Knossos war.

Amnissos

Die Überreste der Stadt befinden sich am Fuß des Hügels Messovouni oder Paliochora am östlichen Ende des Strandes. Das Gebiet war von der mittelminoischen (19. Jh. v. Chr.) bis zur venezianischen Zeit bewohnt. Auf Tontäfelchen mit Linear B-Beschriftung erscheint die Stadt als »a-mi-mi-so«.

Am östlichen Fuß des Hügels, auf dem man die Ruinen eines venezianischen Kastells aus dem 16. Jh. sieht, hat Spyros Marinatos im Jahre 1932 eine luxuriöse Villa aus der Zeit um 1600 v. Chr. ausgegraben, die im 15. Jh. v. Chr. durch Feuer zerstört worden ist. Nach den Überresten eines Lilienfreskos hat sie den Namen »Lilien-Villa« erhalten. Die Villa hat einen nahezu quadratischen Grundriss und besaß ein Obergeschoss, gepflasterte Korridore, ein Heiligtum und eine Küche.

Die Wände waren weiß verputzt und mit Wandmalereien geschmückt. Die Böden der Räume waren mit Schieferplatten ausgelegt, deren Fugen mit rotem Stuck gefüllt waren. Am nördlichen Fuß des Hügels ist ein kleineres Haus gefunden worden, das vom Ausgräber als Hafenamt gedeutet worden ist. Der hier gefundene Bimsstein hat Spyros Marinatos zu der Schlussfolgerung geführt, dass die Palastzentren des minoischen Kreta durch die Explosion des Vulkans von Santorin zerstört worden waren.

Westlich dieses Hauses sind an der Nordwestseite des Hügels die Überreste eines offenen Heiligtums mit Umfassungsmauer und einem großen Rundaltar gefunden worden, das Zeus Thenatas geweiht war. Es ist von der archaischen Zeit (7. Jh. v. Chr.) bis ins 2. Jh. n. Chr. betrieben worden. Unter der

*Links:
Die kleine Insel Dias und Amnissos.*

*Rechts:
Nirou Chani und Krassi.*

Wasseroberfläche am nahen Strand erkennt man noch Überreste der Hafenmole.

Südlich von Amnissos befindet sich am Hang des Hügels die wichtige Höhle der Göttin Eileithyia, die auch Aneragdospilos genannt wird. Hinter Amnissos beginnt das Urlaubsgebiet von Chani Kokkini mit seinen Hotels, Restaurants, Nachtclubs und Cafes. Hier kann man die Ausgrabungen von Nirou besichtigen, das auch unter den Namen Nirou Chani oder Chani Kokkini bekannt ist. 1 km weiter östlich sind bei der Kirche der Agii Theodori Reste eines minoischen Gebäudes entdeckt worden, in dem man die Werft des Hafens von Knossos erkannt hat.

Die nächste Station unserer Rundfahrt ist Gournes, wo wir das »CretAquarium« besuchen. Hier sind mehr als 2.500 Fisch- und Weichtierspezies zu besichtigen, die die 200 im Mittelmeer anzutreffenden Arten repräsentieren. 2 km hinter Gournes erreichen wir das Tourismusgebiet Kato Gouves. Eine Abzweigung nach rechts führt zum Dorf Gouves und von dort zum Dorf Skotino und zur **Höhle von Skotino**.

Die Eileithyia-Höhle

Sie hat von der neolithischen Zeit bis ins 5. Jh. v. Chr. als Kultstätte der Geburtsgöttin Eileithyia gedient. Im Inneren der Höhle mit ihren Stalagmiten, Säulen und kleinen Seen gibt es einen Stalagmit, der dem Bauch einer schwangeren Frau gleicht. An diesem rieben die Schwangeren ihren Bauch und baten um eine leichte Geburt. Die beiden großen Stalagmiten im Zentrum der Höhle (die an menschliche Gestalten erinnern) sind in der Antike offenbar ebenfalls verehrt worden.

Nirou Chani

Hier hat S. Xanthoudidis im Jahre 1918 ein luxuriöses, zweistöckiges minoisches Gebäude mit einer Grundfläche von etwa 1.000 qm freigelegt, dessen Außenmauern aus großen behauenen Blöcken bestanden. Die Wände waren in einer Art Fachwerk errichtet, verputzt und mit Marmor verkleidet. Es besaß einen gepflasterten Hof, ein Heiligtum, Magazine für die Lagerung von Agrarprodukten, eine ins Obergeschoss führende Treppe und Räume mit Wandbänken. Das Gebäude ist im 16. Jh. v. Chr. errichtet, im 15. Jh. v. Chr. durch ein Feuer zerstört und danach aufgegeben worden. Obwohl in ihm wahrscheinlich ein Herrenhaus zu erkennen ist, wird es wegen der hier gefundenen Kultobjekte als »Haus des Hohenpriesters« bezeichnet. Zu den Funden zählen u. a. Opfertische, Doppeläxte, Tongefäße, Weihrauchständer und Lampen.

Das Kloster der Panagia Kera

Das Kloster wird zum ersten Mal im Jahre 1415 erwähnt und ist in den Jahren 1822 und 1841 von den Türken gebrandschatzt worden.
Die Klosterkirche ist in vier Phasen errichtet worden, von denen der älteste Raum, der heute als Altarraum dient, mit Fresken aus dem 14. Jh. geschmückt ist.

Skotino-Höhle

Diese Höhle ist eine der wichtigsten Kulthöhlen Kretas und beeindruckt durch ihre große Höhe. Sie besteht aus drei Sälen mit herrlichen Stalagmiten und Stalaktiten. Hier sind in einer Bimsschicht Gefäßscherben, Nadeln aus Bein und Bronzestatuetten von Adoranten aus spätminoischer Zeit gefunden worden.

Wir kehren zur Hauptstraße zurück und nehmen beim 23. km die Abzweigung, die nach rechts auf die Hochebene von Lassithi führt. Die Straße passiert zunächst die Stelle Xerokamares, wo Reste der römischen Wasserleitung zu sehen sind, die die Stadt Chersonissos mit Wasser versorgt hat, durchquert dann ein grünes Tal und erreicht das Dorf Avdou. Weitere Abzweigungen führen zum Dorf Mochos, das die Bucht von Mallia überblickt, und zum malerischen Krassi, auf dessen Platz eine alte Platane und ein Brunnen stehen. Die Straße passiert das Kloster der Panagia Kera, das hoch an einem von Platanen, Zypressen und Nussbäumen bestandenen Hang errichtet ist, und erreicht die Lassithi-Hochebene (siehe S. 129).

Wir fahren über Anissara zum viel besuchten Touristenzentrum Limenas Chersonissou mit seinem schönen Sandstrand, das an der Westseite der offenen Bucht von Mallia liegt. In diesem Touristengebiet, das sich während der letzten Jahrzehnte explosionsartig entwickelt hat, sind große luxuriöse Hotelanlagen errichtet worden.

An der Stelle der heutigen Hafensiedlung blühte in hellenistischer und römischer Zeit die Stadt Cherronesos oder Chersonesos mit einem Tempel der Artemis Britomartis, dessen Überreste an der Stelle Elliniko Livadi entdeckt worden sind. Die Stadt war zunächst der Hafen von Lyttos, war dann aber seit dem 4. Jh. v. Chr. selbständig. Seit dem 1.-2. Jh. n. Chr. wurde sie durch einen Aquädukt mit Wasser versorgt, von dem an der Stelle Xerokamares Reste zu sehen sind.

Westlich von Limenas Chersonissou ist auf der Anhöhe Kastri eine dreischiffige frühchristliche Basilika aus dem 6. Jh. n. Chr. mit Vorbau und Mosaikfußboden freigelegt worden; eine weitere Basilika ist südöstlich der Siedlung bei der Kapelle des Agios Nikolaos entdeckt worden. Bevor wir das Gebiet verlassen, statten wir dem »Lychnostatis«-Museum einen Besuch ab, in dem Objekte der kretischen Volkskultur ausgestellt sind.

Östlich von Limenas Chersonissou liegt Stalida mit einem schönen Sandstrand. Nach 4 km erreichen wir das Urlaubsgebiet von Mallia mit seinem herrlichen Sandstrand. Östlich der kleinen Stadt ist ein minoischer Palast ausgegraben worden, dessen Name nicht bekannt ist und der deshalb als Palast von Mallia bezeichnet wird.

Links:
Das Kloster
der Panagia
Kera und
Anissara.

Rechts: Stalida
und Limenas
Chersonissou.

MALLIA

Außer dem Palast sind auch Teile der Stadt und die Nekropole ausgegraben worden. Der erste Palast war um 1900 v. Chr. errichtet und um 1700 v. Chr. wahrscheinlich durch ein Erdbeben zerstört worden. Der sofort errichtete Neubau wurde um 1450 v. Chr. zerstört.

Seine Grundfläche entspricht derjenigen des Palastes von Phaistos. Als Baumaterial wurden Kalkstein- und Porosblöcke sowie luftgetrocknete Lehmziegel verwendet.

Der Aufbau entspricht etwa dem der anderen Paläste, doch waren die Wände nicht mit Fresken geschmückt. Seine vier Flügel sind um einen gepflasterten Zentralhof gruppiert, in dessen Mitte sich ein Altar für Brandopfer befand. Jeder Flügel besaß einen eigenen Eingang.

Besichtigung des Palastes von Mallia

Wir betreten den Palast durch den Westeingang, auf den der erhöhte Prozessionsweg des Westhofes hinführt. Östlich des Eingangs sieht man acht mit Stein ausgekleidete Gruben, deren runde Abdeckungen von einem Mittelpfeiler getragen wurden. Sie werden als Getreidesilos gedeutet.

Links:
Die monumentale Treppe im Palast von Mallia.

Rechts oben:
Die Ostmagazine.
Rechts unten:
Die Getreidespeicher im Palast von Mallia.

Im Westflügel führt eine breite Treppe zu einem offenen Bereich hinauf.

Von hier aus erreicht man über eine kleinere Treppe einen kleinen Raum, in dem das pantherförmige Zepter, ein Dolch und ein langes Schwert gefunden worden sind.

Daneben führte eine weitere große Treppe ins Obergeschoss.

Südlich der Treppe sieht man einen Raum mit Steinfußboden und Wandbank und dahinter eine Krypta mit zwei Pfeilern.

In diese Pfeiler sind die heiligen Symbole Dreizack, Doppelaxt und Stern eingeritzt. In der Südwestecke des Zentralhofs sieht man die vier Stufen einer weiteren breiten Treppe, die als Sitzreihen gedeutet werden, und daneben einen »Kernos«, einen Steinaltar für Opfergaben für die verehrte Gottheit, die in der großen Mulde in der Mitte und den 34 kleinen am Rand niedergelegt wurden.

Der West- und der Südflügel werden durch den Südeingang voneinander

getrennt. Westlich des Südeingangs befand sich ein Heiligtum, in dem ein Steinaltar und Kultgerätschaften gefunden worden sind. In der Südostecke des Zentralhofes befindet sich der Südosteingang, an den sich der Ostflügel anschließt. Dem Ost- und dem Nordflügel waren zum Zentralhof hin Säulen- und Pfeilerhallen vorgelegt. In der Mitte des Ostflügels befinden sich Magazine mit riesigen Pithoi für die Lagerung von Wein und Olivenöl. Die Böden sind verputzt und mit Rinnen ausgestattet, die die verschütteten Flüssigkeiten auffingen. Hinter der Säulenstellung des Nordflügels befand sich eine Pfeilerhalle mit Vorraum. Rechts von ihr führte eine Treppe ins Obergeschoss, wo eine Banketthalle vermutet wird.

Vom Zentralhof führt ein enger Korridor zum Nordhof mit dem Nordeingang, an dem die gepflasterte, vom Hafen kommende Straße endete. Vom Nordhof führt ein Korridor in einen mit Steinplatten ausgelegten Saal mit Türwänden, Säulenhallen und Lichthof; hier werden die Gemächer des Königs vermutet.

Im Umfeld des Palastes befanden sich die Wohnhäuser der Stadt, von denen einige ausgegraben worden sind. Nördlich und nordöstlich des Palastes liegen die Agora, die »Pfeilerkrypta« und der Komplex M aus der Altpalastzeit, der offizielle Räume, Werkstätten und Magazine umfasste.

Die Wände bestanden aus luftgetrockneten Lehmziegeln und waren wie die Fußböden mit rötlichem Putz überzogen.

Etwa 500 m nordöstlich des Palastes ist an der Stelle Chryssolakkos die Nekropole von Mallia entdeckt worden. Ausgegraben worden sind dort eine Reihe rechteckiger Kammergräber aus der Altpalastzeit, die nicht nur für Bestattungen verwendet worden sind, sondern auch als Kultstätten gedient haben.

Hier ist der herrliche Goldschmuck mit den Bienen entdeckt worden, ein einzigartiges Beispiel für das unvergleichliche Können der Künstler der minoischen Zeit.

Von Mallia führt die Straße nach Osten, passiert die Schlucht des Agios Georgios Selinari und endet in Agios Nikolaos (siehe Lassithi S. 116).

Linke Seite:
Der steinerne
»Kernos« und
ein Riesenpithos
in der
Ausgrabungs-
stätte von
Mallia.

Rechts:
Der Strand
von Mallia.

Regierungsbezirk Lassithi

Der Regierungsbezirk Lassithi umfasst den östlichen Teil der Insel, deren Ostküste von den Wellen des Karpathischen Meeres bespült wird. Seine Hauptstadt ist die Stadt Agios Nikolaos am westlichen Rand der großen Mirabello-Bucht.

Der Regierungsbezirk ist in die vier Bezirke Mirabello, Lassithi, Ierapetra und Sitia gegliedert.

Im Gegensatz zu den übrigen Regierungsbezirken Kretas besitzt der Regierungsbezirk Lassithi vier kleine städtische Zentren, nämlich Agios Nikolaos und Sitia an der Nordküste, Neapolis im Inneren der Insel und Ierapetra, das auf das Libysche Meer blickt und die größte kretische Ortschaft an der Südküste darstellt.

Die Landschaft ist zwar gebirgig, doch sind die Gipfel nicht sehr hoch. Die höchste Erhebung befindet sich im Dikti-Gebirge (2.148 m), das sich vom westlichen Rand des Regierungsbezirks nach Osten erstreckt, langsam an Höhe verliert und an der Landenge von Ierapetra endet. Östlich der Landenge erheben sich das Thryptis-Gebirge und weitere flachere Berge.

Die Wirtschaft des Regierungsbezirks Lassithi stützt sich vor allem auf die Landwirtschaft und den Tourismus, der vor allem in der Umgebung von Agios Nikolaos sprunghaft angestiegen ist.

Die schönen Sandstrände an der Nord-, Ost- und Südküste, die abwechslungsreiche Landschaft, die interessanten Ausgrabungsstätten (Zakros) und bedeutende historische Monumente (Kloster Toplou) ziehen im Sommer tausende Besucher an.

Das Klima von Ierapetra – seltene Regenfälle und relativ hohe Temperaturen im Winter – gestattet den Treibhausanbau von Frühgemüse. Zu den Hauptprodukten zählen außerdem Bananen, Oliven und Olivenöl, Weizen, Rosinen und Johannisbrot.

KURZE GESCHICHTE DER STADT AGIOS NIKOLAOS

Kamara ist um 700 v. Chr. von den Einwohnern von Lato gegründet worden und hat ihnen bis zum 3. Jh. v. Chr. als Hafen gedient. Als das im Hinterland gelegene Lato langsam verlassen wurde, stieg Lato pros Kamara zum städtischen Zentrum des Gebiets auf und prägte eigene Münzen. Die Stadt breitete sich über die beiden an einem geschützten Hafen gelegenen Hügel aus. Ihre Blüte dauerte auch während der römischen Zeit und der ersten byzantinischen Periode an. Im 6. Jh. n. Chr. wird sie als Bischofssitz erwähnt.

Das Gebiet von Agios Nikolaos ist bereits in minoischer Zeit besiedelt gewesen, wie die frühminoischen Siedlungsreste, die auf der Anhöhe Sarakinou Kephala gefunden worden sind, und ein Grab aus mittelminoischer Zeit zeigen. In historischer Zeit befand sich an der Stelle der Hauptstadt des Regierungsbezirks Lassithi die Stadt Kamara oder Lato pros Kamara, der Hafen von Lato, dessen Überreste westlich von Agios Nikolaos ans Licht gekommen sind.

Agios Nikolaos hat seinen Namen während der zweiten byzantinischen Phase von der Kapelle des Agios Nikolaos erhalten. Während ihrer kurzen Anwesenheit auf Kreta hatten die Genuesen unter Enrico Pescatore im Jahre 1206 auf dem Hügel südlich der Stadt – oberhalb des Sees an der Stelle des heutigen Verwaltungssitzes – ein Kastell errichtet, das sie »Mirabello« (schöner Blick) nannten, weil es die Bucht überblickte, die ihrerseits nach dem Kastell benannt wurde.

Zur Zeit der Venezianerherrschaft hieß die Stadt Porto di San Nicolo. Zum Schutz der Umgebung verstärkten die Venezianer das genuesische Kastell, und die Siedlung blühte auf. Im Jahre 1303 wurde das Kastell durch ein Erdbeben zerstört, wieder aufgebaut und 1538 durch die türkische Flotte abermals zerstört. 1579 befestigten die Venezianer die Insel Spinalonga und stellten auch das Kastell Mirabello wieder her, das dann 1645 von den Türken besetzt wurde.

Während der Zeit der Türkenherrschaft verödete die Stadt und wurde offenbar erst zu Beginn des 19. Jhs. von Fischern neu besiedelt, die von Kritsa hierher übersiedelten.

Die neue Siedlung wuchs und hatte sich am Ende des 19. Jhs. bereits zu einer kleinen Stadt entwickelt, über deren »Mandraki« genannten Hafen der Handel Ostkretas mit den Inseln der südlichen und östlichen Ägäis abgewickelt wurde.

Die Stadt entwickelte sich um den kleinen See Voulismeni herum, von dem die Einheimischen glaubten, dass er keinen Grund besaß. Erst als der englische Kapitän Spratt im Jahre 1853 die tatsächliche Tiefe des Sees mit 64 m bestimmt hatte, hörte der See auf, die lokalen Legenden zu nähren.

1870 wurde der See mit seinem dunklen Wasser, der an einer Seite von einem steil abfallenden, grün bewachsenen Fels begrenzt wird, durch einen schmalen Kanal mit dem Meer verbunden und ist seither für die zahlreichen Fischerboote ein windgeschützter Hafen. Die beiden Seiten des Durchstichs sind durch eine kleine Brücke miteinander verbunden.

Rechts: Agios Nikolaos.

In den 1960er Jahren war Agios Nikolaos ein Städtchen mit zweistöckigen, ziegelgedeckten Häusern, die um den See herum und an den Hängen der umliegenden Hügel errichtet waren. In dieser Zeit lockten die malerische Lage der Ortschaft mit dem kleinen Hafen, den engen Stufengassen und den theaterartig um den See gruppierten Häusern die ersten Besucher an. Seither ist nichts mehr wie es war. Heute ist nichts mehr von dem genuesischen Kastell und den venezianischen Bauten mehr erhalten, und auch von den traditionellen Häusern sind nur noch wenige vor allem am Hügel mit dem Verwaltungsgebäude übrig geblieben. Innerhalb der Stadt ist in der Nähe der Bischofskirche Agia Irini eine byzantinische Marienkirche erhalten, und auf einem Kap am Nordrand der Bucht befindet sich in der Nähe des Hotels Minos Palace die restaurierte Kirche des Agios Nikolaos (der die Stadt ihren Namen verdankt) mit Fresken aus dem 10., 11. und 14. Jh.; wir werden sie auf dem Weg nach Elounda besuchen. Heute ist Agios Nikolaos eine dicht bebaute, weltoffene Stadt mit modernen Hotels, die jedes Jahr zahllose Besucher empfängt. Das Leben pulsiert vor allem um den See und den kleinen Hafen, wo zahlreiche Restaurants, Cafes, Tavernen und Läden zu finden sind.

Ansichten der Stadt Agios Nikolaos.

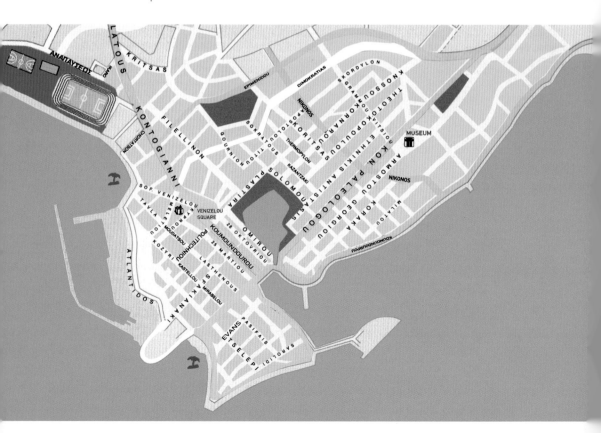

Archäologisches Museum

(Paleologou-Str. 68)

In den Räumen des Museums sind Funde aus dem Regierungsbezirk Lassithi aus der neolithischen bis zur römischen Zeit ausgestellt. Unter den zahlreichen Ausstellungsstücken befinden sich Grabbeigaben aus der Zeit 3000-2300 v. Chr. aus der Nekropole von Agia Photia, Tongefäße aus der Phase Frühminoisch II aus der Siedlung von Myrtos, Steingefäße, Goldschmuck der Vorpalastzeit aus Mochlos, Tonvotive, Statuetten, Tierstatuetten aus mittelminoischer Zeit, ein Tonbarren aus derselben Zeit mit Linear A-Schrift aus Mallia, ein mit Vogelstatuetten geschmücktes Drillingsgefäß aus der Nekropole von Myrsini, die spätminoische Pithosbestattung eines Kindes aus Krya bei Sitia, Statuetten dädalischen Stils aus kretischen Werkstätten des 7. Jhs. v. Chr., weibliche Büsten aus archaischer Zeit und ein Schädel aus dem 1. Jh. n. Chr., auf dem noch der goldene Lorbeerkranz liegt und dem eine Silbermünze der Stadt Polyrrhenia in den Mund gelegt worden war, mit der der Verstorbene den Fährmann Charon entlohnen sollte, der ihn mit seinem Boot in die Unterwelt bringen würde.

Volkskundliches Museum

(Kondylaki-Str. 2)

In diesem Museum sind Webarbeiten, lokale Trachten, bäuerliches Arbeitsgerät, Antiquitäten u. a. ausgestellt.

Botanisches Museum

Das Botanische Museum »Iris« ist in einem restaurierten klassizistischen Herrenhaus aus dem 19. Jh. untergebracht. Ausgestellt sind Pflanzen, die von der Antike bis heute für Heilzwecke, zur Schönheitspflege und für den täglichen Gebrauch genutzt worden sind.

Die prähistorische Nekropole von Agia Photia.

Rechts: Der Palast von Zakros.

1. RUNDFAHRT

Agios Nikolaos-Elounda
Spinalonga–Plaka

Unsere erste Rundfahrt führt nach Norden durch das Gebiet, das innerhalb des gesamten Regierungsbezirks das größte Tourismuswachstum zu verzeichnen hat.

Entlang der Küste nördlich von Agios Nikolaos, wo es keine großen Sandstrände, sondern zahlreiche kleine malerische Buchten gibt, sind zahlreiche luxuriöse Hotelkomplexe errichtet worden.

6 km nördlich von Agios Nikolaos liegt die Ortschaft Ellinika. Etwas weiter westlich ist am Fuß des Berges Oxia ein Tempel aus dem 2. Jh. v. Chr. ausgegraben worden, der an der Stelle eines der Aphrodite geweihten Vorgängerbaus aus geometrischer Zeit errichtet worden war. Der jüngere Tempel bestand aus zwei Teilen, von denen einer der Aphrodite und der andere Ares geweiht war.

Nach 11 km Fahrt auf der Küstenstraße erreichen wir die Ortschaft Schisma,

Unten und rechts: Das kosmopolitische Elounda.

die auf den Ruinen der teilweise im Meer versunkenen griechisch-römischen Stadt Olous errichtet ist. Heute ist der größte Teil der antiken Stadt und des Hafens im Meer versunken.

Die Küste wird hier durch die 4 km lange, parallel zur Küste liegende Insel Spinalonga geschützt. Sie verdankt ihren Namen, der aus den Worten »spina« (Dorn) und »longa« (lang) zusammengesetzt ist, den Venezianern. Der schmale Landstreifen Poros, der die Insel ursprünglich mit der Küste verbunden hatte, ist 1897 von französischen Matrosen durchtrennt worden.

Heute verbindet eine kleine Brücke die beiden Ufer miteinander. In der Nähe der ehemaligen Landbrücke sind 100 m von der Küste entfernt an der Stelle Poros die Grundmauern einer dreischiffigen frühchristlichen Basilika aus dem 4. Jh. v. Chr. ausgegraben worden.

Das erhaltene Fußbodenmosaik nennt die Namen von Stiftern und zeigt Darstellung aus der Welt des Meeres. In einer Mauer der Kirche ist eine Inschrift im dorischen Dialekt verbaut gefunden worden, in der von der Beendigung des Bündnisses zwischen den Städten Olous und Rhodos die Rede ist. Sie ist im Archäologischen Museum von Ierapetra ausgestellt.

Unmittelbar hinter Schisma liegt das weltoffene Elounda, das sich zu einem der populärsten Urlaubsgebiete Kretas entwickelt hat. Die großen Luxushotelanlagen beherbergen das ganze Jahr über, vor allem aber natürlich

Seite 124-125: Die Insel Spinalonga mit der Festung.

Spinalonga

In der Antike war die wasserlose Insel befestigt worden, um den Hafen der Stadt Olous an der gleichnamigen Bucht zu schützen.

Die Venezianer fanden 1574 Reste dieser Anlage vor und errichteten hier 1579 eine starke Festung.

Spinalonga sowie die befestigten Inseln Gramvoussa und Souda blieben auch noch in venezianischer Hand, nachdem die Türken 1669 ganz Kreta erobert hatten. Erst 1715 fielen auch diese in die Hände der Türken.

Während der Türkenzeit entstand auf Spinalonga eine Siedlung.

Als die Insel 1903 von den letzten Bewohnern verlassen wurde, wurde hier von der kretischen Regierung eine Leprastation eingerichtet, die 1957 geschlossen wurde. 1954 wurde sie in Kalydonia umbenannt ist heute eine Touristenattraktion.

Boote setzen die Besucher von Elounda, Agios Nikolaos und Plaka aus zur Insel über.

im Sommer, eine große Zahl von Touristen. Vom kleinen Hafen mit den bunten Fischerbooten kann man sich im Sommer zur Insel Spinalonga übersetzen lassen.

5 km nördlich von Elounda liegt das Fischerdorf Plaka mit seinen Tavernen und einem schönen weißen Kieselstrand. Von hier aus kann man sich zu der kleinen Felseninsel nördlich von Spinalonga fahren lassen, die dem Dorf gegenüber liegt. In der Antike trug sie den Namen Kalydon.

Wir fahren weiter nach Norden zu den Dörfern von Epano Mirabello, die in einer wasserarmen Landschaft liegen, in der nur einige Weingärten gedeihen.

6 km südlich von Valtos liegt im grünen Bergland das Kloster Aretiou. Man kann das Kloster auch über die alte Nationalstraße Agios Nikolaos-Iraklion erreichen, wenn man im Dorf Nikithiano mit seinen alten Windmühlen nach rechts zu den Dörfern Phourni und Karydi abbiegt.

Kloster Aretiou

Das Kloster ist eines der größten Kretas. An der Südseite befinden sich nacheinander zwei Eingänge.

Die der Agia Triada geweihte Klosterkirche besitzt einen schön geschnitzte Ikonostase.

2. RUNDFAHRT

Agios Nikolaos-Kritsa-Lato
Neapolis-Kloster Kroustallenia
Mesa Potami-Lassithi Hochebene
Neapolis-Milatos-Dreros

Der zweite Rundfahrt führt uns nach Westen nach Kritsa, zu den Ruinen von Lato und Dreros und schließlich nach Neapolis und auf die Hochebene von Lassithi.

Wir nehmen zunächst die Straße nach Sitia und biegen nach 1,5 km nach rechts Richtung Kritsa ab.

Wir lassen eine weitere Abzweigung, die nach rechts auf die Lassithi-Hochebene führt, außer Acht und fahren weiter durch eine von Olivenbäumen bestandene Landschaft. Nach 4 km erreichen wir das Dorf Mardati und sehen nach 9 km an der Stelle Lagari etwa 100 m rechts der Straße die weiße byzantinische Kirche der Panagia Kera.

Nach weiteren 1,5 km erreichen wir das große Dorf Kritsa mit seinen zweistöckigen Häusern, die zwischen Oliven- und Mandelbäumen theaterartig am Fuße des Dikti-Gebirges errichtet sind. Kritsa ist für seine Webarbeiten bekannt.

3 km nördlich von Kritsa sind die Ruinen der antiken Stadt Lato ausgegraben worden, die zwei Hügel und den zwischen ihnen liegenden Sattel einnahm.

Von den Kuppen des südlichen und des höheren nördlichen Hügels, die die beiden Akropolen dieser in historischer Zeit mächtigen Stadt getragen haben, genießt man einen herrlichen Blick auf die Umgebung und die Bucht von Mirabello.

Klosterkirche der Panagia Kera

Die erste Phase der dreischiffigen Kuppelkirche stammt aus dem 13. Jh. Das Südschiff ist der Agia Anna, das Nordschiff dem Agios Antonios und das Mittelschiff der Entschlafung Mariä geweiht.

Der ursprüngliche Bau war eine Einraumkirche mit Kuppel, an die zu Beginn des 14. Jhs. das Süd- und um die Mitte desselben Jhs. das Nordschiff angebaut wurden. Im Inneren der Kirche sind Fresken aus dem 14. Jh. erhalten.

Lato

Die Stadt ist um 700 v. Chr. von dorischen Siedlern gegründet worden. Sie besaß eine starke Umfassungsmauer, von der das Haupttor erhalten geblieben ist, das an die Tore der mykenischen Akropolen erinnert.

Wir betreten das Stadtgebiet durch dieses Tor und steigen den gewundenen Stufenweg zur Agora hinauf. Links befanden sich Wohnhäuser und rechts Läden und Werkstätten. Die Agora (Marktplatz) lag im

Zentrum der Stadt. Hier sind die Grundmauern eines kleinen Tempels und eine Zisterne freigelegt worden, die Lato mit Wasser versorgte. Westlich des Tempels befand sich eine Säulenhalle und südlich eine aus dem Fels gehauene Exedra. Die Nordseite des Platzes wird von monumentalen, in drei Abschnitte geteilten Sitzstufen eingenommen, auf denen sich die Ratsmitglieder versammelten. Hinter den Stufen befand sich das Prytaneion, das aus zwei großen und zwei kleineren Abschnitten bestand. In der Mitte befand sich ein offener Säulenhof, an den sich ein Bankettsaal anschloss, der an allen vier Seiten Wandbänke besaß; in der Mitte befand sich die Herdstelle. Im Prytaneion versammelten sich die Ratsmitglieder der Stadt, um zu beraten, zu speisen und die Gesandten anderer Städte zu empfangen. Südlich der Agora sind die Ruinen eines großen Tempels freigelegt worden. Südöstlich dieses Tempels sieht man die Sitzstufen und die Bühne des Theaters der Stadt. Östlich des

Theaters befindet sich eine Exedra, in der sich wahrscheinlich die freien Bürger der Stadt versammelten, um über die von den Ratsmitgliedern unterbreiteten Vorschläge zu entscheiden.

Die Wohnhäuser der Stadt waren auf Terrassen errichtet. Die Mauern bestanden aus Stein und die Flachdächer aus Zweigen und Lehm.

Lato erlebte im 4. Jh. v. Chr. seine größte Blüte. Gegen Ende des 3. und zu Beginn des 2. Jhs. v. Chr. begannen die Einwohner der Stadt dann, in die Hafensiedlung Lato pros Kamara (dem heutigen Agios Nikolaos) abzuwandern.

Wir kehren nach Kritsa zurück und wenden uns vor der Rückkehr nach Agios Nikolaos nach Süden, um das Bergdorf Krousta mit seinen engen Gassen und den ausgezeichneten Milchprodukten zu besuchen.

*Oben:
Handarbeiten in Kritsa.*

*Unten:
Der Name der Stadt Lato ist von Leto abgeleitet, der Mutter von Apollon und Artemis.*

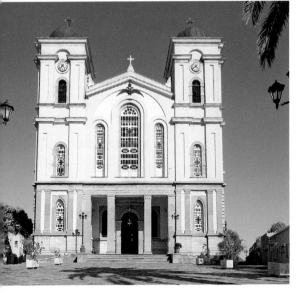

Wir kehren zur Straße zurück, die nach Agios Nikolaos führt, und nehmen die Hauptstraße nach Neapolis, der alten Hauptstadt des Regierungsbezirks. Die schön angelegte Stadt mit ihren alten Gebäuden liegt in der fruchtbaren Ebene von Skaphi Mirabellou. Die Geschichte der Stadt beginnt in venezianischer Zeit, als sich hier ein kleines Dorf namens Kares befand, das von den Venezianern zerstört wurde. Das danach neu errichtete Dorf hieß zunächst schlicht Neues Dorf. Mit der späteren Bezeichnung Neapolis (neue Stadt) wurde die Stadt zum Sitz des ersten christlichen Gouverneurs von Lassithi, der die Stadt erheblich förderte, indem er für ein geordnetes Straßennetz sorgte und die Stadt mit Parkanlagen, Brunnen, Bäumen und einem Platz schmückte. Bevor wir Neapolis verlassen, können wir die Archäologische Sammlung besichtigen.

Von Neapolis folgen wir der nach Süden zur Lassithi-Hochebene führenden Straße. Nach dem Dorf Vrysses führt die Straße zunächst durch das grüne Drasiou-Tal und beginnt dann die kahlen Ausläufer des Dikti-Gebirges hinaufzusteigen.

Nach dem Dorf Messa Potami erreicht die Straße die Stelle »Tou Patera ta Selia«, den mit 1.096 m höchsten Punkt der Fahrt, von wo man einen herrlichen Ausblick genießt. Unterhalb dieser Stelle breitet sich die Lassithi-Hochebene aus. Beim 39. km befindet sich das Dorf Messa Lassithi, und nach weiteren 2 km trifft man auf die Straße, die am Rand der Hochebene entlang führt und 15 Dörfer miteinander verbindet.

Oben: Die Metropolie von Neapolis.

Unten: Tzermiado, das größte Dorf der Hochebene.

Ein Abschnitt der Straße führt nach Nordwesten zu den Dörfern Marmaketo und Tzermiado. In der Nähe von Marmaketo liegt auf einem grünen Hügel das Kloster Kroustallenia, das der Entschlafung Mariä geweiht ist. Es hat im Jahre 1886 die erste Schule der Hochebene beherbergt. Östlich von Tzermiado

erhebt sich der Kastelos-Hügel. Ein außerhalb der Ortschaft beginnender Fußpfad führt zur Kronos-Höhle (oder Trapeza-Höhle), die von der neolithischen Zeit bis zur Vorpalastzeit bewohnt gewesen und auch als Begräbnisstätte genutzt worden ist; nach 2000 v. Chr. hat sie dann als Kultstätte gedient. Von Tzermiado führt ein Weg zum Gipfel Karphi, auf dem die Archäologen eine eteokretische Siedlung mit Wohnhäusern und einem Dreiteiligen Heiligtum entdeckt haben, die um 1200 v. Chr. gegründet worden ist.

Die Straße, die die Hochebene umzieht, steigt nach Pinakiano nach Norden zum Kamm des Berges mit seinen ruhelosen Windmühlen an, um dann über Kera nach Iraklion hinabzusteigen.

Lassithi-Hochebene

Die etwa 25 qkm große Hochebene von Lassithi liegt zwischen mehr als 1.000 m hohen Gipfeln und besitzt acht natürliche Zugänge. Im Süden ragen die Gipfel des Dikti-Gebirges auf, von denen der höchste eine Höhe von 2.148 m erreicht.

Aufgrund ihres fruchtbaren Bodens ist die Ebene, die auf einer mittleren Höhe von 820-850 m liegt, seit neolithischer Zeit besiedelt gewesen. Als die dorischen Stämme nach Kreta einwanderten (um 1100 v. Chr.), zog sich die einheimische Bevölkerung in schwer zugängliche Gebiete zurück und gründete die Siedlung auf dem Berg Karphi. In historischer Zeit gehörte die Ebene zum Herrschaftsgebiet des Stadtstaates Lyttos.

Die schwer zugängliche Lage der Ebene schützte ihre Bewohner vor den Piratenüberfällen, die die Insel während der ersten byzantinischen Phase und der Zeit der Araberherrschaft unsicher machten. Durch ihre natürliche Befestigung begünstigte sie außerdem die Bildung von Aufstandsbewegungen. Nach einem solchen Aufstand,

der im Jahre 1263 ausgebrochen war, vertrieben die Venezianer, die die Ebene als »spina nel cuore di Venezia« (Stachel im Herzen Venedigs) bezeichneten, alle Bewohner der Ebene und stellten jegliche Besiedlung und landwirtschaftliche Nutzung unter Verbot. Die Ebene lag für etwa zwei Jahrhunderte verödet. Zur Zeit der Türkenherrschaft war die Ebene dann wieder ein Herd für Empörungen und ein Zufluchtsort für Aufständische.

Heute befinden sich auf der Hochebene von Lassithi 20 kleine Dörfer. Angebaut werden vor allem Kartoffeln, die früher im Sommer mit dem Wasser bewässert wurden, das die rund 10.000 Windmühlen an die Oberfläche förderten. Diese Aufgabe haben heute Elektropumpen übernommen.

Nach Messa Lassithaki folgen wir der Straße, die südwestlich nach Agios Konstantinos und nach Agios Georgios führt. Dort ist in einem Haus aus der Zeit um 1800 ein kleines Volkskunde-Museum eingerichtet worden. Unsere nächste Station ist Psychro. Am nahen Parkplatz beginnt ein 1 km langer Pfad, der

zum Eingang der Diktäischen Grotte hinaufführt, die sich auf einer Höhe von 1.050 m befindet. Hinter Psychro wendet sich die Rundstraße nach Norden, berührt die Dörfer Plati, Agios Charalambos und Kato Metochi und beschließt damit die Rundfahrt um die Ebene.

Die Diktäische oder Psychro-Höhle

Die Höhle befindet sich an der Nordseite des Dikti-Gebirges. Sie besteht aus einem großen abschüssigen Saal mit Kuppeldecke und erreicht eine Höhe von 15 m. In der Tiefe teilt sich der Saal in vier kleinere Säle mit fantastischen Stalaktiten, Stalagmiten und Säulen. Im Süden der Höhle gibt es einen kleinen See und, von diesem durch Säulen getrennt, den »Saal mit dem Mantel des Zeus« mit einem Stalaktiten, der den Falten eines Mantels gleicht. Die Höhle, in der Zeus geboren sein soll, diente von mittelminoischer bis archaischer Zeit als Kultstätte, wie die Funde zeigen, die der britische Archäologe D. Hogarth im Jahre 1900 ans Licht gebracht hat. Gefunden wurden u. a. Opfertische, Gefäße im Kamares-Stil, Doppeläxte, Bronzestatuetten, Ringe und Siegel.

Milatos oder Miletos

Über die Stadt, die auf dem Kastello-Hügel lokalisiert wird, ist wenig bekannt.
Nach Strabon blühte sie in klassischer und hellenistischer Zeit und wurde im 3. Jh. v. Chr. von der Nachbarstadt Lyttos zerstört. Andere Informationen stammen von Homer und Apollodor.
Nach Homer war sie eine der sieben kretischen Städte, die am Trojanischen Krieg teilnahmen, und laut Apollodor soll sie von Miletos, einem Sohn des Apollon, gegründet worden sein.

Wir kehren nach Neapolis zurück und wenden uns nach Norden. Beim 11. km biegen wir nach rechts ab und erreichen nach 11 km Fahrt das Dorf Milatos mit seinem 1 km weiter nördlich gelegenen Sandstrand. Zwischen dem Dorf und der Küste sind spätminoische Felskammergräber mit reichen Beigaben sowie Überreste der antiken Stadt Milatos gefunden worden, die in spätminoischer Zeit um 1100 v. Chr. ihre höchste Blüte erlebt hat. Vom Dorf Milatos führt eine ansteigende Straße zu der 3 km entfernt gelegenen gleichnamigen Höhle hinauf.

Die Milatos-Höhle ist vor allem dadurch bekannt geworden, dass hier im Jahre 1823 3.600 Männer, Frauen und Kinder von den Türken abgeschlachtet worden sind. Die 2.100 qm große Höhle besitzt drei unterschiedlich hohe Ebenen. In ihrem Inneren sieht man Säulen und Stalagmiten.

6 km hinter Milatos erreichen wir das Fischerdorf Sissi mit seinem malerischen Hafen und dem schönen Sandstrand, das sich in ein beliebtes Ferienziel mit luxuriösen Hotelanlagen verwandelt hat.

Nach Sissi folgen wir der alten Nationalstraße Iraklion-Agios Nikolaos. Die Strecke ist sehr reizvoll und führt durch die malerische Vrachasi-Schlucht (auch

Milatos.

als Schlucht des Agios Georgios Selinari bekannt). Bevor wir Vrachasi erreichen, berühren wir das Kloster Agios Georgios Selinari, das im Jahre 1961 auf den Ruinen eines Klosters aus dem 10. Jh. errichtet worden ist. Die Straße steigt nun an und erreicht nach 3,5 km Vrachasi, das theaterartig am Hang des eindrucksvollen Berges Selena liegt und die grüne Ebene von Skaphi Mirabellou überblickt. Eine in Vrachasi beginnende Staubstraße führt zu dem heute verlassenen historischen Kloster Vrachasiotis, das in venezianischer Zeit geblüht hat. Die im 19. Jh. entstandene geschnitzte Ikonostase der Klosterkirche zählt zu den schönsten Kretas. Nach Vrachasi besuchen wir das Nachbardorf Latsida mit seinen engen Gassen und den Kirchen der Panagia Keragonitissa und der Agia Paraskevi.

Auf der Rückfahrt nach Agios Nikolaos nehmen wir in Höhe von Neapolis einen kleinen Umweg nach links in Richtung Kourounes. Nach 2 km führt eine Abzweigung zum Hang des Agios Antonios-Hügels, wo sich die Ruinen der antiken Stadt Dreros befinden. Bei den Ausgrabungen sind Überreste einer Zisterne, des Prytaneions, Grundmauern zahlreicher auf Terrassen errichteter Wohnhäuser sowie ein Tempel des Apollon Delphinios aus dem 7. Jh. v. Chr. entdeckt worden. Der Tempel besaß eine Feuerstelle, einen Opfertisch, eine Bank für Weihgeschenke und einen steinernen Altar. In Dreros sind drei bedeutende große Bronzestatuetten aus dem 7. Jh. v. Chr. gefunden worden, die Artemis, Leto und Apollon Delphinios darstellen. Sie bestehen aus dünnem Bronzeblech auf einem Holzkern und sind die ältesten aus gehämmertem Bronzeblech gearbeiteten Skulpturen, die bis heute in Griechenland gefunden worden sind.

Das Tourismusgebiet von Sissi.

Dreros

Dreros war in historischer Zeit eine der bedeutendsten Städte Kretas, mit Lyttos und Milatos verfeindet und mit Knossos verbündet.

Die Feindschaft gegenüber Lyttos und Milatos wird auch von einer Inschrift bezeugt (im Archäologischen Museum in Istanbul), die einen Hasseid enthält, den die Jugend von Dreros ablegte.

Im Jahre 220 v. Chr. führten Auseinandersetzungen innerhalb der Stadt zum Bürgerkrieg, der die Stadt in die Katastrophe stürzte.

Kloster Phaneromeni

Die Gründung des Klosters wird in die zweite byzantinische Phase datiert. Das Zentrum bildet die geräumige Phaneromeni-Höhle, die in eine Kirche umgewandelt worden ist.

3. RUNDFAHRT

Agios Nikolaos-Istros
Kloster Phaneromeni-Gournia
Pachia Ammos-Kavousi-Mochlos
Tourloti-Chamezi-Sitia-Trypitos

Auf dieser Rundfahrt folgen wir der Küstenstraße, die von Agios Nikolaos nach Sitia führt.

An den kleinen Sandstränden, die sich an der Bucht von Mirabello aneinanderreihen, sind zahlreiche kleine und große Hotels errichtet worden.

Wir passieren die Strände Almyros, Ammoudaras und Vathy und erreichen das in einer grünen Landschaft gelegene malerische Dorf Istros mit seinen schönen sandigen Buchten und dem glasklaren Wasser.

Etwa 1,5 km südlich des Dorfes haben Ausgrabungen auf dem Vrokastro-Hügel eine Siedlung aus spätminoischer Zeit ans Licht gebracht, die an dieser natürlich befestigten Stelle anscheinend um 1100 v. Chr. gegründet worden und bis ins 8. Jh. v. Chr. bewohnt gewesen ist.

6 km nach Istros führt ein Landwirtschaftsweg nach rechts zum Kloster Phaneromeni, das an einem felsigen Hang errichtet ist und die Mirabello-Bucht überblickt.

Wir kehren zur Küstenstraße zurück und gelangen nach 3 km zu einer weiteren Abzweigung, die nach rechts zur Ausgrabungsstätte Gournia führt.

Gournia

Auf einer flachen Anhöhe, die das Meer überblickt, haben die Archäologen eine minoische Siedlung ans Licht gebracht, die ihren Namen »Gournia« nach kleinen steinernen Einsenkungen (griech.: gournes) erhalten hat, die neben den meisten Häusern angetroffen worden sind. Die kleine Stadt erlebte ihre Blüte in der Neupalastzeit von 1550 bis 1450 v. Chr., als sie wie die übrigen Palastzentren Kretas zerstört wurde. Die Stadt wurde in der Nachpalastzeit teilweise wieder bewohnbar gemacht, wurde dann aber im 12. Jh. v. Chr. durch ein Feuer zerstört und danach endgültig aufgegeben. Die Bewohner der Stadt beschäftigten sich mit der Landwirtschaft, der Tierhaltung und dem Handwerk. So sind die Werkstätten eines Schmiedes, eines Töpfers und eines Holzschnitzers gefunden worden.

Oben links: Das Kloster Phaneromeni. Unten links: Istros. Oben: Gournia. Unten: Die Insel Agios Nikolaos.

Auf dem höchsten Punkt des Hügels erhob sich das größte Haus der Stadt, in dem das Megaron des lokalen Fürsten zu erkennen ist. Nördlich des kleinen Palastes ist das Heiligtum der Stadt entdeckt worden, das aus einem kleinen Raum mit einem Sockel bestand, auf dem Kultobjekte gefunden worden sind.

Wir kehren zur Hauptstraße zurück und gelangen zum Dorf Pachia Ammos mit seinem sandigen Strand, das am südlichen Ende

Die Insel Agios Nikolaos

Es wird angenommen, dass die heutige Insel in frühminoischer Zeit noch eine Halbinsel mit zwei Buchten an der Ost- und Westseite gewesen ist, die den Schiffen vor den jeweiligen Winden Schutz boten.

An der Südseite befand sich in der Vor- und Neupalastzeit eine bedeutende Hafensiedlung.

Die minoische Hafensiedlung unterhielt Kontakte mit den Häfen des Mittleren Ostens.

Die Ausgrabungen haben Ruinen der Siedlung und rechteckige Familiengräber der Altpalastzeit ans Licht gebracht, die wichtige Funde enthielten.

Einer von ihnen, ein syrisches Rollsiegel, bezeugt die Kontakte der Siedlung mit dem Osten.

der Bucht von Mirabello liegt. Die Straße verläuft weiter nach Osten. Wir passieren die Abzweigung nach Ierapetra – die schmalste Stelle Kretas – und gelangen nach 5 km nach Kavousi mit der alten Kirche des Agios Georgios. Das Dorf liegt, eingebettet in Olivenhaine, an den Ausläufern des kahlen Berges Kapsa.

Hinter Kavousi beginnt die Straße den Hang des Ornos-Gebirges hinaufzusteigen. Der Blick auf die Mirabello-Bucht, die Konida-Inseln im Süden und die größere Insel Psira weiter nördlich in der Nähe des winzigen Agios Nikolaos ist überwältigend. Nach 8,5 km erreichen wir das theaterartig über dem gleichnamigen Tal errichtete Dorf Lastro mit der byzantinischen Kirche des Agios Georgios und dem venezianischen Glockenturm. 4 km östlich von Lastro liegt Sphaka, ein wasserreiches Dorf mit einem herrlichen Blick. Von hier aus steigt eine schmale Straße nach Norden zum Fischerdorf Mochlos mit seinem kleinen Hafen hinab. Die Häuser sind auf dem felsigen Kap errichtet. Genau gegenüber liegt in 150 m Entfernung die kleine Insel Agios Nikolaos mit der gleichnamigen Kirche.

Von Mochlos aus kann man sich im Sommer zum Inselchen Agios Nikolaos übersetzen lassen.

Oben: Lastros.
Unten:
Die kleine Insel
Psira.

Rechts oben:
Tourloti.
Rechts unten:
Der Strand
von Sitia.

Psira

In der Nähe des Inselchens Agios Nikolaos oder Mochlos liegt Psira, ein größere unfruchtbare und heute nicht bewohnte Insel, an deren windstiller Ostseite eine etwa 15.000 qm große Hafensiedlung ausgegraben worden ist. Die dicht bebaute Siedlung wurde von einer Hauptstraße durchschnitten, die sich mit einem schmalen ansteigenden Weg kreuzte.

Die Steinhäuser waren theaterartig angelegt. In einem von ihnen sind ausgezeichnete Relieffresken gefunden worden, die im Archäologischen Museum in Iraklion ausgestellt sind. Die Siedlung war während der gesamten minoischen Zeit bewohnt. Sie hat vor allem in spätminoischer Zeit geblüht und ist wahrscheinlich um 1450 v. Chr. zerstört worden.

Ihre Einwohner müssen reiche Händler, Seeleute und Handwerker gewesen sein, die mit Schwämmen und Purpurfarbstoff handelten, der für das Färben von Geweben verwendet wurde.

Wir kehren nach Sphaka zurück und folgen der Straße nach Osten. Die nächsten Ortschaften sind Tourloti auf dem Berg Kastri und das 330 m hoch gelegene Myrsini, von wo man einen herrlichen Ausblick nach Norden auf die Bucht von Mirabello, das Dorf und das Inselchen Mochlos genießt; im Süden erkennt man die Gipfel der Berge von Sitia.

Als nächstes liegt das Dorf Messa Mouliana mit seiner Kirche der Agia Triada und den theaterartig errichteten Häusern am Weg.

An der Stelle Selades sind zwei Kuppelgräber aus spätminoischer Zeit untersucht worden, die auch noch in protogeometrischer Zeit belegt worden sind. In der Nähe ist eine minoische Siedlung festgestellt worden.

2 km von Messa Mouliana entfernt liegt Exo Mouliana mit der ausgemalten Kirche des Agios Georgios und einem Brunnen. Wir fahren weiter zum Gebirgsdorf Chamezi.

Zwischen diesen beiden Orten führt eine Abzweigung nach rechts zum Hügel Souvloto Mouri, wo die Grundmauern eines einzigartigen ovalen Bauwerks aus der Phase Mittelminoisch IA (2100-2000 v. Chr.) ausgegraben worden ist, das einer Festung gleicht und die Bezeichnung minoische Villa von Chamezi erhalten hat.

Bevor wir das malerische Chamezi verlassen, besuchen wir das Volkskunde-Museum, in dem Objekte ausgestellt sind, die mit der Weberei zu tun haben; außerdem sieht man hier einen ungewöhnlichen Webstuhl.

Hinter Chamezi steigt die Straße nach Nordosten die Hänge des Ornos in eine fruchtbare Ebene hinab und erreicht Sitia, die dritte Stadt im Regierungsbezirk Agios Nikolaos und Heimat des bedeutenden griechischen Dichters des 16. Jhs., Vitsentzos Kornaros.

Kornaros war 1553 in Trapezonta südlich von Sitia geboren und starb 1613 in Iraklion. Seine beiden bekanntesten Werke sind »Erotokritos« und »Das Opfer des Abraham«.

SITIA

Sitia, die Hauptstadt des gleichnamigen Kreises, liegt am westlichen Rand der gleichnamigen Bucht. Die Häuser sind den Hang eines flachen Hügels hinaufgebaut, der vor dem kleinen Hafen und dem Hafendamm mit seinen Palmen, Cafes und Tavernen liegt. Auf der Kuppe des Hügels ist ein Teil der venezianischen Festung Kazarma erhalten. An den Hafendamm schließt sich ein Strand mit feinem Sand und kristallklarem Wasser an.

Einer Meinung zufolge nimmt Sitia die Stelle des antiken Eteia ein, das der Hafen der antiken Stadt

Die minoische Villa von Chamezi

Das ovale Bauwerk ist auf einem frühminoischen Vorgängerbau errichtet worden.

Es war zweistöckig und besaß zwei Eingänge sowie 12 Räume unterschiedlicher Form und Größe, die um einen Zentralhof gruppiert und von ihm aus zugänglich waren. In der Mitte des Hofes befand sich eine Zisterne, in der das vom Dach abfließende Regenwasser gesammelt wurde.

Einer der größten Räume, in dem ein Tonaltar gefunden worden ist, hat anscheinend als Heiligtum gedient.

LASSITHI

Praisos war. Sicher ist, dass das Gebiet von Sitia und vor allem die Anhöhe Petra in minoischer Zeit besiedelt gewesen sind.

Als die Genuesen 1204 nach Kreta kamen, stellten sie die Festung wieder her, die wahrscheinlich in der zweiten byzantinischen Phase errichtet worden war.

Sitia erlebte zur Zeit der Herrschaft der Venezianer einen großen Aufschwung. In dieser Zeit nahm das Kastell die Verwaltung und die venezianische Wache auf. Die Stadt und ihre weitere Umgebung wurden im Verlauf des Mittelalters immer wieder das Opfer von Plünderungen und Zerstörungen. 1508 wurde die Stadt durch ein Erdbeben zerstört, und 30 Jahre später wurde sie von der türkischen Flotte zerstört.

Den Todesstoß erhielt Sitia in den Jahren des Kretischen Krieges (1645-1669). Zwischen 1647 und 1648, als die Türken vor den Toren der Stadt standen, ließen die Venezianer die Stadt schleifen und brachten die Einwohner in das 9 km weiter westlich von ihnen errichtete Kastell auf dem Liopetro-Hügel. Als einziges Gebäude blieb das Kazarma-Kastell verschont, in dem das venezianische Militär den Türken standhielt.

Schließlich musste im Jahr 1651 auch das Kastell von den Venezianern geschleift werden, damit es nicht in die Hände der Türken fiel. Sitia blieb bis ins Jahr 1870 unbewohnt. Seit diesem Jahr wurde eine neue Stadt errichtet, die zur Hauptstadt des gleichnamigen Kreises wurde.

Bevor wir Sitia verlassen, besuchen wir das kleine, aber bedeutende Archäologische Museum, das am östlichen Rand der Stadt an der Straße nach Ierapetra liegt.

Archäologisches Museum

Im einzigen Saal des Museum sind Funde aus dem Kreis Sitia ausgestellt.

Zu den Exponaten zählen Funde aus der Pelikiton-Höhle, Tongefäße aus Agia Photia, Fundstücke aus Mochlos, Psira, Palekastro, Petra, aus Gipfelheiligtümern, dem Palast und dem Megaron von Zakros, Gefäße und Tontäfelchen mit Linear A-Schrift, eteokretische Keramik sowie Funde aus hellenistischer und römischer Zeit.

Volkskundliches Museum

(Kapetan-Siphi-Straße)

Das Museum ist in einem alten Herrenhaus eingerichtet. In seinen Räumen sind traditionelle Gerätschaften, Möbel, ein Webstuhl, Gewebe, Stickereien, lokale Trachten u. a. ausgestellt.

1 km östlich von Sitia befindet sich der flache Petra-Hügel, wo eine minoische Hafensiedlung der Neupalastzeit ausgegraben worden ist.

Siedlung und Palast von Petra

Die ältesten Funde stammen aus der Zeit seit 3500 v. Chr., doch ist die Siedlung offenbar in der Phase Frühminoisch II gegründet worden und hat in der Neupalastzeit ihre größte Blüte erlebt. Sie wurde um 1450 v. Chr. zerstört und verlassen und war dann zwischen 1400 und 1300 v. Chr. neuerlich bewohnt.

Auf der Kuppe des Hügels sind 32 Gräber aus dem 12.-13. Jh. n. Chr. gefunden worden.

Dort hat sich der Palast befunden, der von den auf Terrassen am Hang errichteten Wohnhäusern der Siedlung umgeben war. Sie war von einer für Kreta einmaligen Kyklopenmauer mit drei Türmen umgeben, von der Abschnitte erhalten sind.

Die Stadt besaß gepflasterte Straßen, von denen eine zum Palast führte. Die Wohnhäuser waren zweistöckig, wobei das Erdgeschoss die Magazine und Werkstätten und das Obergeschoss die Wohnräume enthielten.

Auf der eingeebneten Kuppe des Hügels sind die Ruinen eines großen Baukomplexes aus der Zeit um 1500-1400 v. Chr. ans Licht gekommen, der als der Palast eines lokalen Fürsten oder Königs gedeutet worden ist. Er besitzt einen Zentralhof, Kulträume, Werkstätten, ein Archiv, einen Garten und Magazine, die durch eine monumentale Treppe mit dem Zentralhof verbunden waren. Um dieses Bauwerk herum war eine Stützmauer mit einer turmförmigen Bastion errichtet.

Außerdem sind die Grundmauern von zwei Wohnbauten aus der Neupalastzeit entdeckt worden. Der eine, der um 1500 v. Chr. aufgegeben wurde, war auf zwei Terrassen errichtet, die durch eine steinerne Treppe miteinander verbunden waren. Auf dem unteren Niveau befanden sich Magazine, die Küche sowie eine Weinkelter und Lagerungsgefäße. Im oberen Bereich ist eine Werkstatt mit Gruben und Steinreiben gefunden worden. In dem anderen Gebäude, das um 1450 v. Chr. niedergebrannt ist, gab es einen Raum, der in seiner ersten Phase ein Empfangsraum mit Stuckfußboden, einer Säule in der Mitte und einer Herdstelle gewesen ist; während der

zweiten Phase ist er dann als Werkstatt für das Färben von Wolle verwendet worden. Bei den Ausgrabungen sind Tontäfelchen mit Linear A-Schrift, altpalastzeitliche Siegel (die einzigen bisher in Ostkreta gefundenen), steinerne Eintiefungen, Leitungen, Webgewichte u. a. Objekte ans Licht gekommen.
3 km östlich von Sitia liegt Kap Trypitos.

Trypitos

Archäologische Ausgrabungen haben eine bedeutende Stadt aus hellenistischer Zeit (Mitte des 4.-Mitte des 1. Jhs. v. Chr.) ans Licht gebracht, die die gesamte Landzunge Trypitos einnahm und bei der es sich vielleicht um das antike Eteia gehandelt hat. Bis heute ist erst ein kleiner Teil der großen, gut gebauten Siedlung freigelegt worden. Wahrscheinlich ist sie der Hafen der Stadt Praisos gewesen, der offenbar zur selben Zeit zerstört worden ist wie diese Stadt.

Die Stadt, deren Name nicht bekannt ist, muss autonom gewesen sein. Sie hat eigene Münzen geprägt und außer mit Praisos auch mit anderen kretischen Städten und den Inseln der Dodekanes Beziehungen unterhalten. Die Häuser waren auf Terrassen errichtet. Nach Süden war die Stadt durch eine starke Befestigungsmauer geschützt. Dieselbe Mauer deckte auch die Werft an der südöstlichen Felsenküste der Landzunge. Es handelte sich um ein langgestrecktes Gebäude für die Aufnahme oder den Bau von Schiffen.

Die Funde haben gezeigt, dass die Häuser reich ausgestattet waren. Sie besaßen Empfangsräume mit Herdstelle, geschlossene Zisternen, offene Höfe und Magazine mit zahlreichen Tongefäßen. Es sind zahlreiche bewegliche Funde ans Licht gekommen, darunter zahlreiche Münzen, die im Archäologischen Museum in Sitia ausgestellt sind. Auf den Münzen sind Delphine, bärtige Köpfe, Palmen und die Buchstaben ΠΟ dargestellt, bei denen es sich um die Anfangsbuchstaben des Namens der Stadt handeln muss.

Links: Die prähistorische Siedlung von Petra.

Rechts: Die hellenistische Stadt auf Kap Trypitos.

4. RUNDFAHRT

Sitia-Agia Photia-Kloster Toplou
Vai-Palekastro-Zakros

Wir verlassen Sitia und folgen der Küstenstraße nach Osten. Nach 5 km erreichen wir die Küstensiedlung Agia Photia mit ihren alten Häusern und dem grauen Sandstrand.

In der Nähe der Küste ist an der Stelle Patima eine Nekropole mit 252 Kammergräbern aus der Phase Frühminoisch IB entdeckt worden.

Westlich des Friedhofs sind auf der Anhöhe Kouphota ein rechteckiger und zwei runde Bauten aus der Phase Frühminoisch II mit 37 Räumen frei gelegt worden, die um einen Zentralhof gruppiert sind und wahrscheinlich von einer Befestigungsmauer umgeben waren.

Die reichen Funde sind in den Archäologischen Museen in Agios Nikolaos und Sitia ausgestellt.

Die Straße führt nun nach Nordosten und gabelt sich nach 8 km. Die rechte Straße führt nach Osten nach Palekastro und Zakros und die linke nach Norden.

Das Kloster Toplou.

Wir folgen dieser und erreichen nach 2 km eines der reichsten Klöster Kretas, das Wehrkloster der Panagia Akrotiriani (besser bekannt als Kloster Toplou).

Kloster Toplou

Der Baukomplex des Klosters ist anscheinend im 15. Jh. in einer einsamen, unfruchtbaren Landschaft errichtet worden. 1612 wurde es durch ein Erdbeben zerstört und wieder aufgebaut.

Das Kloster ist mit einer Befestigungsmauer umgeben, in der sich nur kleine Fenster öffnen, die Schießscharten gleichen.

Früher hat das Kloster sogar eine Kanone besessen, mit der sich die Mönche gegen die Piraten zur Wehr setzen konnten. Aus diesem Grund wurde das Kloster von den Türken Toplou genannt (türk.: top = Kanonenkugel).

Die Klostergebäude besitzen drei Stockwerke. Der Eingang besaß ein derart schweres Tor, dass es auf einem Rad laufend geöffnet und geschlossen werden musste, weshalb es »Rad-Tor« genannt wurde. Die Klosterkirche besitzt zwei Schiffe und einen unabhängigen Glockenturm.

Das Nordschiff ist der Geburt der Muttergottes und das Südschiff dem heiligen Johannes Theologos geweiht. Die Wände der Kirche sind mit Fresken aus dem 14. Jh. geschmückt. In der Kirchenfassade sind drei Steinplatten verbaut, von denen eine aus der antiken Stadt Itanos stammt und eine Inschrift aus dem 2. Jh. v. Chr. trägt, die vom Schiedsspruch der Magneten berichtet.

Es handelte sich hierbei um einen 112/111 v. Chr. geschlossenen Vertrag zwischen den Städten Itanos und Hierapytna, bei dem die Stadt Magnesia in Kleinasien vermittelt hatte. Magnesia hatte Itanos Recht gegeben und der Stadt das Recht zugesprochen, die Einkünfte aus dem Heiligtum des Zeus in Palekastro und der Insel Leuke (heute Kouphonissi) einzutreiben. In einem Raum des Klosters sind volkstümliche griechische Drucke und in einem anderen die zahlreichen Zimelien des Klosters ausgestellt.

Die Straße führt weiter durch ein unbewohntes Gebiet nach Nordwesten und verzweigt sich nach 6 km. Die linke Straße führt nach Norden zum Strand von Vai und zur antiken Stadt Itanos, während sich die andere nach Süden wendet und die Ortschaft Palekastro

zum Ziel hat. Wir folgen zunächst der linken Abzweigung.

Nach 1,5 km folgen wir einer Abzweigung nach rechts und durchfahren ein von rund 5.000 Palmen bewachsenes Tal, das sich auf den herrlichen Strand von Vai öffnet. Der rund 250.000 qm große Wald ist eingezäunt, so dass der Strand nur von einer Stelle aus zugänglich ist, und dies auch nur von Sonnenaufgang bis Sonnenuntergang.

Strand von Vai

Entlang des herrlichen Sandstrandes, der an exotische Landschaften erinnert, wachsen uralte Palmen der Art Phoenix Theophrasti, die von den Kretern »vaia« genannt werden, worauf der Name dieses einmaligen Strandes mit seinem kristallklaren Wasser zurückgeht.

Einer Überlieferung zufolge wird die Existenz des Palmenwaldes an dieser Stelle phönizischen Händlern verdankt, die in der Bucht an Land gegangen waren, die mitgebrachten Datteln verzehrt und die Kerne achtlos weggeworfen hatten.

Wir kehren zur Abzweigung zurück und wenden uns nach Norden Richtung Erimoupolis (genannt nach der verlassenen antiken Stadt Itanos), wo drei einsame Buchten mit goldenem Sand und kristallklarem Wasser zum Bad einladen.

Itanos

Die älteste Erwähnung der Stadt Itanos findet sich erst bei Herodot, doch war sie wahrscheinlich bereits in minoischer Zeit bewohnt. Später ließen sich hier Phönizier nieder. Im Laufe der Zeit entwickelte sich Itanos zu einer bedeutenden Handelsstation zwischen Kreta und dem Nahen Osten.
Die Einwohner der Stadt handelten mit Glas und Purpurfarbstoff. Itanos blühte in hellenistischer und römischer Zeit sowie während der ersten byzantinischen Periode, bis es im Jahre 795 durch ein Erdbeben zerstört wurde.
Während der 9. Jhs. wurde die Stadt dann immer wieder von plündernden Arabern heimgesucht. Sie wurde allerdings erst im 15. Jh. von ihren Einwohnern verlassen, als die Piratenangriffe überhand nahmen. Die hier durchgeführten Ausgrabungen haben Überreste von Wohnhäusern und Tempeln sowie einen Abschnitt der Nekropole von Itanos ans Licht gebracht.

Wir kehren zur Abzweigung nach Palekastro und Zakros zurück, folgen der nach links abzweigenden Straße nach Süden und erreichen nach 7 km Palekastro. Das Dorf liegt in einem Tal, das sich zur Kouremenou-Bucht öffnet. Die Bucht besitzt einen langen feinen Sandstrand, der zum Windsurfing einlädt.
2 km östlich des Dorfes befindet sich an der Südseite der Bucht die Stelle Roussolakkos, wo die nach Knossos zweitgrößte minoische Siedlung entdeckt worden ist.

Die minoische Stadt von Palekastro

Der Name der Stadt ist unbekannt, doch wird vermutet, dass es sich um das antike Dragmos handeln könnte. Die Siedlung ist anscheinend in frühminoischer Zeit gegründet worden und hat ihre größte Blüte in spätminoischer Zeit erlebt. In dieser Zeit besaß die dicht bebaute Stadt keine Umfassungsmauer. Die Hauptstraße wird von zahlreichen schmaleren und breiteren gepflasterten Nebenstraßen geschnitten, die häufig in Stufen übergehen und die Stadt in acht Wohnviertel teilen. Die auf die Hauptstraße blickenden Häuser besaßen monumentale Fassaden, und die ganze Stadt war in ein Abwassersystem einbezogen. Die Häuser besaßen Treppen zum Obergeschoss, Empfangsräume, offene Höfe, Hausheiligtümer, Kultische Reinigungsbecken, Magazine, Küchen, Bäder, Werkstätten und Brunnen. Das wichtigste Haus im Viertel D, dem größten der Stadt, besaß ein »Megaron« mit Lichthof. Im Quartier B sind eine Vorrichtung zur Herstellung von Olivenöl und große Tongefäße für seine Lagerung gefunden worden. Hier befand sich also eine Ölmühle, und im Quartier E ist eine

Das antike Itanos.

Weinkelter entdeckt worden. Die Stadt ist um 1450 v. Chr. zerstört und verlassen worden, doch wurde dann in der Phase Spätminoisch III an derselben Stelle eine neue Siedlung gegründet.

Die architektonischen Überreste eines Tempels aus hellenistischer Zeit (der mit dem Tempel des Diktäischen Zeus identifiziert wird) bezeugen, dass die Stadt auch noch sehr viel später bewohnt war.

Vom Tempel selbst ist nur wenig erhalten geblieben, doch zählen zu den Überresten Fragmente einer beiderseits beschrifteten Platte mit einem Hymnus an den Diktäischen Zeus sowie Fragmente einer Goldelfenbeinstatue, die den Namen »Kuros von Palekastro« erhalten hat. Der Tempel ist offenbar gegen Ende des 4. Jhs. n. Chr. zerstört worden.

Vor dem Ausgrabungsgelände liegt an der Kouremenou-Bucht mit der vorgelagerten Insel Grandes der flache Sandstrand von Chionas mit seinen Tamarisken und dem flachen Wasser. Südlich von Roussolakkos erhebt sich der Berg Petsophas, auf dem ein offenes Gipfelheiligtum aus mittelminoischer Zeit ausgegraben worden ist.

Dort sind männliche und weibliche Tonstatuetten von Adoranten sowie Tierstatuetten gefunden worden. Im Gegensatz zu den einfach gekleideten männlichen vermittelt die Kleidung der weiblichen Statuetten zahlreiche Informationen über die weibliche Kleidung dieser weit zurückliegenden Zeit.

Nach Palekastro führt die Straße durch eine einsame Landschaft. Sie steigt nach Süden an, passiert die kleinen Dörfer Langada, Chochlakies, Kelaria, Adravasti und Klissidi und erreicht Ano Zakros, ein schönes großes Dorf, dessen Häuser auf zwei von Oliven- und Obstbäumen bestandenen Hügeln errichtet sind. Vom Dorfplatz aus führt eine Straße hinunter zur geschützten Bucht von Kato Zakros. Am Ortsausgang ist eine spätminoische Villa entdeckt worden, in der die Weinkelter gefunden worden ist, die im Archäologischen Museum von Sitia ausgestellt ist. Von hier führt die Straße durch Olivenhaine und Bananenplantagen bergab und erreicht nach 8 km Kato Zakros, wo einige Tavernen und Gästezimmer zur Verfügung stehen. Der Kieselstrand mit seinem azurfarbenen Wasser wird im Norden und Süden von Felsen geschützt. An den Strand schließt sich eine kleine Ebene an, auf die sich die Schlucht von Zakros öffnet, die auch »Tal der Toten« genannt wird. Sie beginnt außerhalb von Ano Zakros und endet in der Nähe des minoischen Palastes am westlichen Rand der kleinen Ebene. Ihren Namen hat die Schlucht nach den Höhlen und Nischen erhalten, in denen prähistorische Bestattungen gefunden worden sind.

Oben:
Die minoische
Stadt Palekastro.

Unten:
Der Strand
von Chionas.

PALAST VON ZAKROS

Am Hang des Hügels, der den nordöstlichen Abschluss des Tales bildet, breitete sich die Stadt aus. Zu ihren Füßen wurde auf Veranlassung von Knossos um 1600 v. Chr. ein kleiner Palast errichtet, der den Handel mit dem Nahen Osten und Nordafrika kontrollieren sollte.

Obwohl der Palast nur 100-150 Jahre Bestand hatte, da er um 1450 v. Chr. zerstört wurde, hat er eine große Blüte erlebt. Im Hafen von Zakros wurden die Rohmaterialien aus dem Nahen Osten an Land gebracht (Gold, Elfenbein, Edel- und Halbedelsteine).

Diese wurden dann in den Palastwerkstätten verarbeitet und die Endprodukte den Märkten im In- und Ausland zugeführt.

Der Palast von Zakros besitzt eine Grundfläche von 8.000 qm und enthielt mehr als 300 Räume. Unter dem Ostflügel sind Baureste aus der Altpalastzeit gefunden worden. Nordöstlich des Palastes breitete sich die zugehörige Siedlung aus, deren zwei- bis dreistöckige, geräumige Häuser theaterartig an den Hängen der umliegenden Hügel errichtet waren. Sie bildeten große Wohnblöcke, die von gepflasterten Straßen umgeben waren.

In nahezu allen sind Vorrichtungen für die Verarbeitung der Grundnahrungsmittel, wie Mehl, Olivenöl und Wein, gefunden worden.

Rundgang durch den Palast von Zakros

Man betritt den Palast heute an der Nordostseite, wo die gepflasterte, vom Hafen kommende Straße endete. Links der Straße befanden sich Werkstätten, darunter eine Kupferschmelze mit Schmelztiegel und Luftzufuhrrohren. Wir passieren das Nordosttor, das einstige Haupttor des Palastes, und betreten den Nordosthof. Von hier leitet ein Korridor zum Zentralhof über, auf dem man die quadratische Basis eines Altars sieht. Um den Zentralhof waren die vier Flügel des Palastes gruppiert, die unterschiedliche Funktionen erfüllten.

Zu den Kulträumen im Westflügel zählte die Kulthalle, die direkt vom Zentralhof zugänglich war. Diese Pfeilerhalle besaß im Westen eine Türwand und einen gepflasterten Lichthof.

Der Boden war geschmückt, und die Wände waren mit Wandmalereien bedeckt. Hier sind zahlreiche Kultobjekte ans Licht gekommen, unter ihnen zwei Rhyta aus Chlorit (einem besonders harten Stein), das eine in Gestalt eines Stierkopfes und das andere mit der Darstellung eines Gipfelheiligtums.

Die Halle war durch drei Türen mit dem Festsaal verbunden, der ebenfalls einen geschmückten Fußboden besaß; die Wände waren mit Relieffresken dekoriert. Hier sind zahlreiche Tongefäße gefunden worden. Westlich des Festsaales befand sich eine Werkstatt mit Magazin, während sich westlich an die Kulthalle die 11 Räume des Heiligtums anschlossen.

Rhyton aus Bergkristall mit Henkel aus Kristallperlen. Iraklion, Archäologisches Museum.

Derjenige in der Mitte des Flügels war das Zentralheiligtum, in dem Rhyta und andere Kultobjekte gefunden worden sind. Neben der Ostseite des Heiligtums befand sich ein Kultisches Reinigungsbecken, in dem eine Amphora aus geädertem Marmor mit S-förmigen Henkeln gefunden worden ist.

Westlich des Heiligtums befand sich das Palastarchiv mit verputzten Ziegelnischen, in denen mit Linear A-Schrift beschriebene Tontäfelchen ans Licht gekommen sind.

An das Archiv schloss sich im Osten die unversehrte Kultische Schatzkammer mit großen verputzten Ziegeltruhen an, in denen noch eine Fülle von aus Elfenbein, Fayence und Bronze gearbeiteten Kultobjekten lag. Südlich der Schatzkammer gab es eine Steinwerkstatt und ein Magazin mit 15 Pithoi. Im nordwestlichen Abschnitt des Westflügels gab es weitere Magazine. An die westliche Seite des Westflügels ist später eine Reihe von Werkstatträumen, vielleicht Färbereien, angebaut worden.

Der Ostflügel nahm die königlichen Gemächer und die Verwaltungsräume auf. Hier befanden sich der Raum der Königin und das Megaron des Königs, der größte Raum des Palastes.

Vom Zentralhof leitete eine Türwand zu einem quadratischen Saal über, dem sogenannten Bassinbezirk, in dessen Mitte sich ein rundes Kultbecken befindet, das offenbar von einer runden Säulenstellung umstanden war. Über acht Stufen stieg man in das Becken hinab. Südlich dieses Bereichs gab es zwei weitere Brunnen.

Im Südflügel befanden sich die Werkstätten des Palastes, in denen wahrscheinlich aus den lokalen Kräutern und aromatischen Pflanzen Duftstoffe hergestellt wurden.

In der Werkstatt in der Südwestecke wurden anscheinend Objekte aus Elfenbein, Fayence und Bergkristall hergestellt. In einem runden Brunnen im Nordosten des Südflügels ist ein Gefäß mit ausgezeichnet erhaltenen Oliven gefunden worden, wahrscheinlich ein Opfer an eine chthonische Gottheit.

Der Nordflügel enthielt Räume für das Gesinde, Magazine, ein Bad und einen großen Saal mit zahlreichen Kochgefäßen, dessen Decke von sechs hölzernen Säulen getragen wurde.

Es handelte sich offenbar um die Küche, die den Bankettsaal im Obergeschoss bediente, zu dem eine große Treppe hinaufführte.

Blick auf den Palast von Zakros.

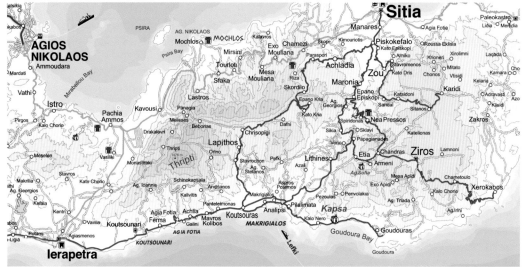

5. RUNDFAHRT

Sitia-Piskokephalo-Praisos-Kloster Kapsa
Makrygialos-Kouphonissi-Koutsouras-Agia Photia-Ierapetra

Auf dieser Fahrt werden wir das Gebiet südlich von Sitia bis zum Libyschen Meer kennenlernen und verlassen die Stadt auf der Straße, die nach Lithines führt. Im Dorf Manares ist eine minoische Villa der Neupalastzeit entdeckt worden.

Wir fahren weiter nach Süden und erreichen nach 3 km Piskokephalo auf der Anhöhe Kephali.

In der Ortschaft, zur Zeit der Venezianer das Lehen der Familie Kornaros, sind das Haus und die Wassermühle der Familie restauriert worden. Im September, wenn der traditionelle kretische Trester (Raki, Tsikoudia) gebrannt wird, wird hier das große »Kazanemata«-Volksfest gefeiert.

In der Umgebung sind bei Ausgrabungen bedeutende Funde ans Licht gekommen, darunter Statuetten von Adorantinnen und Adoranten, die auf die Existenz

Sitia.

eines wichtigen Heiligtums hindeuten. Eine Abzweigung nach links führt zum Dorf Zou, das für seine Quellen bekannt ist, die die Stadt Sitia mit Trinkwasser versorgen.

Außerhalb des Dorfes ist ein minoisches Landhaus mit zahlreichen Räumen sowie einem Töpferofen, einem gebauten Herd u. a. gefunden worden. Es ist nur eine für einen kurzen Zeitraum zwischen der mittel- und spätminoischen Zeit bewohnt gewesen.

Von Zou führt die Straße zu den kleinen Dörfern Stavromeno, Sandali, Sitano, Karydi u. a.

Wir kehren nach Piskokephalo zurück und nehmen die Abzweigung nach rechts, die nach Westen zum Dorf Achladia führt.

Vor dem Dorf führt eine Staubstraße nach links zur Stelle Riza, wo ein mittelminoisches Landhaus mit 12 Räumen ausgegraben worden ist, und zur Stelle Platyskinos, wo sich ein kunstvoll angelegtes spätminoisches Kuppelgrab mit einer runden Grabkammer und einer Tür befindet, durch die der Verstorbene mit der Welt der Lebenden kommunizieren sollte.

Von Achladia führt die Straße nach Westen und Süden, berührt die Dörfer Skordilo, Chryssopigi, das malerische Lapithos mit seinem alten Brunnen, Stavrochori und Tsikalaria und erreicht Koutsouras.

Wir kehren zur Hauptstraße zurück. Hinter Piskokephalo liegen das malerische, theaterartig an einem mit Olivenbäumen bewachsenen Hügel errichtete Dorf Maronia und Epano Episkopi, das im 16. Jh. Sitz des lateinischen Bischofs von Sitia war. Hier gabelt sich die Straße.

Die Abzweigung nach rechts führt in Richtung Süden nach Lithines, einem großen und wohlhabenden Dorf, und von dort weiter nach Ierapetra. Wir folgen der linken Abzweigung in Richtung Südosten nach Ziro.

Wir durchfahren ein fruchtbares Tal und erreichen nach 5 km Nea Praisos. 2 km weit entfernt befinden sich die Ruinen der gleichnamigen antiken Stadt, die nach Herodot die Hauptstadt der Eteokreter war.

Als Eteokreter werden in den homerischen Epen die einheimischen Kreter bezeichnet, die nach der Einwanderung der dorischen Stämme für die Bewahrung ihrer Identität und ihres kulturellen Erbes kämpften.

Praisos

Praisos wurde von den Eteokretern gegründet, als Dorer um 1100 v. Chr. nach Kreta kamen. Sie fürchteten die neuen Siedler, verließen ihre Küstenstädte und zogen sich ins Hinterland zurück. Praisos war zwischen drei Hügeln errichtet, die die Akropolen der Stadt bildeten.

Es war durch eine starke Umfassungsmauer geschützt.

Die Stadt blühte und wuchs, befand sich aber in beständigem Konflikt mit den Einwohnern von Hierapytna, die die Stadt schließlich im Jahre 145 v. Chr. eroberten und zerstörten.

Die Überlebenden wurden in das Gebiet der Stadt Sitia umgesiedelt.

Bei den Ausgrabungen sind auf der höchsten Akropolis Mauern aus archaischer und hellenistischer Zeit, Zisternen und Säulenfragmente gefunden worden.

Außerdem sind ein hellenistisches Kammergrab und am Fuß des Hügels ein hellenistisches Gebäude (Herrschersitz oder Verwaltungsgebäude) entdeckt worden.

Auf der zweiten Akropolis sieht man Felsabarbeitungen für die Errichtung von Häusern. Die dritte Akropolis war nicht in die Umfassungsmauer einbezogen. Hier sind ein Altar des 8.-7. Jhs. v. Chr., Schilde, Helme, Panzer, Beinschienen, Ton- und Bronzestatuetten und drei eteokretische Inschriften aus dem 6., 5. und 4. Jh. v. Chr. gefunden worden, die noch nicht entziffert worden sind.

Von Nea Praisos führt die Straße in Richtung Süden nach Chandra mit einem alten Brunnen und einem kleinen Volkskundlichen Museum.

Außerhalb des Dorfes sieht man die Überreste des mittelalterlichen Dorfes Vila mit einem venezianischen Turm. Von Chandra erreichen wir nach 1,5 km Armeni mit seinen alten Windmühlen.

Weiter nordwestlich befindet sich das verlassene Dorf Etia, in dem die Villa der venezianischen Familie des Pietro De Mezzo teilweise wiederhergestellt worden

Kloster Kapsa

Das Gründungsdatum ist unbekannt. Der Boden der höhlenartigen Klosterkirche ist mit Mosaiken aus Meereskieseln geschmückt, die religiöse Symbole und dekorative Motive darstellen.

Die Kirche ist Johannes dem Täufer geweiht, der am 29. August mit einem großen Fest geehrt wird.

ist. Die ursprünglich dreistöckige, im 15. Jh. errichtete Villa, von der nur das Untergeschoss und ein kleiner Teil des ersten Stockwerks erhalten sind, ist eines der repräsentativsten Beispiele der venezianischen Architektur auf Kreta. Nach Chandra zurückgekehrt, durchqueren wir die gleichnamige fruchtbare Hochebene mit den malerischen Windmühlen und erreichen das Dorf Ziro, das für seine Schmiedewerkstätten bekannt ist, in denen die bronzenen Tierglöckchen hergestellt werden.

Die Kirchen der Agia Paraskevi, der Agia Irini und des Agios Georgios sind mit byzantinischen Fresken geschmückt.

Das Dorf ist mit seinen Treppenwegen theaterartig an einem Hang über der gleichnamigen Ebene errichtet. Hinter Ziro durchqueren wir die einsame Lamnoni-Hochebene und fahren zum malerischen Fischerdorf Xerokambos mit seinem silbernen Sandstrand, auf dem Seelilien wachsen, und dem seichten blauen Wasser hinunter.

Dem Dorf gegenüber liegen die kahlen Kavali-Inseln. In der Umgebung sind die Überreste einer hellenistischen Stadt entdeckt worden, bei der es sich wahrscheinlich um das antike Ambelos gehandelt hat.

Wir kehren zur Hauptstraße Sitia-Lithines zurück. Hinter Lithines, einer Gründung einer byzantinischen Adelsfamilie aus dem 10. Jh., hat man zum ersten Mal einen freien Blick auf das Libysche Meer.

Nach Pilalimata führt eine Abzweigung nach links durch ein einsames, felsiges Gebiet zum Dorf Kalo Nero und weiter zum Kloster Kapsa, das neben dem Ausgang der Pervolaki-Schlucht an einem kahlen steilen Felshang über dem Meer errichtet ist.

Links: Das Kloster Kapsa.

Unten: Die minoische und römische Villa von Makrygialos.

Wir kehren zur Hauptstraße zurück und besuchen die Küstendörfer Analipsi und Makrygialos mit seinem kleinen Hafen und dem langen Strand am Rand einer offenen Bucht. In der Nähe von Makrygialos sind eine minoische und eine römische Villa entdeckt worden.

Die minoische Villa an der Stelle Plakakia westlich des Dorfes in Küstennähe stammt aus der Zeit um 1480-1425 v. Chr. und hat möglicherweise einen kleinen Hafen besessen.

Es handelte sich wahrscheinlich um die Villa eines lokalen Fürsten. Der Komplex, der Höfe, zahlreiche Räume mit Steinfußböden und dicke Außenmauern besitzt, ist durch Feuer zerstört worden.

Die römische Villa liegt an der Stelle Katovigli neben der Kirche der Entschlafung Mariä; sie wird ins 1.-3. Jh. n. Chr. datiert und war Teil einer römischen Siedlung.

Ihre 37 Räume sind um einen offenen Hof gruppiert. Neben zahlreichen Bedienungs-räumen verfügte sie auch über eine

Bäderanlage mit Fußbodenheizung und einem hufeisenförmigen Becken, in das Marmorstufen hinunterführten.

Von Makrygialos fahren während der Sommermonate Boote zur Insel Leuke oder Kouphonissi gegenüber von Goudouras, die schöne Sandstrände besitzt. Sie legen am Vormittag ab und kehren am Nachmittag zurück.

Kouphonissi oder Leuke

Die antike Insel Leuke, der Zankapfel zwischen Hierapytna und Itanos, wird zum ersten Mal von Plinius erwähnt. Sie blühte in historischer Zeit und war ein bedeutendes Zentrum der Fischerei und der Produktion des Purpurfarbstoffes, der aus einer Meeresschnecke gewonnen und für das Färben von Luxusgewändern benötigt wurde.

Große Mengen von in der minoischen Siedlung gefundenen zerbrochenen Schneckenhäusern zeigen, dass dieses Handwerk hier bereits in minoischer Zeit ausgeübt worden ist. Die Siedlung ist von der frühminoischen bis zur früh-christlichen Zeit ohne Unterbrechung bewohnt gewesen und erst im 4. Jh. n. Chr. verlassen worden.

Bei den Ausgrabungen sind Wohnhäuser aus minoischer und historischer Zeit, Nekropolen mit Kuppelgräbern und eine prähistorische Befestigungsanlage ans Licht gekommen. Zu den Überresten der Siedlung der historischen Zeit zählen die Grundmauern eines großen Gebäudes mit 8 Räumen, einem prächtigen Propylon, einer Küche, einer Werkstatt für die Purpurgewinnung und Fremdenzimmern. Zwei Räume besitzen zweifarbige Fußbodenmosaiken mit geometrischen Motiven. Außer einem weiteren luxuriösen Haus ist eine öffent-liche Thermenanlage ans Licht gekommen, die vom 1. bis zum 4. Jh. n. Chr.

betrieben worden ist. Auf einer niedrigen Anhöhe im Süden der Insel sind die Grundmauern eines Tempels einer unbekannten Gottheit und neben ihm zwei Fragmente einer über 2,5 m hohen sitzenden Götterstatue gefunden worden. Architekturglieder des Tempels und Bruchstücke der Statue sind in jüngerer Zeit für die Errichtung eines heute halb zerstörten Leuchtturms verwendet worden. Nordwestlich der Siedlung sind die Überreste des am weitesten südlich gelegenen antiken Theaters Europas mit Bühnengebäude und fast halbkreisförmiger, mit Platten belegter Orchestra gefunden worden, dessen 12 steinerne Sitzreihen rund 1.000 Zuschauer aufnehmen konnten.

Erhalten sind ein Teil des Zuschauerraums, der Sitze und der Bühne. Das Theater ist anscheinend im 4. Jh. n. Chr. von fanatischen Christen zerstört worden. Der Trinkwasserversorgung der Bewohner dienten riesige überwölbte Zisternen, die durch Leitungen mit dem Wasser der nördlich des Tempels entspringenden Quellen gefüllt wurden.

Von Makrygialos führt die Straße nach Westen nach Ierapetra (siehe folgende Rundfahrt). Wir passieren die Küstendörfer Koutsouras, das einen mit Tamarisken bewachsenen Kieselstrand besitzt, Agia Photia, dessen grauer Sandstrand zum Baden einlädt, Achlia, das ebenfalls einen schönen Sandstrand und 1 km außerhalb einen Kiefernwald besitzt, Pherma und Koutsounari, wo sich ein Hotel mit traditionell eingerichteten Zimmern befindet, und gelangen nach 23 km nach Ierapetra, der einzigen Stadt Kretas am Libyschen Meer.

Links: Makrygialos.

Rechts: Kouphonissi.

6. RUNDFAHRT

Ierapetra-Myrtos-Vassiliki
Agios Nikolaos

Auf dieser letzten Rundfahrt in den Regierungsbezirk Lassithi werden wir Ierapetra und das Gebiet westlich der Stadt kennenlernen. Auf der Fahrt nach Agios Nikolaos machen wir bei der Ausgrabung von Vassiliki Station.

IERAPETRA

Ierapetra ist die südlichste Stadt Griechenlands. Dank ihres angenehmen Klimas fällt die Temperatur im Winter fast nie unter 12° C.

Ierapetra besitzt einen wichtigen Handelshafen und ist dank des umfangreichen Treibhausanbaus von Frühgemüse eine der reichsten Städte Kretas.

Kurze Geschichte der Stadt Ierapetra

Ierapetra liegt in der Nähe der blühenden antiken Stadt Hierapytna. Obwohl bisher noch keine umfangreichen Ausgrabungen durchgeführt worden sind, ist bekannt, dass die Stadt im 2. Jh. v. Chr. ihre größte Blüte erlebt hat. Sie entwickelte sich zu einer bedeutenden Hafenstadt, die Kontakte zu den Häfen in Nordafrika, Sizilien und im östlichen Mittelmeer unterhielt, und war in hellenistischer Zeit eine der mächtigsten Städte Kretas. Als autonome Stadt prägte sie eigene Münzen, auf denen ein Dreifuß und ein Kranz bzw. der Kopf des Zeus und eine Palme dargestellt sind.

Hierapytna lag in ständigem Streit mit seinen Nachbarn Itanos, Praisos und Lato. Im Jahre 145 v. Chr. zerstörten die Hierapytnier Praisos, dehnten ihr Herrschaftsgebiet bis dorthin aus und besaßen nun eine gemeinsame Grenze mit Itanos.

Die Streitigkeiten mit Itanos um die Kontrolle über das Heiligtum des Diktäischen Zeus in Palekastro und die Insel Leuke setzten sich fort. Im Jahre 66 v. Chr. wurde Hierapytna nach heftigem Widerstand von den Römern eingenommen. Während der Zeit der Römerherrschaft erlebte die Stadt ihre höchste Blüte. Sie wuchs und schmückte sich mit einem Theater, Tempeln und Bäderanlagen und errichtete einen Aquädukt. Im Jahre 834 wurde sie von den Arabern zerstört, jedoch anscheinend in der zweiten byzantinischen Periode wieder aufgebaut.

In venezianischer Zeit wurde der Hafen mit dem »Castel Gerapetra« befestigt, und mit dem Namen Ierapetra wurde die Stadt zur Hauptstadt des Gebiets. Das auch »Kales« genannte Kastell ist rechteckig und besitzt vier Türme sowie im Innenhof eine Zisterne.

Es wurde 1626 von Francesco Morosini restauriert, der es mit großen Kanonen und 180 Geschützen ausstattete. 1647 übergab der Gouverneur die Stadt den Türken, die sie bis 1870 zur Hauptstadt Ostkretas machten. Der Überlieferung zufolge hatte Napoleon mit der französischen Flotte auf der Fahrt nach Ägypten im Hafen von Ierapetra Station gemacht und in einem heute restaurierten Haus der Stadt übernachtet.

Rechts:
Das Kastell von
Ierapetra.

156

Rundgang durch die Stadt

Die heutige Stadt Ierapetra ist beiderseits einer kleinen Landzunge entlang der Küste errichtet. Auf der Ostspitze des alten Hafens erhebt sich das venezianische Kastell, in dem im Sommer kulturelle Veranstaltungen stattfinden.

Links des Kastells befindet sich der städtische Strand mit seinem groben grauen Sand.

Hinter dem alten Hafen führen enge Gassen ins Innere der Altstadt Kato Mera, in der noch einige Kirchen aus venezianischer Zeit erhalten sind (Panagia tou Kale, Verklärung Christi, Agios Nikolaos und Agios Georgios).

Aus der Türkenzeit stammen eine Moschee und der gegenüber liegende Brunnen.

Eine von Tamarisken begleitete Straße führt am Strand entlang.

Hinter dem städtischen Strand findet man an der Stratigou-Samouil-Straße, die am Platz der Heroen mit dem Rathaus endet, zahlreiche Tavernen und Cafes.

Ein altes Gebäude gegenüber dem Rathaus beherbergt die Archäologische Sammlung von Ierapetra. Ausgestellt sind Objekte aus prähistorischer bis römischer Zeit, die bei den Ausgrabungen in der weiteren Umgebung von Ierapetra ans Licht gekommen sind, darunter ein Tonsarkophag aus dem 14. Jh. v. Chr. aus Episkopi und eine 1,50 m hohe Marmorstatue der Demeter aus dem 2. Jh. v. Chr., die in Ierapetra gefunden worden ist.

Am Platz der Heroen beginnt eine weitere Küstenstraße, die von Tamarisken gesäumte Markopoulou-Straße mit ihren Tavernen, Cafes und Restaurants.

8 Seemeilen südlich von Ierapetra befindet sich ein kleines Paradies auf Erden: die Insel Chryssi oder Gaidouronissi, das antike Chrysea.

Das venezianische Kastell.

Der städtische Strand.

Die Moschee.

Chryssi

Die kleine, 1,5 km breite und 5,5 km lange Insel besteht aus flachen Sandhügeln, die mit einer Zedernart bewachsen sind, die mit der Libanonzeder verwandt ist. Zur Pflanzenwelt von Chryssi zählen Buschzypressen, Thymian, weiße Seelilien, die im Frühling blühen, und eine einzigartige Pflanze, die nur auf den Inseln Chryssi und Kouphonissi wächst: das »Colchicum Coustourieri«.

Die goldenen Sandstrände der Insel werden vom blaugrünen Meer bespült und erinnern an tropische Urlaubsziele.

In der Antike wurde auf Chryssi wie auf Kouphonissi Purpurfarbstoff gewonnen. Es sind einige architektonische Überreste und römische Gräber sowie eine Kapelle des Agios Nikolaos aus dem 13. Jh. erhalten. Während der Sommermonate fahren täglich Boote zur Insel hinüber, die morgens ablegen und am Nachmittag zurückkehren.

Wir verlassen Ierapetra und wenden uns vor der Rückkehr nach Agios Nikolaos nach Westen. Die Straße berührt zunächst den Küstenort Gra Lygia mit seinem schönen Sandstrand.

Nördlich des Dorfes ist der künstliche See »ton Bramianon« angelegt worden, der sich zu einem wichtigen Biotop entwickelt hat, wo jedes Jahr tausende Zugvögel rasten.

Auf das Dorf Stomio folgen Nea Anatoli, Ammoudares, Neos Myrtos und schließlich Myrtos, ein theaterartig errichtetes Fischerdorf, das neben dem Fluss Kryopotamos in eine reizvolle Landschaft eingebettet liegt.

Am Strand mit den feinen Kieseln und dem grauen Sand gibt es einige Hotels und Tavernen.

Der künstliche See »ton Bramianon«.

Myrtos.

Minoische Siedlung Myrtos

13 km hinter Ierapetra sind vor dem Dorf Myrtos zwei minoische Siedlungen ausgegraben worden. Die erste war auf dem flachen Phournou-Korphi-Hügel errichtet, zu dem eine Staubstraße führt, die nach rechts von der Hauptstraße abzweigt.

Die Siedlung stammt aus der Phase Frühminoisch

II. Die von einer Mauer umschlossene Siedlung bestand aus sechs Hauskomplexen mit etwa 90 Räumen.

Wie die Funde gezeigt haben, war das Handwerk in dieser Siedlung hoch entwickelt. Die Bewohner beschäftigten sich mit der Landwirtschaft, der Töpferei und der Weberei.

In einem offenbar als Heiligtum genutzten Raum ist die Tonfigur der sogenannten »Göttin von Myrtos« aus der Phase Frühminoisch II ans Licht gekommen.

Die zweite minoische Siedlung war ebenfalls auf einem Hügel errichtet, und zwar 1,5 km von der gerade besuchten entfernt an der Stelle »Pyrgos« und überblickte das Libysche Meer und die Umgebung.

Zur Kuppe führt ein schwer erkennbarer Fußpfad hinauf, der vor dem Ortseingang von Myrtos rechts der Straße beginnt. Die in frühminoischer Zeit gegründete Siedlung scheint um 2200 v. Chr. durch Feuer zerstört worden zu sein.

In spätminoischer Zeit wurde hier eine neue Siedlung angelegt. Auf der Kuppe erhob sich um 1600 v. Chr. eine herrschaftliche Villa, von der die Ruinen des Erdgeschosses erhalten geblieben sind.

Von Myrtos steigt die Straße nach Norden nach Mournies an und wendet sich dann nach Westen nach Pefko.

Wir kehren von Myrtos nach Ierapetra zurück und folgen der Hauptstraße, die die Landenge von Ierapetra nach Norden durchschneidet. Nach 12 km führt eine Abzweigung nach links nach Vassiliki.

Außerhalb des Dorfes sind an der Stelle Kephali die Überreste einer bedeutenden vorpalastzeitlichen Siedlung ausgegraben worden, die in der Phase Frühminoisch II gegründet worden ist.

Siedlung Vassiliki

Die am Hang und auf der Kuppe eines flachen Hügels gelegene minoische Siedlung ist eine der ersten, die eine gewisse Planung erkennen lässt. Das zentrale Gebäude ist anscheinend um 2300 v. Chr. zerstört worden, doch ist der Hügel noch bis in römische Zeit bewohnt gewesen.

Auf der Anhöhe sind minoische Häuser ausgegraben worden, darunter das aus mittelminoischer Zeit stammende Haus A und das sogenannte »Hügelhaus« oder »rote Haus« aus der Vorpalastzeit.

Es wird angenommen, dass dieses von kleineren, nachlässiger gebauten Häusern umgebene Gebäude vom Fürsten dieses Gebiets bewohnt worden ist. Es gilt als Vorläufer der großartigen Palastbauten, die in der Alt- und der Neupalastzeit auf Kreta errichtet worden sind. Es besaß zwei Flügel sowie einen gepflasterten Westhof mit Lichthof, Werkstätten und langen, schmalen Räumen, von denen einige als Magazine und andere als Wohnräume gedient haben.

Oben: Myrtos.

Rechts: Ansichten der prähistorischen Siedlung von Vassiliki.

Die mit rot gefärbtem Putz verkleideten Wände sind bis zu einer Höhe von 1,50 m erhalten.

Die Mauern des Erdgeschosses bestehen aus kleinen Steinen, deren Zwischenräume mit einer Mischung aus Lehm und Stroh ausgefüllt sind; diejenigen des Obergeschosses waren mit großen luftgetrockneten Lehmziegeln errichtet.

Bei den Ausgrabungen in Vassiliki sind Tongefäße der Phase Frühminoisch II gefunden worden, die aufgrund ihrer charakteristischen Form als »Vassiliki-Keramik« bezeichnet werden; sie sind in den Archäologischen Museen von Iraklion und Agios Nikolaos ausgestellt.

Wir kehren zur Hauptstraße zurück, fahren nach Norden und erreichen nach 4 km bei Pachia Ammos die Nordküste. Von hier aus folgen wir der Straße nach Agios Nikolaos, wo unsere Rundfahrten durch den Regierungsbezirk Lassithi enden.

Regierungsbezirk Rethymnon

Der zwischen den Regierungsbezirken Chania und Iraklion gelegene Regierungsbezirk Rethymnon besteht aus den Bezirken Rethymnon, Agios Vassilios, Amari und Mylopotamos. Die Landschaft ist großenteils gebirgig und wird vom Psiloritis- oder Ida-Gebirge im Osten des Regierungsbezirks geprägt (Höhe 2.456 m), das etwa 1/5 seiner Fläche einnimmt. Südwestlich des Psiloritis erhebt sich der 1.777 m hohe Berg Kedros, im Nordosten das 1.083 m hohe Talea- oder Kouloukonas-Gebirge und im Südwesten die Weißen Berge mit dem 1.312 m hohen Gipfel Kryoneritis. Zwischen diesen Gipfeln bilden sich spektakuläre Schluchten und öffnen sich große Höhlen. Die wenigen ebenen Gebiete finden sich vor allem an der Nordküste. Die wichtigste, das fruchtbare Tal von Amari, liegt allerdings zwischen dem Psiloritis und dem Berg Kedros. Aufgrund

RETHIMNO

LIANOS CAVOS BEACH
GEROPOTAMOS BEACH
PLATANIAS BEACH
ADELIANOS KABOS BEACH
GERANI BEACH
PETRES BEACH
ALMIRIDA BEACH
LIVES BEACH
KASTELO BEACH
RODAKINO BEACH
DAMNONI BEACH
PREVELI BEACH
TRIOPETRA BEACH
AGIOS PAVLOS BEACH

Almiro's Bay
Plakias Bay

Drapano, Plaka, Kokino Chorio, Kambia, Aspro, Drapanos, Palelonio, Gavalochori, Vamos, Xirosterni, Kefalas, Litsarda, Soun, Ilkotinarea, Kalamitsi - Amigdali, Vrises, Maza, Fones, Alikabos, Asprouliani, Dramia, Mathes, Mouri, Kavallos, Episkopi, Koufi, Archontiki, Kourna, Patima, Agios Konstantinos, Kato Poros, Zouridi, Kaloniktis, Palelimnos, Roustika, Asi Gonia, Maroulou, Argiroupoli, LAPA, Mountros, Arolithi, Velonado, Roubado, Miriokefala, Kallikratis, Asfendros, Alones, Kali Sikia, Kanevos, Katsogrida, Ag. Ioannis, Agouseliana, Nomikiana, Ratsianos, Kapsodasos, Skaloti, Argoules, Ano Rodakino, Kato Rodakino, APOLONIA, Sellia, Mirthios, Mariou, Asomatos, Frati, Plakias, Lefkogia, Gianniou, Preveli, Kerames, Agolianos, Pirgos, Ag. Paraskevi, Drimiskos, Vatos, Ardaktos, Vrises, Akoumia, Platanes, Kria Vrisi, Nea Kria Vrisi, Kato Saktouria, Saktouria, Melabes, Triopetra, Ag. Pavlos, Ag. Georgios

Georgioupoli, Gerani, Astipopaula, Veden, Prines, Gallos, Anogia, Agia Irini, Mili, Xiro Chorio, Somatas, Roussospiti, Gonia, Ag. Andreas, Kastellos, Kapediana, Prases, Armeni, Brissinas 858m, Kare, Oros, Mirthios, Charkia, Kavousi, Ag. Georgios, Seli, Potamoi, Ano Malaki, Kato Malaki, Koumi, Fotinos, Abelaki, Geni, Voleones, Pantanassa, Agii Apostoli, Thronos, Kalogero, Gena, Agia Fotini, Asomaton, Meronas, Amari, Patsos, Karines, Mesonisia, Opsigias, Elenes, Gerakari, Kardaki, Labic, Vrises, Petroc, Drigies, Ano Meros, Kedros 1777 m., Chordal, Spili, Dariviana, Koxare, Ag. Pelagia, Mourne, Aktounta, Kissos, Kissou Kabos, Orn

Stavromenos, Prinos, Ag. Nikolaos, Aggeli, Latzima, Viranepiskopi, Erfi, Alfa, Pikrisi, Skouloufia, Roupes, Laga, Marga, Eleftherna, Amnatos, Adele, Pigi, Loutra, Maroulas, Ag. Triada, Mesi, Kapsalisna, Arsaniou, Arkadiou, SIVRITOS, Mathes, Kali Sikia, Ag. Ioannis, Mirokefala, Kavallos, Kalloniktis, Paleoloutra, Ag. Vasilios, Atsipades, Roubado

PANO
PAXIMADIA ISLAND

A

der gebirgigen Landschaft beschäftigt sich die Bevölkerung vor allem mit der Tierhaltung. Wichtige Agrarprodukte sind Olivenöl, Oliven, Gemüse und Johannisbrot.

Die malerische Hauptstadt Rethymnon liegt auf einer kleinen Landzunge an der Nordküste der Insel.

Der Regierungsbezirk Rethymnon besitzt relativ wenige archäologische Sehenswürdigkeiten, doch haben die in den letzten Jahren durchgeführten Ausgrabungen wichtige Nekropolen (Armeni) und Siedlungen (Eleftherna) ans Licht gebracht. Er verfügt jedoch über eine spektakuläre Landschaft, herrliche Strände im Norden (Episkopi, Bali, Panormos) und im Süden (Rodakino, Preveli, Plakias, Damnoni, Triopetra, Agios Pavlos) sowie berühmte Höhlen (Idäische Grotte) und historische Klöster (Arkadi, Preveli).

KURZE GESCHICHTE DER STADT RETHYMNON

Die Umgebung von Rethymnon war bereits in neolithischer Zeit bewohnt, wie die auf dem Fortezza-Hügel gefundenen Gefäßscherben zeigen.

Ein Felsgrab mit Beigaben aus der Phase Spätminoisch III im Vorort Mastambas südlich von Rethymnon beweist, dass das Gebiet auch in dieser Zeit bewohnt war.

Mit großer Wahrscheinlichkeit hat sich an der Stelle der Stadt Rethymnon das antike Rithymna befunden, das durch Münzen aus dem 4. und 3. Jh. v. Chr., durch Inschriften und durch Erwähnungen späterer Schriftsteller aus dem 1.-4. Jh. n. Chr., wie Plinius (1. Jh. n. Chr.) und Claudius Ptolemaios (2. Jh. n. Chr.), bekannt ist, die Rithymna zwischen Panormos und Georgioupolis lokalisieren.

Der Name Paleokastro, den die Venezianer dem Fortezza-Hügel gegeben haben, beweist, dass sich dort bereits vor der Errichtung des venezianischen Kastells eine Befestigungsanlage befunden hat.

Über die Stadt der römischen sowie der ersten und der zweiten byzantinischen Periode wissen wir nur sehr wenig. Baureste aus römischer Zeit sind beim Zoll, am Kouloumbasi-Platz und südlich des Stadtgartens gefunden worden.

Nach 1204 erhielt die »castrum Rethemi« genannte Stadt eine Befestigungsanlage, die später von den Venezianern »Castel Vecchio« genannt wurde. Im Jahre 1570 war die Errichtung der neuen, von Michele Sanmicheli entworfenen Befestigung abgeschlossen, der es allerdings nicht gelang, die Stadt vor dem algerischen Piraten Uluç Ali zu schützen, der sie plünderte und schwere Zerstörungen anrichtete.

Aus diesem Grund wurde die Errichtung der Fortezza auf dem Paleokastro-Hügel beschlossen, in der die venezianische Verwaltung, die Führungsspitzen des Militärs und der lateinische Bischof residierten. Bei drohender Gefahr bot sie den Einwohnern der Stadt Zuflucht.

Nach einer 23 Tage dauernden Belagerung fiel die Stadt im November 1645 den Türken in die Hände.

Die Plünderungen und Meuchelmorde zwangen einen großen Teil der christlichen Bevölkerung dazu, die Stadt zu verlassen, in der sich nun zahlreiche Muselmanen niederließen. 1897 war das letzte Jahr der türkischen Herrschaft auf Kreta.

1898 kamen russische Truppen nach Rethymnon, die 1909 wieder abzogen. Nach der Befreiung der Stadt vom türkischen Joch begannen die Einwohner damit, die öffentlichen und privaten Gebäude wiederherzustellen.

Oben:
Detail des
Rimondi-
Brunnens.

Unten und
rechts: Die
Fortezza.

RUNDGANG DURCH DIE STADT RETHYMNON

Oben:
Der Leuchtturm
am Hafen.

Unten:
Der Rimondi-
Brunnen.

Rethymnon ist eine schöne Hafenstadt. Ihr Wahrzeichen ist das Kastell Fortezza, das die nördliche Spitze der Landzunge einnimmt, auf der die Altstadt errichtet ist, die ihren orientalischen Charakter bis heute bewahrt hat. Östlich der Fortezza befindet sich der kleine venezianische Hafen mit seiner malerischen Mole und den zahlreichen Tavernen und Cafes.

Dahinter führen enge, gewundene Gassen zwischen den alten zwei- und dreistöckigen Häusern mit den schönen Fassaden und prächtigen Toren hindurch.

Die Altstadt wird im Norden und im Westen durch die Umgehungsstraße, die am alten Hafen beginnt und am Iroon-Polytechnion-Platz endet, im Süden von der Dimakopoulou- und der Gerakari-Straße und im Osten von der Eleftherios-Venizelos-Straße begrenzt.

Auf dem kleinen Platanos-Platz, der das Zentrum der venezianischen Stadt markierte, sieht man den prächtigen Rimondi-Brunnen.

Das Wasser fließt durch drei von vier korinthischen Halbsäulen flankierte Löwenkopfwasserspeier in drei Becken.

Der Brunnen ist nach Alvise Rimondi benannt, der im Jahr 1626, in dem der Brunnen errichtet worden ist, Gouverneur der Stadt war. Weiter östlich ist an der Kreuzung der Paleologou- und der Arkadiou-Straße die Loggia erhalten, in der sich die venezianischen Adligen trafen.

Heute beherbergt das im 16. Jh. errichtete, von Michele Sanmicheli entwor-

fene Gebäude, das an drei Seiten mit Arkaden geschmückt ist, das Ausstellungs- und Verkaufsbüro des Kulturministeriums.

An der Arkadiou-Straße, die die Altstadt in Ostwestrichtung durchzieht, sieht man venezianische Häuser mit reich geschmückten Türrahmen und Häuser mit hölzernen Erkern.

In Höhe der Agias-Varvaras-Straße erhebt sich an einem Platz die Bischofskirche des Tempelgangs Mariä oder Megali Panagia.

Im Innern der 1834 errichteten Kirche sieht man eine großartige geschnitzte Ikonostase. Der Glockenturm neben der Kirche ist 1889 erbaut worden. In der Nähe der Kirche befindet sich die Bischofsresidenz.

An der Stelle, an der die Arkadiou-Straße auf die Victor-Hugo-Straße trifft, liegt in einem kleinen Garten die Kara-Moussa-Pascha-Moschee, die ein klassizistisches Portal und im Innern neun Kuppeln besitzt; in ihr ist heute das Amt für Byzantinische Altertümer untergebracht.

Der nahe gelegene Iroon-Platz dient als Busbahnhof. Wenn man der Victor-Hugo-Straße nach Süden folgt, gelangt man zur Gerakari-Straße und zum zentralen Platz der Vier Märtyrer mit der gleichnamigen Kirche. In der Nähe beginnen die Dimitrakaki-Straße, an der der Stadtgarten liegt, eine schattige Oase inmitten der lärmenden modernen Stadt, und die lebhafte Antistaseos-Straße mit ihren zahlreichen kleinen Läden.

Den Anfang der Antistaseos-Straße markiert eines der Tore der ersten Stadtmauer, die von den Venezianern angelegt worden war, das Guora-Tor oder Große Tor, durch das wir wieder in die Altstadt zurückkehren. Es ist nach Giacomo Guora benannt, der in der 2. Hälfte des 16. Jhs. Gouverneur von Rethymnon war. Es ist aus behauenen Steinen errichtet und schließt mit einem Bogen ab.

Die Antistaseos-Straße ist eine der Hauptgeschäftsstraßen der Stadt, in der vor allem Lebensmitteln verkauft werden. Auf dem Weg hinunter zum Hafen passieren wir die Kirche des Agios Frankiskos, eine einschiffige Basilika mit einem eindrucksvollen, mit Halbsäulen geschmückten Portal, die ursprünglich zu einem Franziskanerkloster gehört hat.

An der Vernardou-Straße liegt die Nerantzé-Moschee mit ihrem reich geschmückten Portal, drei Kuppeln und dem eindrucksvollen hohen Minarett, zu dessen Spitze eine Wendeltreppe mit 133 Stufen hinaufführt.

Diese Moschee war ursprünglich eine venezianische Kirche, die der Santa Maria geweiht war und zu einem Augustinerkloster gehörte. Sie dient heute als Konzertsaal, in dem in jedem Sommer die Veranstaltungen des Renaissance-Festivals stattfinden.

Oben:
Das Guora-Tor.

Rechts:
Agios Frankiskos und die Nerantzé-Moschee.

Wir folgen der Vernardou-Straße weiter und erreichen die Nikiphoros-Phokas-Straße, die auch Makry Steno genannt wird und die Hauptstraße der Altstadt bildet. Auch hier sind wieder zahlreiche venezianische Herrenhäuser mit reich geschmückten Portalen zu sehen. Am anschließenden Platz der Herrin der Engel liegt die dreischiffige Kirche der Mikri Panagia aus venezianischer Zeit. Sie gehörte dem Dominikanerorden und war der heiligen Maria Magdalena geweiht.

Wir folgen der Nikiphoros-Phokas-Straße und treffen an deren nördlichem Ende auf die Katechaki-Straße, einen gepflasterten Treppenweg, der zur venezianischen Fortezza-Festung hinaufführt.

Außerhalb des Kastells befindet sich ein fünfeckiges Steingebäude, in dem das Archäologische Museum untergebracht ist.

Wir betreten die Festung durch das Haupttor, über dem ein Relief mit dem Löwen von San Marco angebracht ist. Von hier aus genießt man einen freien Blick über die Stadt Rethymnon bis hin zu den Gipfeln des Psiloritis im Südwesten sowie auf das Kretische Meer.

Oben links:
Die Straße
»Makry Steno«.
Oben rechts:
Portal in der
Altstadt.

Unten:
Der Hafen.

Die Festung von Rethymnon

Die Fortezza genannte Festung ist von den Venezianern zwischen 1573 und 1578 auf dem Paleokastro-Felsen errichtet worden. Die ursprünglichen Pläne stammten von Michele Sanmicheli, die dann in stark modifizierter Form vom Militäringenieur Sforza Pallavicini ausgeführt wurden.

Der vieleckige breite, 1.300 m lange und außen geböschte Mauerring ist mit 4 Bastionen und 3 Vorwerken verstärkt. Das eindrucksvolle Haupttor mit den Schießscharten und dem Ausguck an der Mauerkrone befindet sich an der Ostseite. Im Inneren der Festung befanden sich die zweistöckige Residenz des venezianischen Gouverneurs, das Haus der beiden venezianischen Berater, die Kaserne für die Wache der Festung, die Pulvermagazine und die katholische Kirche des San Nicolo.

Heute sieht man hier die Zisternen, die Pulvermagazine, die von den Russen während ihres Aufenthalts in der Stadt erbaute Kirche der Agii Theodori, die Ruinen des zweistöckigen Hauses der Berater und die ebenfalls verfallene Residenz des Gouverneurs in der Nähe der restaurierten Sultan Ibrahim-Moschee, die von den Türken an der Stelle der Kirche des San Nicolo errichtet worden ist. Innerhalb der Festung ist das Theater »Erophile« angelegt worden, in dem in den Sommermonaten im Rahmen des Renaissance-Festivals Theateraufführungen stattfinden.

Links oben:
Das Haupttor
der Festung.
Links unten:
Die Festung.

Rechts: Blick auf
Rethymnon.

Wir verlassen die Festung und gehen zum malerischen venezianischen Hafen mit seinen alten zwei- und dreistöckigen Häusern hinunter. Er wird durch eine Hafenmole geschützt, auf der sich neben dem Hafeneingang der venezianische Leuchtturm erhebt. Auf dem ruhigen Wasser schaukeln zahlreiche Fischerboote, und viele Tavernen und Cafes laden zum Verweilen ein. Wir können unseren Rundgang auf der Eleftherios-Venizelos-Straße fortsetzen, die auf der einen Seite vom langen Sandstrand der Stadt und auf der anderen von Tavernen und Restaurants begleitet wird.

Archäologisches Museum

Die Exponate des Archäologischen Museums umfassen Statuetten, Tongefäße, Waffen und Werkzeuge der neolithischen Zeit aus der Melidoni- und der Gerani-Höhle.

Das violinförmige Marmoridol (3600-3200 v. Chr.) stammt aus der Gerani-Höhle. Die mit pflanzlichen und geometrischen Motiven bemalten Tonsarkophage stammen vor allem aus der Nekropole von Armeni, wie der mit einer Jagdszene bemalte (1320-1200 v. Chr.).

Außerdem sieht man Schmuck, Tongefäße, Werkzeuge und Waffen aus Bronze, Siegelsteine, Götterstatuetten aus minoischer und spätminoischer Zeit, darunter die Statuette der Göttin mit den erhobenen Armen (1320-1200 v. Chr.) aus Pangalochori, ein Tonmodell eines Heiligtums (1800-1700 v. Chr.) aus Monastiraki, einen Teil eines Marmormodells eines Opfertisches mit einer Linear A-Inschrift aus dem Gipfelheiligtum auf dem Berg Vryssinas (1700-1600 v. Chr.), ein Siebgefäß aus Stavromenos (1500-1450 v. Chr.) u. a.

Weitere Funde aus geometrischer, archaischer, klassischer, hellenistischer und römischer Zeit stammen aus Axos, Eleftherna, Stavromenos und Argyroupoli, darunter Goldschmuck, Tonlämpchen, Glasgefäße, Münzen, Statuetten, Tongefäße, Statuen und Inschriften, der Kopf einer weiblichen Tonstatuette aus Axos (um 530 v. Chr.), ein Teil einer Grabstele aus Marmor aus Eleftherna (2. Hälfte des 6. Jhs. v. Chr.) und die Marmorstatue der Göttin Aphrodite aus Argyroupoli aus dem 1. Jh. n. Chr.

Historisch-Volkskundliches Museum

Im Historisch-Volkskundlichen Museum, das in einem zweistöckigen venezianischen Stadtpalais aus dem 17. Jh. untergebracht ist, sind Objekte der Volkskunst, Webarbeiten, Spitzen, Stickereien, Tongefäße, Holzschnitzereien, lokale Trachten und Schmuckobjekte, alte Fotografien, Urkunden, Münzen, Musikinstrumente und traditionelle Werkzeuge ausgestellt.

Volkskundliche Sammlung Eleni Phrantzeskaki

(Chimarras-Straße)

Die Sammlung enthält Gemälde, Stoffe, Stickereien, Schmuckgegenstände, lokale Trachten, Hausgerät und andere Objekte, die mit der lokalen Tradition zu tun haben.

Das Archäologische Museum vor dem Eingang zur Festung.

Sehenswert sind außerdem die **Städtische Gemäldesammlung** »L. Kanakakis« in einem venezianischen Gebäude in der Chimarras-Straße 5, das **Meeresmuseum** im alten Avaios-Haus in der Altstadt, in dem Schwämme, Weichtiere, zahlreiche Fischarten u. a. ausgestellt sind, und das **Kirchenmuseum** am Mitropoleos-Platz, in dem Zimelien aus den letzten 150 Jahren zu sehen sind.

1. RUNDFAHRT

Rethymnon-Kloster Atalis
Panormos-Bali

Wir beginnen unsere Rundfahrten durch den Regierungsbezirk Rethymnon mit einem Ausflug entlang der Küste östlich der Stadt.

Wir fahren auf der neuen Autobahn Richtung Iraklion. Links dehnt sich der 20 km lange Sandstrand aus, der östlich von Rethymnon beginnt und bis nach Skaleta reicht.

Er umfasst die herrlichen Strände an den Felsenbuchten von Perivolia, Platania, Adelianos Kambos und Kambos Pigis sowie den Kieselstrand von Sphakaki, an denen sich große Luxushotelkomplexe aneinander reihen.

Nach 21 km passieren wir die Bucht von Geropotamos mit seinem Kiesel- und Sandstrand, an dem der gleichnamige Fluss ins Meer mündet, und biegen nach links nach Panormos ab, wo sich in der Antike der Hafen von Eleftherna befand.

Das alte Fischerdorf, das einen schönen seichten Strand besitzt, hat sich zu einem Touristenzentrum mit Luxushotels, Fremdenzimmern, Tavernen, Restaurants und Cafes entwickelt.

Östlich der Stadt Rethymnon befindet sich ein langer Sandstrand.

Gleichzeitig bildet es das Handels- und Fischereizentrum dieses Gebiets. Es liegt in einer relativ grünen Landschaft an einer kleinen Bucht, die von zwei weiteren Buchten flankiert wird.

Südwestlich des Dorfes sind die Überreste der bisher größten frühchristlichen

Kirche Kretas ans Licht gekommen. Es handelt sich um die ehemals holzge-
deckte Basilika der Agia Sophia aus dem 5. Jh. n. Chr. mit einem Querschiff
und Vorbauten.
Der westliche Vorbau diente als Weinkelter und Lagerraum für Getreide und
Flüssigkeiten.
Wir setzen die Reise nach Westen fort und erreichen nach 8,5 km rechts die
Abzweigung zum Kloster Agios Ioannis von Bali, das früher auch Atalis-Kloster
genannt wurde (nach der antiken Stadt Astale).

*Lianos Kavos
und Panormos
östlich von
Rethymnon.*

Atalis-Kloster

Das Kloster ist auf verschiedenen Ebenen am Hang errichtet und blickt nach Norden auf die Bucht und die Ortschaft Bali.

Es ist zwar bekannt, dass es im Jahre 1653 zum ersten Mal restauriert worden ist, doch ist der Zeitpunkt seiner Gründung unklar.

Wie in den anderen Klöstern dieses Gebiets, haben während der Türkenzeit auch im Atalis-Kloster aufständische Kreter Zuflucht gefunden, weshalb die Türken zur selben Zeit wie im Fall des Klosters Arkadi die Mönche getötet und die Gebäude zerstört hatten.

Das Kloster ist wiederhergestellt worden, so dass die Besucher heute wieder die reich mit Renaissanceelementen geschmückte Fassade der Kirche des Agios Ioannis bewundern können, die am nördlichen Rand des Baukomplexes liegt und nicht in dessen Zentrum, wie dies sonst in der orthodoxen Klosterarchitektur üblich ist.

Das Kloster wartet noch mit anderen Eigentümlichkeiten auf, wie dem langgestreckten Innenhof mit den Steinarkaden und Weinranken, an den sich seitlich die Zellen anschließen.

Nach 1 km führt eine Abzweigung nach links zur windgeschützten Bucht von Bali mit ihrem herrlichen Sandstrand.

Die Häuser der Ortschaft sind an den Hängen eines flachen Hügels am Rand der Bucht errichtet. Auch hier ist die touristische Erschließung fortgeschritten, und es sind zahlreiche Hotels errichtet worden.

Hinter Bali führt die Straße weiter nach Osten, passiert Sisses und erreicht nach 35 km Iraklion.

Linke Seite: Das Atalis-Kloster. Rechte Seite: Das bezaubernde Bali.

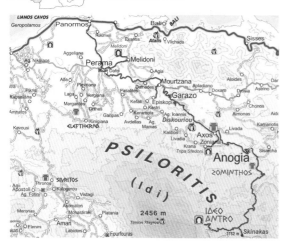

2. RUNDFAHRT

Rethymnon-Perama-Melidoni Höhle
Zoniana-Axos-Anogia-Idäische Grotte

Diese Rundfahrt führt ebenfalls nach Osten und hat das Hinterland des Regierungsbezirks Rethymnon zum Ziel, genauer den Bezirk Mylopotamos, der vor allem von der Tierhaltung lebt.

Er verdankt seinen Namen dem gleichnamigen Fluss, der einen großen Teil des Kreises durchfließt. Mit dem Wasser des Flusses sind früher zahlreiche Mühlen angetrieben worden.

Rechts:
Das Dorf
Episkopi.

Das Kloster
Dioskouri.

Axos.

Wir verlassen Rethymnon und fahren auf der neuen Autobahn in Richtung Iraklion. Nach 20 km biegen wir etwa in Höhe von Panormos nach rechts ab und folgen der nach Süden führenden Hauptstraße. Nach 6 km erreichen wir Perama, den Hauptort des Kreises Mylopotamos, durch den auch die alte Nationalstraße Rethymnon-Iraklion führt.

Nach Perama wenden wir uns nach Nordosten und erreichen nach 4 km Melidoni. 2 km außerhalb des Dorfes befindet sich die gleichnamige Höhle mit ihrem schönen Stalaktitenschmuck.

Die Melidoni-Höhle

Die Höhle hat von der frühneolithischen bis zur römischen Zeit als Kultstätte gedient. Einer Inschrift zufolge wurde hier Hermes Talaios verehrt. Dem Mythos zufolge hatte Talos, der bronzene Riese, der Kreta vor Eindringlingen schützte, in der Höhle gewohnt. Im Jahre 1834 haben hier 370 Einwohner von Melidoni, die sich vor den Türken in die Höhle geflüchtet hatten, einen furchtbaren Tod gefunden.

Wir kehren nach Perama zurück und fahren auf der alten Nationalstraße Richtung Iraklion, passieren Agios Syllas und folgen vor Mourtziana der nach Süden führenden Straße nach Episkopi.

Hier befindet sich die halb verfallene byzantinische Kirche des Agios Ioannis oder Phrangoklissia, eine eingeschriebene Kreuzkuppelkirche, die auf den Grundmauern einer frühchristlichen Basilika errichtet worden ist.

Die Kirche, in der Bauteile der antiken Basilika wiederverwendet worden sind, besitzt Wandmalereien aus dem frühen 14. Jh.

Das in einer grünen Landschaft gelegene Mourtziana besitzt venezianische Häuser. Hinter dem Dorf folgen wir einer Abzweigung nach Süden.

Nach 3 km passieren wir das große Dorf Gazaro, das dem Kouloukonas-Gebirge gegenüberliegt und wegen seiner Kitron-Produktion bekannt ist. 3 km vor Axos führt eine Abzweigung nach rechts zum Wehrkloster Diskouri, das während der Türkenzeit zwar seine größte Blüte, aber auch zahlreiche Zerstörungen erlebt hat.

Es soll an einer Stelle errichtet worden sein, an der sich in der Antike ein Heiligtum der Dioskuren befunden hatte.

Die Klosterkirche im Zentrum der Anlage ist dem Agios Georgios geweiht, dessen Ikone früher für die Hirten dieses Gebiets von besonderer Bedeutung

gewesen ist, weil sie vor ihr ihre Streitfälle zu lösen pflegten.

Nach dem Abstecher zum Diskouri-Kloster kehren wir zur Hauptstraße zurück und erreichen nach 2,5 km Axos, das in einem grünen, mit Obst- und Zitrusbäumen bestandenen Tal liegt, das vom Fluss Oaxos oder Geropotamos durchflossen wird.

Am Platz des kleinen Dorfes mit seinen malerischen Cafes können wir uns mit dem kalten Wasser eines Brunnens an den Grundmauern einer verfallenen Kirche erfrischen, das von Quellen am Psiloritis stammt.

An einem Hang in der Nähe des heutigen Dorfes blühte in historischer Zeit die bedeutende Stadt Oaxos.

Oaxos oder Axos

Die von Eteokretern gegründete Stadt blühte von der spätminoischen und geometrischen bis zur römischen Zeit, war auch in byzantinischer Zeit bewohnt und ist wahrscheinlich erst von den Venezianern zerstört worden. Damals errichteten die Einwohner weiter östlich das neue Dorf Anogia, das sie Axoka oder Axika Anogia nannten.

Axos war in byzantinischer Zeit Bischofssitz und besaß mehr als 40 Kirchen, von denen viele erhalten geblieben sind, wie die kleine Kreuzkuppelkirche der Agia Irini in der Mitte des Dorfes (14. Jh.) mit ihren eindrucksvollen Blendbögen und den Säulen im Tambour der

Kuppel und die Kirche des Agios Ioannis in der Nähe der Ausgrabungsstätte, die Fresken aus der Zeit um 1400 besitzt.

Die Bedeutung der Stadt Axos wird auch durch die zahlreichen Münzen bezeugt (etwa 40 verschiedene Typen sind bekannt), die sie als autonome Stadt geprägt hat.

Bei den meisten von ihnen sind auf einer Seite der Kopf des Zeus oder des Apollon, die beide in der Stadt verehrt wurden, und auf der anderen ein Dreifuß mit der Legende ΦΑΞΙΩΝ oder ΣΑΞΙΩΝ dargestellt.

Bei den hier durchgeführten Ausgrabungen sind Überreste eines Athena- oder Aphroditetempels aus hellenistischer und römischer Zeit, eines Demeterheiligtums, des Prytaneions sowie der römischen und der byzantinischen Befestigungsanlage gefunden worden.

Die auf der Anhöhe erhaltenen Mauerreste zeigen, dass die antike Akropolis eine eindrucksvolle Umfassungsmauer besessen hat.

Am Südosthang des Hügels ist die Nekropole und am Südosthang sind Wohnhäuser aus späthellenistischer Zeit entdeckt worden.

Die Friedhofskirche des Agios Ioannis ist an der Stelle einer frühchristlichen Basilika errichtet worden.

2 km nach Axos führt eine Abzweigung nach rechts zum Dorf Zoniana, das an einem nahezu kahlen Hang liegt und dessen Bewohner von der Tierhaltung leben.

1 km außerhalb des Dorfes besichtigen wir die Sendoni- oder Sphendoni- oder Trypa-Höhle und fahren danach in Richtung Osten weiter.

Die Straße steigt den Nordhang des Psiloritis hinauf und erreicht nach 7,5 das Bergdorf Anogia (der Name bedeutet »Hochland«), das, wie schon erwähnt, von den von den Venezianern vertriebenen Bewohnern von Axos gegründet worden war.

Die Häuser des 740 m hoch an den nördlichen Ausläufern des Psiloritis gelegenen Dorfes sind auf drei Ebenen errichtet. Wir kommen zunächst in den Ortsteil Kato Gitonia oder Perachori mit seinen Platanen und dem Quellwasser; höher liegen das Zentrum von Anogia, Armi, und schließlich das malerische Metochi.

Das Dorf ist für die Gastfreundlichkeit seiner Bewohner, seine Lyraspieler und seine Sänger bekannt, aber auch für seine tierischen

Die Sendoni-Höhle bei Zoniana

Durch die Höhle werden Führungen veranstaltet. Die Höhle ist 3.000 qm groß und besteht aus 14 Sälen mit fantastischen Stalaktiten, Stalagmiten und mächtigen Säulen. Der Rundgang führt 270 m tief in die Höhle und erschließt 2/3 ihres Inneren. Bei Ausgrabungen sind Spuren menschlicher Anwesenheit aus frühminoischer Zeit und in tieferen Schichten versteinerte Knochen von Hirschen aus dem Pleistozän gefunden worden.

*Linke Seite: Agia Irini.
Axos.*

Unten: Anogia.

Oben: Anogia.

*Rechts und
unten:
Zominthos.*

Produkte sowie die Stickereien und Webarbeiten, die an den ansteigenden Gassen und am kleinen Platz der Kato Gitonia mit den Cafes vor den Läden ausgestellt sind. In zahlreichen Häusern weben die Frauen noch auf den alten Webstühlen die traditionellen Stoffe. Am Vortag der Hochzeit werden in Anogia wie in anderen kretischen Dörfern von den Frauen die »Kouloures« gebacken, ringförmige Brote, die mit aus demselben Teig geformten Blüten aller Art geschmückt werden. Auf dem Hauptplatz des Dorfes steht die Kirche des Agios Ioannis mit Fresken aus dem 12. Jh.

Vom höchsten Ortsteil Metochi steigt die Straße durch eine eindrucksvolle Gebirgslandschaft in Windungen zur Nida-Hochebene auf. Nach 7 km erreichen wir das 1.200 m hoch gelegene Zominthos.

Noch vor Zominthos führt eine Straße nach Westen zur neu errichteten Steinkirche des Agios Hyakinthos und dem nahe gelegenen kleinen Freilichttheater.

Hinter Zominthos steigt die Straße weiter in engen Serpentinen die Hänge des Psiloritis hinauf.

1 km vor der Nida-Hochebene führt eine Abzweigung nach links nach Süden und führt durch die felsige Landschaft zu einem der zahlreichen Gipfel des Psiloritis, dem 1.750 m hohen kahlen Skinakas. Von hier aus genießt man einen einzigartigen Blick auf die übrigen Gipfel des Gebirges.

Hier wird von der Universität Kreta die Sternwarte Skinakas betrieben, die eine der modernsten der Welt ist und das größte Teleskop Griechenlands besitzt.

Wir kehren zur Hauptstraße zurück und fahren zur Nida-Hochebene hinauf, die sich linker Hand ausdehnt.

Zominthos

Bei den Ausgrabungen sind eine Nekropole, ein Heiligtum und ein großes minoisches Gebäude in der Mitte einer Siedlung gefunden worden, die nach einem Erdbeben um 1600-1500 v. Chr. durch ein Erdbeben zerstört und verlassen worden ist. Um 1400 v. Chr. errichteten mykenische Siedler in der Nähe eine neue Siedlung.

In der Nachantike war das Gebiet erst wieder unter den Venezianern bewohnt.

Zominthos war mehr als nur eine Durchgangsstation für die minoischen Pilger, deren Ziel die bedeutende Kultstätte in der Idäischen Grotte war. Es war ein blühendes minoisches Zentrum, das die sehr produktive Region des Psiloritis kontrollierte. Hier scheint eine Töpferwerkstatt gearbeitet zu haben.

Das zentrale zweistöckige Gebäude war sehr groß und besaß zwei Eingänge.

Die Mauern waren tief fundamentiert und mit Fresken geschmückt. Es war am Westhang einer flachen Anhöhe errichtet, von wo es die Ebene überblickte, und besaß rund 100 Räume.

Bisher sind 16 Räume freigelegt worden, deren Wände mehr als 2 m hoch erhalten sind. In einem dieser Räume sind zahlreiche große Pithoi, Bein- und Bronzewerkzeuge sowie Gerätschaften und Rohmaterial gefunden worden, das von den Töpfern des 16. Jhs. v. Chr. benutzt wurde.

Die Idäische Grotte

*Die breite Öffnung führt ins
Innere der riesigen Höhle, die aus
einem Saal und einem 22 m langen
seitlichen Gang besteht.
Einer der zahlreichen Geburtsmythen des
Zeus zufolge hatte Rhea den Vater der Götter
kurz nach seiner Geburt vor seinem Vater Kronos
in dieser Höhle verborgen, in denen gutartige
Dämonen, die Kureten, wohnten, die gegen
ihre Bronzeschilde schlugen,
damit Kronos das Weinen des neugeborenen Zeus
nicht hören konnte.
Die Höhle war in neolithischer Zeit bewohnt und
diente von der minoischen bis zur römischen
Zeit als Kultstätte.
In minoischer Zeit wurde hier der Vegetationsgott
verehrt, der starb und wiedergeboren wurde.
Seine Nachfolge trat der »Kretageborene Zeus« an,
der, anders als im übrigen Griechenland, nicht als
unsterblich galt: Er starb jedes Jahr und wurde in
der Idäischen Grotte neu geboren.
Die Ausgrabungen haben zahlreiche Funde ans
Licht gebracht, darunter Goldschmuck, wertvolle
Votive aus Fayence, Bergkristall, Glas, Bein,
Elfenbein, Silber, Gold, Siegel, Tongefäße
und Bronzeobjekte wie die berühmten
Bronzeschilde, die im
Archäologischen Museum von
Iraklion ausgestellt sind.*

Nida-Hochebene

Die von grauen Höhenzügen umgebene kahle
Hochebene (1.400 m), die nur im Winter und im
Frühling ein grünes Gesicht zeigt, wird von Hirten
genutzt. Dies erkennt man schon an den zahlreichen sogenannten »Mitata«, runden
Steinhütten mit einer Öffnung in der
Decke und einem niedrigen Eingang,
die über die ganze Ebene verstreut
liegen. In diesen traditionellen
Hütten stellen die Hirten aus der
Milch der Schafe und Ziegen die
kretischen Käsesorten Graviera
und Misithra her, und in ihnen
werden sie bis zur Reife gelagert. Die Decken der Hütten
sind als falsche Gewölbe
gebaut. Durch die Öffnung in
der Decke fällt einerseits Licht
ein und zieht andererseits der
Rauch des Feuers ab, das die
Hirten in der Mitte entzünden.

An der Ostseite der Hochebene hat
die deutsche Bildhauerin Karen
Raeck aus großen, am Psiloritis gesam-
melten Steinen die Skulptur des
»Widerstandskämpfers« geschaffen, dessen auf dem Boden liegender Körper eine
Länge von 32 m besitzt. Die Straße erreicht
schließlich den Touristenpavillon, von wo ein etwa
100 m langer Fußpfad zum 1.538 m hoch gelegenen
Eingang der Idäischen Grotte führt.

3. RUNDFAHRT

Rethymnon-Adele-Amnatos-Kloster Arkadi
Eleftherna-Margarites-Viranepiskopi
Kloster Arsani-Stavromenos

Wir folgen zunächst der alten Nationalstraße Rethymnon-Iraklion. und nehmen in der Ortschaft Platanes die Abzweigung, die nach rechts zum südöstlich gelegenen historischen Kloster Arkadi führt. Nach 2 km passieren wir das von Weingärten umgebene Dorf Adele und erreichen nach 1 km das Dorf Pigi, wo eine Abzweigung nach rechts zum Dorf Agios Dimitrios führt, dessen eingeschriebene Kreuzkirche des Agios Dimitrios aus dem 11. Jh. stammt.

Wir fahren weiter nach Loutra und folgen der Straße, die nach rechts nach Kyrianna abbiegt, wo sich zwischen venezianischen Häusern eine der Entschlafung Mariä und der Agia Paraskevi geweihte Kirche aus dem 14. Jh. erhebt.

Von hier führt die Straße nach Amnatos hinauf, das seit der venezianischen Zeit bewohnt ist und ein kleines Volkskundemuseum besitzt. Das Dorf liegt 340 m hoch und gewährt einen herrlichen Blick über die Olivenhaine; in der Ferne kann man das Meer erahnen, und hinter dem Dorf steigt der Berg auf, der das Kloster Arkadi trägt. Die Türen der meisten Häuser besitzen reich geschmückte Rahmen und zeigen deutlich venezianische Einflüsse. Eine dieser Türen ist mit einem Giebel bekrönt und trägt die lateinische Inschrift »der Weisheit Quelle ist die Furcht des Herrn«.

Von Amnatos kann man einen Abstecher nach Kapsaliana mit seinen traditionellen Häusern und der wiederhergestellten Ölmühle des Klosters Arkadi unternehmen, in der das Oliven-Museum eingerichtet ist.

Wir kehren nach Amnatos zurück und folgen der Straße, die zwischen dicht mit Olivenbäumen bestandene Hängen einer Schlucht hindurch nach Süden führt. Nach 4,5 km erreichen wir das 500 m hoch gelegene historische Kloster Arkadi, das in einer schwer zugänglichen, aber schönen und grünen Umgebung errichtet ist, von wo aus man die dicht bewachsene Schlucht und in der Ferne das Kretische Meer sieht.

Kloster Arkadi

Der Überlieferung zufolge ist der Grundstein des Wehrklosters, das Fremdenzimmer, ein Refektorium, Keller und ein Pulvermagazin besitzt, vom byzantinischen Kaiser Herakleios gelegt worden.

Mit dem Bau wurde zur Zeit der Herrschaft des byzantinischen Kaisers Arkadios im 5. Jh. n. Chr. begonnen. Das Kloster besitzt zwei Eingänge. Das 1866 zerstörte Haupttor ist im Jahre 1870 in seiner ursprünglichen Form wiederhergestellt worden. Gegenüber dem Tor stand eine Windmühle, die 1910 in ein Beinhaus umgewandelt worden ist.

Die zweischiffige Klosterkirche in der Mitte des quadratischen Hofes ist dem Agios Konstantinos und der Verklärung Christi geweiht. Sie ist einer Inschrift auf der Basis des Glockenturms zufolge im Jahre 1587 an der Stelle eines Vorgängerbaus aus dem 14. Jh. errichtet worden. Bei diesem Kirchenbau sind Renaissance- und Barockelemente harmonisch mit gotischen Bögen und Obelisken verbunden. Um die Kirche herum erheben sich die Zellengebäude, die Küche, das Refektorium u. a. Seine größte Blüte hat das Kloster in venezianischer Zeit erlebt, als es von rund 300 Mönchen bewohnt war.

Das Kloster Arkadi ist ein leuchtendes Symbol der Freiheit, da hier während des Aufstands der Jahre 1866-1869 hunderte belagerte Frauen und Kinder den Opfertod gestorben waren. Seit dem Beginn des Aufstands hatten die kretischen Aufständischen das Kloster als Zuflucht benutzt.

Am 7. November 1866 rückten 15.000 türkische Soldaten mit 30 Kanonen aus Rethymnon an, riegelten das Kloster ab, in das sich 259 bewaffnete Männer und etwa 700 Frauen und Kinder aus den umliegenden Dörfern geflüchtet hatten.

Als nach zweitägigem Widerstand klar wurde, dass von außen keine Hilfe zu erwarten war, versammelte der Abt des Klosters Gavriil die Frauen und Kinder im Pulvermagazin des Klosters. Nach harten Kämpfen gelang es der Übermacht der Türken schließlich, den Widerstand der Verteidiger zu brechen und den Zugang zum Kloster zu erzwingen.

Während der Abt Gavriil den Tod fand, zog der aus dem Dorf Adele stammende Kostis Giamboudakis den Heldentod der Sklaverei vor und bereitete

Links oben:
Portal in
Amnatos.
Links unten:
Blick von der
Straße auf
Amnatos.

Oben: Das
Kloster Arkadi.

die Sprengung des Pulvermagazins vor, in dem sich die Belagerten versammelt hatten, wobei er dafür Sorge trug, so viele Türken wie möglich mit in den Tod zu nehmen. Als er den richtigen Augenblick gekommen sah, löste er mit seiner Pistole die Explosion aus und riss etwa 1.500 türkische Belagerer mit in den Tod.

In Arkadi finden in jedem Jahr vom 7.-9. November Feiern zum Gedenken an dieses Massenopfer statt.

Wir verlassen das Kloster Arkadi und nehmen die nach Norden führende Straße. Nach 4,5 km biegen wir nach rechts ab und erreichen nach 3 km das Dorf Eleftherna und kurz danach Archea Eleftherna. Eleftherna liegt 370 und Archea Eleftherna 410 m hoch in einer von Olivenbäumen und Zypressen bestandenen Landschaft an den nördlichen Ausläufern des Psiloritis.

Während des Aufenthalts in Archea Eleftherna kann man die Kirche der Verklärung Christi oder Agia Sotira aus dem 16. Jh. besichtigen, die die Form einer freien Kreuzkuppelkirche besitzt, in deren Kuppel das Pantokrator-Fresko erhalten ist.

Gegenüber des heutigen Dorfes Eleftherna sieht man auf dem länglichen Hügel Pyrgi die Ruinen der antiken Stadt Eleutherna. Beiderseits des Hügels fließen Bäche, die sich im Norden vereinigen. Auf der planierten Kuppe des Hügels befand sich die Akropolis der Stadt.

Eleutherna

Wie die Funde gezeigt haben, ist dieses Gebiet von der frühminoischen Zeit bis heute ununterbrochen bewohnt gewesen.

Gründe hierfür waren der fruchtbare Boden, die vorhandenen Quellen, die natürliche Befestigung des Platzes und die Kontrollmöglichkeit der nordsüdlich und ostwestlich verlaufenden Wege.

Vermutlich stammt aus dieser Gegend die berühmte »Dame von Auxerre«, eine kleine weibliche Steinskulptur mit einem kaum merklichen Lächeln, die im Louvre in Paris ausgestellt ist.

In der Stadt der minoischen Zeit sind Tongefäße, Gefäßscherben, Werkzeuge aus Obsidian und Tierstatuetten gefunden worden.

Nach der Zuwanderung der dorischen Stämme um 1100 v. Chr. ließen sich auch hier Dorer nieder.

In dieser Zeit erhielt die Stadt den Namen Eleutherna, wie die reichen Funde bezeugen, die aus dem 8.-6. Jh. v. Chr. stammen. Das 5. und 4. Jh. v. Chr. brachten den Niedergang, und erst im 3. und 2. Jh. v. Chr. fällt wieder Licht auf die Geschichte der Stadt.

Oben:
Der äußere
Eingang zum
Kloster Arkadi.

Rechts:
Die Kirche des
Klosters Arkadi.

Die Akropolis wurde mit einer Mauer befestigt. Die Stadt besaß eine starke Flotte, die das Meer beherrschte und mit den Inseln der Ägäis, Mittelgriechenland, der Peloponnes, Zypern, Ägypten, Kleinasien und der syrisch-palästinensischen Küste in Kontakt trat.

Im Jahre 68/67 v. Chr. wurde Eleutherna von den Römern erobert und blühte unter ihrer Herrschaft weiter. Die Bevölkerung wuchs, die Befestigungsanlagen wurden verstärkt, und es entfaltete sich eine rege Bautätigkeit.

Die Stadt blieb auch in den anschließenden Zeitabschnitten und bis in nachbyzantinische und venezianische Zeit bewohnt, wie die frühchristlichen Gräber auf dem Pyrgi-Hügel und die vier frühchristlichen Basiliken zeigen, die innerhalb der Stadt gefunden worden sind.

Besonders eindrucksvoll sind die aus dem Fels gehauenen Zisternen und der in großer Höhe erhaltene Turm der Befestigungsanlage. Freigelegt worden sind außerdem Teile von frühchristlichen Gebäuden, Bauten und Stützmauern aus hellenistischer Zeit, eine frühchristliche Basilika aus dem 5. Jh. n. Chr. auf den Grundmauern eines hellenistischen Heiligtums, Abschnitte der Umfassungsmauer der Stadt, Wohnhäuser und Straßen aus hellenistischer und römischer Zeit und Gräber aus spätgeometrischer und archaischer Zeit mit einfachen Gräbern sowie Grabbezirken und Grabmonumenten. Im Grab eines jungen Mädchens ist eine besonders schöne Halskette aus Bergkristall und Gold gefunden worden.

Nördlich der Stadt befindet sich in der Nähe der Stelle, an der die beiden Bäche zusammenfließen, eine gut erhaltene Brücke mit einem Spitzbogen aus hellenistischer Zeit (330-67 v. Chr.); der Spitzbogen ist in der Technik des falschen Gewölbes gebaut.

Oben: Der hellenistische und byzantinische Turm wurde von den Venezianern restauriert, um die Akropolis der Stadt zu verstärken.

Nach Eleftherna berührt die Straße eine Reihe von Dörfern, darunter das Töpferdorf Margarites. Das Dorf war im 9. Jh. von den Arabern zerstört worden, wurde aber im 10. Jh. wieder aufgebaut und blühte vor allem in venezianischer Zeit.

Man sieht im Dorf heute noch Häuser mit im venezianischen Stil geschmückten Türrahmen sowie die byzantinischen Kirchen des Agios Ioannis aus dem 14. Jh. mit qualitätvollen Fresken und des Agios Georgios ebenfalls aus dem 14. Jh. Die Straße führt nun nach Norden und trifft auf die alte Nationalstraße Rethymnon-Iraklion, die durch das Tal von Mylopotamos mit seinen endlosen Olivenhainen führt.

Wir verlassen Eleftherna, fahren hinunter nach Roupes, wenden uns nach Norden und gelangen nach 6,5 km nach Viranepiskopi, das seit dem 6. Jh. n. Chr. Sitz des Bischofs von Panormos war. Der Name des Dorfes besagt, dass es zur Zeit der Araberherrschaft von den Arabern zerstört worden war (viran = zerstört). Hier sind die Ruinen der dreischiffigen frühchristlichen Kuppelbasilika des Agios Dimitrios aus dem 6. Jh. v. Chr. erhalten. In der Lünette über dem Eingang befand sich ein Fresko mit der Darstellung des Heiligen.

Wir verlassen das Dorf und fahren auf der alten Nationalstraße Rethymnon-Iraklion in Richtung Rethymnon.

Wir berühren das Dorf Chamalevri, wo eine Werkstatt für die Herstellung von Duftstoffen aus frühminoischer Zeit (2600-2000 v. Chr.) gefunden worden ist. Unmittelbar danach sieht man links der Straße zwischen Olivenhainen das Kloster Arsani, das anscheinend in venezianischer Zeit gegründet worden ist.

Kloster Arsani

Die dem Agios Georgios geweihte Klosterkirche ist im Jahre 1888 errichtet worden. Die Wandmalereien stammen aus sehr viel späterer Zeit.

Unter den Klostergebäuden ist besonders auf das Refektorium hinzuweisen, über dessen Tür man die Jahreszahl 1645 liest. Der englische Reisende Robert Pashley, der Kreta im Jahre 1834 besucht hat, berichtet, dass das Kloster nach dem Aufstand von 1821 eine Schule unterhalten hat. Im Klostermuseum sind verschiedene Zimelien und eine bedeutende Sammlung alter kretischer Ikonen ausgestellt.

In Höhe des Klosters führt eine Abzweigung nach rechts zum Dorf Prinos, wo eine der Muttergottes geweihte Kreuzkuppelkirche mit Fresken aus dem 15./16. Jh. erhalten ist. In der Kirche befindet sich ein Sarkophag mit dem Familienwappen der Tzangaroli.

Wir kehren zur Hauptstraße zurück und erreichen nach 1,5 km das Küstendorf Stavromenos mit seinem Sandstrand.

Hier sind die Überreste einer minoischen Siedlung gefunden worden, in der wahrscheinlich der Hafen der Stadt Eleutherna zu erkennen ist. Zwischen Stavromenos und Sphakaki sind Nekropolen aus klassischer, hellenistischer und römischer Zeit sowie römische Bäder gefunden worden. Von Stavromenos kehren wir nach Rethymnon zurück.

*Oben:
Das Kloster
Arsani.*

*Links unten:
Das Dorf
Margarites
besitzt eine
lange
Töpfertradition.*

4. RUNDFAHRT

Rethymnon-Prasses-Agia Photini
Meronas-Thronos-Asomaton Schule
Amari-Vizari-Kouroutes-Apodoulou

Auf diesem Ausflug besuchen wir den Kreis Amari, der den südöstlichen Teil des Regierungsbezirks Rethymnon einnimmt.

Wir durchfahren das 400-500 m hoch gelegene gleichnamige Tal, das durch den flachen Hügel Samitos in die beiden Abschnitte Smiliano (nach dem kleinen Dorf Smile) und Asomathiano (nach dem Kloster Asomaton) geteilt wird.

Das Tal wird vom Fluss Amarianos durchflossen, der östlich von Agia Galini ins Libysche Meer mündet. In den von Olivenhainen umgebenen Dörfern des Kreises Amari spielt die Tradition noch eine wichtige Rolle, da sie vom Tourismus, der sich vor allem auf die Nordküste konzentriert, relativ unberührt geblieben sind.

Wir verlassen Rethymnon in Richtung Osten, folgen der Straße nach Iraklion und biegen in Misiria in Richtung Südosten nach Amari ab. Nach 2 km führt eine Abzweigung nach rechts zu den Dörfern Myli und Chromonastiri, die zu den bedeutendsten der venezianischen Zeit zählten.

Chromonastiri liegt an den Ausläufern des Berges Vryssinas. Im Dorf sehen wir die Kirche des Agios Eleftherios mit Wandmalereien aus dem 11. Jh.

Außerhalb des Dorfes ist das Landhaus der Familie Clodio aus venezianischer Zeit erhalten. An der Stelle Perdiki Metochi befindet sich die ausgemalte Kreuzkuppelkirche des Agios Eftychios aus dem 11. Jh.

Links:
Die Prassano-
Schlucht.
Rechts oben:
Die Brücke »tou
Sima i Kamara«

Vor Myli führt eine weitere Abzweigung nach Roussospiti, einer Ortschaft mit zahlreichen venezianischen Häusern und einem Brunnen aus dem 17. Jh. Von hier aus führt die Straße über die Dörfer Agia Irini und Mikra Anogia nach Rethymnon.

Wir kehren zur Hauptstraße zurück, die in Windungen in Richtung Amari ansteigt.

Nach 8 km erreichen wir das Dorf Prasses, das an einem grünen Hang errichtet ist und einige venezianische Häuser besitzt.

Hinter Prasses öffnet sich der Blick auf das grüne Tal von Amari zwischen den Gipfeln des Psiloritis und des weniger hohen Kedros.

Links beginnt die Prassano-Schlucht mit ihren steil aufragenden Felswänden, die von einem Bach durchflossen wird.

Die Straße führt am Osthang des Vryssinas entlang und an der rechten Seite der Schlucht abwärts. Wir passieren die »Sima i Kamara«, eine alte Steinbrücke mit drei Bögen. 4 km hinter Prasses führt eine Abzweigung nach rechts zu den südwestlich gelegenen Dörfern Myrthios, Selli, Goulediana und Kare an den südlichen Hängen des grünen Berges Vryssinas. 1 km nach Kare trifft die Straße auf die Hauptstraße Armeni-Spili.

Auf dem mit 858 m höchsten Gipfel des Vryssinas bestand in minoischer Zeit eines der wichtigsten Gipfelheiligtümer der Insel. Hier sind bedeutende Funde ans Licht gekommen, die im Archäologischen Museum von Rethymnon ausgestellt sind. An seiner Stelle steht heute eine bescheidene Heiliggeist-Kapelle, die die Nachfolge eines archaischen Tempels der Artemis Diktynna, einer in ganz Westkreta verehrten Göttin, angetreten hat.

Eine in Goulediana beginnende Staubstraße führt nach Südosten zur Stelle Onythe, wo die Grundmauern eines Brunnens und eines Hauses aus archaischer Zeit entdeckt worden sind. 1 km weit entfernt sieht man die Überreste einer dreischiffigen frühchristlichen Basilika – bekannt unter dem Namen Kera – mit reichen farbigen Mosaikfußböden, die ans Ende des 5. oder den Anfang des 6. Jhs. datiert wird.

Ihre Architektur erinnert an diejenige von Basiliken in Nordafrika.

Wir kehren zur Hauptstraße nach Amari zurück, passieren die Abzweigung nach Myrthio und Selli und fahren in Richtung Südosten bergab. Nach dem Staudamm von Potami Amariou biegen wir nach rechts in Richtung Süden ab, passieren die Dörfer Voliones und Pandanassa und erreichen nach 9 km Patsos. Außerhalb des Dorfes besichtigen wir die Kranaios-Höhle oder Höhle des Agios Antonios. Nahe bei der Höhle befindet sich der Eingang zur von Platanen beschatteten Schlucht des Agios Antonios, auch Patsos-Schlucht genannt, durch die ein kleiner Bach fließt.

Wir kehren zur Hauptstraße zurück und erreichen nach 8,5 km das theaterartig am Hang errichtete Dorf Apostoli. Von seinen zahlreichen Kirchen ist vor allem die ausgemalte Kirche des Agios Nikolaos sehenswert (14. Jh.).

Das in 500 m Höhe gelegene Dorf ist offenbar in byzantinischer Zeit gegründet worden. 1 km von Apostoli entfernt liegt

Die Höhle des Agios Antonios

Die Forschungen haben ergeben, dass auch diese Höhle von der spätminoischen bis zur römischen Zeit als Kultstätte gedient hat. Einer Inschrift zufolge wurde hier Hermes Kranaios verehrt. Das Heiligtum mit dem hypäthralen Altar, an dem Votivstatuetten gefunden worden sind, befand sich in einer natürlichen Felshöhlung. Die Höhle hat ihre Heiligkeit bewahrt und beherbergt heute eine dem Agios Antonios geweihte Kapelle.

der Verkehrsknotenpunkt Agia Photini, von wo die Straße nach Süden zur Asomaton-Schule führt.

Bevor wir Agia Photini verlassen, folgen wir einer Abzweigung nach rechts zu den im Spili-Tal verstreut liegenden Dörfern.

Die Straße berührt zunächst das wasserreiche Dorf Meronas mit seinem herrlichen Ausblick und einer Kirche der Muttergottes mit Malereien aus dem frühen 14. Jh. Auf dem Türsturz sieht man das Reliefwappen der Familie Kallergis. Das anschließende Dorf Gerakari an einem Ausläufer des Kedros ist für seine Kirschen bekannt. Vor dem Dorfeingang befindet sich die Kirche des Agios Ioannis tou Photi aus dem 12. Jh.; sie besitzt eine Kuppel und ein Tonnengewölbe und ist im 13. Jh. ausgemalt worden.

Nach Gerakari wendet sich die Straße nach Westen und erreicht nach einer Fahrt durch eine reizvolle Landschaft nach 11,5 km Spili.

Wir nehmen die andere, nach Südosten führende Straße, die über das wasserreiche, grüne Vrysses, Ano Meros mit dem alten Kaloidena-Kloster, dem ursprünglich das Asomaton-Kloster gehört hat, und Chordaki zum Bergdorf

Agios Ioannis führt. Im Zentrum des Dorfes sieht man eine kleine byzantinische Kirche mit Wandmalereien aus dem 16. Jh. Außerhalb des Dorfes Nithavris treffen wir wieder auf die Hauptstraße.

Von Agios Ioannis aus kann man einen Abstecher nach Süden zum Dorf Agia Paraskevi machen, in dessen Nähe eine minoische Siedlung gefunden worden ist.

Wir kehren nach Agia Photini und zur Straße nach Amari zurück.

Außerhalb des Dorfes folgen wir der Abzweigung nach links und erreichen nach 1 km das Dorf Thronos, das von der Anhöhe Throniani Kephala auf das Tal von Amari und die Hänge des Psiloritis blickt. Es liegt an der Stelle der antiken Stadt Sybritos.

Der neue Name »Thronos« (= Thron) geht darauf zurück, dass sich hier der Sitz des Bischofs von Sybritos befand. Im Zentrum des Dorfes erhebt sich die nachbyzantinische Kirche der Muttergottes mit Wandmalereien aus dem späten 14. und frühen 15. Jh. Sie ist auf den Grundmauern einer dreischiffigen frühchristlichen Basilika aus dem 5. Jh. errichtet, in der die Bischofskirche des Bischofs von Sybritos zu erkennen ist.

Ein Teil des Mosaikfußbodens dieser Basilika ist erhalten geblieben. Nördlich des Dorfes sind die Überreste der antiken Stadt Sybritos freigelegt worden.

1,5 km östlich von Thronos liegt das malerische Dorf Kalogeros. Wir kehren nach Agia Photini zurück und folgen der Hauptstraße, die bergab zur Landwirtschaftsschule Asomaton führt. Man blickt zunächst zu den theaterartig an den Hang gebauten Häusern von Kalogeros hinüber und sieht links die majestätischen Gipfel des Psiloritis. Bevor wir die Schule erreichen, können wir die kleine byzantinische Kirche der Agia Paraskevi aus dem 15. Jh. besuchen, die rechts der Straße steht. In ihrem Inneren befindet sich das Grab von Georgios Chortatzis, eines Mitglieds der bekannten byzantinischen Familie.

Nach 1 km erreichen wir die Asomaton-Schule, die in der Mitte eines grünen Tales zwischen Weinfeldern, Eukalyptusbäumen, Olivenbäumen, Platanen und Eichen liegt.

Die heutige Schule war ursprünglich ein Kloster aus der zweiten byzantinischen Periode, das im 19. Jh. mehrfach zerstört worden war. Im Jahre 1931 ist hier eine Landwirtschaftsschule eingerichtet worden, und der Grundbesitz des ehemaligen Klosters wird für die Ausbildung der Bauern dieses Gebiets genutzt.

Wir durchfahren eine einsame Berglandschaft und gelangen zum Kloster Arkadi, das 12 km nordwestlich der Asomaton-Schule liegt. Eine andere Abzweigung nach links führt nach Osten die flachen grünen Ausläufer des Psiloritis hinauf zum malerischen Dorf Vistagi und weiter nach Platania und erreicht schließlich Phourphoura, das Hauptdorf dieses Gebiets.

Links: Die Marienkirche in Thronos.

Unten: Das traditionelle Dorf Kalogerou, im Hintergrund der Psiloritis.

Sybritos

Die Stadt war auf drei verschiedenen Ebenen theaterartig am natürlich befestigten Hang des Hügels errichtet.
Ihr Hafen war das antike Soulia an der Stelle des heutigen Dorfes Agia Galini.
Ihr Herrschaftsgebiet entsprach etwa den heutigen Bezirken Amari und Agios Vassilios.
Die Stadt blühte in römischer und frühbyzantinischer Zeit. Sie wurde von den Arabern zerstört, nach deren Vertreibung aber wieder besiedelt und blieb dann bis zur venezianischen Zeit bewohnt.
Die hier bei den Ausgrabungen ans Licht gekommenen Funde sind im Archäologischen Museum von Rethymnon ausgestellt.

Monastiraki

Die in der Nähe der Stelle Charakas durch-
geführten Ausgrabungen haben einen
bedeutenden minoischen Baukomplex mit
Palastcharakter ans Licht gebracht, der
zahlreiche Magazine, Kulträume und zwei
Archivräume mit zahlreichen Siegelab-
drücken umfasste.

Dieser eng mit Phaistos verbundene
Komplex ist um 1950 v. Chr. errichtet und
um 1700 v. Chr. durch ein Erdbeben und
ein Feuer zerstört worden.

Eine andere Straße führt von der Schule zum 2,5 km entfernten Monastiraki mit einer Kirche des Erzengels Michael.

Von Monastiraki führt der Weg nach Amari, einem während der zweiten byzantinischen Periode gegründeten Bergdorf, das in einer von Oliven- und Obstbäumen bestandenen Landschaft liegt und seit venezianischer Zeit der Hauptort des Kreises Amari ist.

Außerhalb des Dorfes liegt die Kirche der Agia Anna mit den ältesten erhaltenen Fresken Kretas, die 1225 ausgeführt worden sind. Im Inneren der Kirche befindet sich eine frühchristliche Grabinschrift.

5,5 km nach der Asomaton-Schule erreicht die Hauptstraße das Dorf Vizari. Das Dorf, das zum Lehen der Familie Vlasti gehörte, hat seine Blütezeit in venezianischer Zeit erlebt.

2 km außerhalb des Dorfes sind an der Stelle Ellinika die Grundmauern einer dreischiffigen Basilika aus dem 7. Jh. freigelegt worden, die als Kirche des Bischofs von Sybritos gedient hat und im Jahr 824 von den Arabern zerstört worden ist.

Rund 100 m östlich der Basilika ist eine römische Bäderanlage mit Fußbodenmosaiken freigelegt worden.

Wir verlassen Vizari, fahren Richtung Phouphouras und sehen rechter Hand den Vizari-See, der durch den Staudamm entstanden ist, der in der jüngsten Vergangenheit zwischen den Dörfern Vizari und Lambiotes errichtet worden ist.

Nach 1,5 km erreichen wir das grüne Dorf Phourphouras, das von Einwohnern des Dorfes Vizari gegründet worden ist. Es ist auf einem Felsvorsprung an den westlichen Ausläufern des Psiloritis errichtet.

Die Kirche der Panagia ist mit Wandmalereien aus dem 14. oder 15. Jh. geschmückt.

Die Straße wendet sich nun nach Süden, steigt in Serpentinen die Hänge des Psiloritis hinauf und erreicht nach 6 km das Dorf Kouroutes, ein 510 m hoch gelegenes Hirtendorf.

Die Dorfbewohner leiten den Namen von den Kureten her, die den neu geborenen Zeus beschützt hatten.

Von Kouroutes führt eine Landwirtschaftsstraße durch den kleinen Pardi-Wald mit seinen Steineichen und Ahornbäumen zur Schutzhütte des Bergsteigervereins Rethymnon, die sich in 1.500 m Höhe an der Stelle Stoumbotos Prinos oder Sopata befindet und bis zu 50 Personen beherbergen kann.

Von hier steigt ein Fußpfad zum höchsten Gipfel des Psiloritis hinauf (2.456 m), dem Timios Stavros mit der gleichnamigen Kapelle.

Wir fahren von Kouroutes bergab zum Bergdorf Nithavris. Der Name ist aus zwei griechischen Worten zusammengesetzt und bedeutet, dass man von hier aus die Nida-Hochebene findet.

Wir fahren weiter zum wasserreichen, grünen Dorf Apodoulou. Vor dem Ortseingang links ist ein spätminoischen Kuppelgrab gefunden worden (1380-1200 v. Chr.), das einen 7 m langen Zugang (Dromos) besitzt.

In der Grabkammer, die einen Durchmesser von 3,10 m hat, sind drei Kastensarkophage gefunden worden. Es sind noch weitere Kuppelgräber aus der Phase Spätminoisch III (1380-1200 v. Chr.) sowie an der Stelle Tournes eine in mittelminoischer Zeit gegründete Siedlung ausgegraben worden. Sie muss sehr bedeutend gewesen sein, da sie den Weg von Rethymnon zur Messara-Ebene kontrollierte.

Freigelegt worden sind bisher drei Gebäudekomplexe mit großen Magazin- und Werkstatträumen. Das erste Gebäude besaß zwei Stockwerke, wobei die zahlreichen hier gefundenen Pithoi und anderen Gefäße zeigen, dass das Untergeschoss als Magazin genutzt wurde.

Das Gebäude ist durch einen Brand zerstört worden, der nach einem Erdbeben ausgebrochen war. Das zweite Gebäude hatte anscheinend anfänglich mit dem ersten in Verbindung gestanden, und das dritte stammt aus einer späteren Phase.

Nach Apodoulou führt eine Abzweigung nach links zu den weiter östlich gelegenen Dörfern Vathiako, Platanos und dem Hirtendorf Lochria. Hier wird zur Zeit der Schafschur ein traditionsreiches Fest mit Essen und reichlich Raki gefeiert.

Von Lochria führt die Straße weiter zu den Dörfern von Ano Riza. Eine Staubstraße führt von Lochria auf den Berg Angathia, von wo man auf einem markierten Fußpfad auf den Gipfel Timios Stavros steigen kann. Die Hauptstraße führt weiter nach Süden und gabelt sich nach 6 km; die rechte Abzweigung führt nach Agia Galini und die linke nach Tymbaki.

*Links:
Die Asomaton-
Schule.*

*Unten: Die
Asomaton-
Schule in der
Mitte des Tales
von Amari.*

5. RUNDFAHRT

Rethymnon-Armeni-Spili
Akoumia-Agios Pavlos-Agia Galini

Dieser Ausflug führt nach Süden und endet in Agia Galini am Libyschen Meer. Wir verlassen Rethymnon auf der Straße nach Spili und Plakia. Von der Anhöhe oberhalb der Stadt hat man einen schönen Blick auf die Stadt Rethymnon, die Fortezza und das Meer.

Nach 9 km Fahrt durch Olivenhaine und Eichenwälder weist 1 km vor dem Dorf Armeni ein Schild auf der rechten Straßenseite auf die Stelle Prinokephalo hin, an der eine spätminoische Nekropole entdeckt worden ist.

Nekropole von Armeni

Auf der von niedrigen Eichen bewachsenen Anhöhe ist die mit 300 Gräbern größte Felsengrabnekropole entdeckt worden, die in der Phase Spätminoisch III (1450-1200 v. Chr.) angelegt worden ist.

Alle Gräber sind aus dem Felsen gehauen und besitzen einen Zugangskorridor (Dromos); lediglich ein Grab, das die Nummer 200 trägt, ist ein gebautes Kuppelgrab. Die ostwestlich orientierten unterirdischen Grabkammern sind aus dem weichen Gestein gemeißelt.

In diesen Familiengräbern sind zahlreiche Verstorbene bestattet worden, die entweder direkt auf den Boden oder in Tonsarkophage gelegt worden sind.

Die Gräber bestehen aus einer viereckigen oder ovalen Grabkammer und einem langen, korridorartigen Zugang (Dromos), zu dem eine ebenfalls aus dem Fels gehauene Treppe hinunterführt. Der Eingang wurde mit einer Platte oder einer Trockenmauer verschlossen. Die meisten Gräber waren nicht geplündert und haben bedeutende Funde geliefert.

Ungewöhnlich ist Grab 200, das einen 4,55 m langen Dromos besitzt, zu dem eine Treppe hinunterführt; aus der seitlichen Wand ist eine Nische herausgemeißelt. In der runden Grabkammer sind Bronzewaffen, Tongefäße, Perlen und ein Amulett mit Linear A-Schrift gefunden worden.

Besonders eindrucksvoll ist das aus dem Fels gemeißelte Kammergrab 159, zu dessen 15,50 m langem Dromos 25 Stufen hinunterführen. Die Wände der rechteckigen Grabkammer, in dem Reste einer hölzernen Bahre gefunden worden sind, besitzen Wandbänke.

Eine Nekropole von dieser Größe setzt eine in der Umgebung bestehende Siedlung voraus.

In der Tat sind nordöstlich der Nekropole Reste einer offenbar um 1370 v. Chr. gegründeten und um 1200-1180 v. Chr. verlassenen Siedlung entdeckt worden.

Das Dorf Armeni ist nach den armenischen Soldaten benannt, die nach der Vertreibung der Araber im Jahre 961 durch den byzantinischen Feldherrn und späteren Kaiser Nikiphoros Phokas zusammen mit den Byzantinern auf die Insel gekommen waren und sich hier niedergelassen hatten.

Wir verlassen Armeni und wenden uns nach Süden. Wir passieren die Abzweigungen nach Agios Vassilios und Koxare und gelangen nach 14 km zum 300 m hoch gelegenen Mixorrouma und Palio Mixorrouma, einem malerischen Dorf mit einer langen Korbwarentradition. Die Steinhäuser liegen in einer grünen Landschaft.

Das nächste Ziel ist das große Dorf Spili mit seinen mit Fresken geschmückten alten Kirchen Agii Theodori, Agios Georgios und Metamorphosi tou Sotira; das Dorf ist der Hauptort des Kreises Agios Vassilios. Es liegt in einer grünen Landschaft mit zahlreichen Quellen in 430 m Höhe an den westlichen Ausläufern des Kedros.

Den Hauptplatz des Dorfes mit den Schatten spendenden Platanen schmückt

Links: Aus dem Fels gehauenes Kammergrab in der minoischen Nekropole von Armeni.

Unten: Der Brunnen im Dorf Spili.

ein Brunnen mit 25 Wasserspeiern - 17 von ihnen besitzen die Form von Löwenköpfen -, aus denen kühles Wasser fließt.

Von hier aus steigt eine Gasse zum oberen Ortsteil mit den traditionellen Steinhäusern und blühenden Höfen hinauf.

Nach Spili führt die Hauptstraße nach Süden zwischen dem Kedros im Norden und dem Siderotas im Süden hindurch. Von den am Weg liegenden Dörfern führen Nebenstraßen zum Libyschen Meer hinunter, wo schöne Strände zum Baden einladen.

4 km hinter Spili gelangen wir zum 490 m hoch gelegenen Kissos, von wo eine Straße die kahlen Hänge des Siderotas zu den Dörfern Aktouda, Vatos, Ardaktos und Drimiskos hinaufsteigt. 2 km nach Drimiskos führt eine Abzweigung nach rechts zu den schönen Stränden Agia Irini und Agia Photini. Die Hauptstraße berührt nun die Dörfer Kerames, das ein Volkskundemuseum besitzt, und Agallianos.

Nach Agallianos führt eine Abzweigung nach rechts zum feinen Sandstrand von Lingres. Nach Kissos steigt die Hauptstraße zum Dorf Akoumia hinauf, wo wir die Kirche des Sotira Christou mit Fresken aus dem 14. Jh. besuchen können. Besonders hinzuweisen ist auf die Darstellung des Kirchengründers Papa-Michail Koudoumnis, der die Kleidung der Zeit trägt.

Eine Inschrift in einer Ecke der Kirche nennt das Jahr 1389. Von Akoumia führt eine Nebenstraße nach Süden zum 11 km entfernten herrlichen Strand von Triopetra mit feinen Kieseln und kahlen Felsen, von denen drei am östlichen Rand aus dem smaragdfarbenen Wasser aufsteigen. In Triopetra gibt es Fremdenzimmer und Tavernen.

Etwa 5,5 km nach Akoumia erreichen wir Nea Krya Vryssi, das an den südlichen Ausläufern des Kedros liegt; nur 1 km entfernt liegt das wasserreiche alte Dorf Krya Vryssi. 1 km nach dem Dorf führt eine Abzweigung nach Südwesten und erreicht nach 11 km den fantastischen goldenen Sandstrand Agiou Pavlou mit seinen hohen Dünen.

Nach Nea Krya Vryssi führt die Hauptstraße abwärts und erreicht nach 11 km Agia Galini.

Links:
Der Strand von
Agios Pavlos.

Unten: Agia
Galini.

Agia Galini

Die Ortschaft liegt an der Westseite eines fruchtbaren Tales, das vom Amarianos durchflossen wird. Das früher unbedeutende Fischerdorf hat sich in den letzten Jahren zu einem der beliebtesten Touristenziele Kretas entwickelt, das über Hotels, Restaurants und Unterkünfte aller Kategorien verfügt. An dieser Stelle, an der in der Antike die Stadt Soulia gestanden hat, haben sich im Jahre 1884 Einwohner des Dorfes Melambes niedergelassen. Die Häuser sind theaterartig am Hang eines Felsenhügels errichtet, der sich hinter dem kleinen windgeschützten Hafen erhebt, in dem zahlreiche Fischerboote auf den Wellen schaukeln. Auf diesen friedlichen Ankerplatz könnte der Name Agia Galini verweisen, wenn er sich wirklich aus den Worten »aei + galini« zusammensetzt, die »immer ruhig« bedeuten. Östlich der Ortschaft erstreckt sich ein 1 km langer Kieselstrand.

Die der Entschlafung Mariä geweihte Friedhofskirche ist an der Stelle einer frühchristlichen Basilika errichtet worden, von der Teile der Fußbodenmosaike erhalten geblieben sind. Von Agia Galini fahren vor allem während der Sommermonate Ausflugsboote nach Matala, Plakia, Preveli, Frangokastello und Chora Sphakion.

6. RUNDFAHRT

Rethymnon-Koxare-Kourtaliotiko Schlucht
Asomatos-Kloster Preveli
Lefkogia-Plakias-Kotsyphou Schlucht
Agios Vassilios-Rodakino

Auch diese Rundfahrt führt in den Süden der Insel. Wir werden das Kloster Preveli und den schönen Strand besuchen, an dem der Kourtaliotis-Fluss ins Meer mündet.

Das nächste Ziel ist das Urlaubsgebiet von Plakias. Wir folgen derselben Straße wie bei der vorigen Rundfahrt.

11 km hinter Armeni führt eine Abzweigung nach rechts nach Süden. Nach 700 m erreichen wir das Dorf Koxare, das am Eingang der Kourtaliotiko-Schlucht liegt.

Die Fahrt wird jetzt besonders eindrucksvoll, da sie durch die wasserreiche, zwischen den Bergen Kouroupa rechts (983 m) und Xiro links (903 m) eingeschnittene Schlucht führt. Die Wände der engen Schlucht steigen bis zu einer Höhe von 600 m steil an und besitzen kleinere und größere Öffnungen und Höhlen.

Wenn Wind weht und die Felsöffnungen berührt, entsteht ein pfeifendes Geräusch. Hierauf geht der Name »Kourtaliotiko« zurück, der von dem Wort »kourtala« abgeleitet ist, das »Rassel« bedeutet.

Etwa in der Mitte der Schlucht bildet sich ein kleines Plateau, wo ein Hinweisschild auf die aus dem Fels gemeißelten Stufen aufmerksam macht, die zu einer Kapelle des Agios Nikolaos hinunterführen.

Wenn man in die Tiefe der Schlucht vordringt, gelangt man zu den fünf Quellen, die einen kleinen Wasserfall speisen und anschließend den Kourtaliotis-Fluss oder Grossen Fluss bilden, der auf dem Grund der Schlucht fließt.

Unten:
Der Ausgang der
Kourtaliotiko-
Schlucht.

Rechts:
Die Quellen
in der
Kourtaliotiko-
Schlucht.

Wir verlassen die Schlucht und erreichen Asomatos. Wir biegen nach links ab und fahren durch eine grüne Hügellandschaft.

1,5 km nach Asomatos biegen wir nach links ab und folgen dem westlichen Ufer des Kourtaliotis, der sich durch eine grüne Landschaft windet.

Nach 2 km haben wir etwa die Hälfte der Strecke unseres Ausflugs zurückgelegt und biegen nach links auf eine Landwirtschaftsstraße ab, die über eine Brücke nach Osten führt.

Nach einer weiteren kleinen Brücke erreichen wir nach etwa 5,5 km die Küste und über einen Fußpfad den herrlichen Sandstrand von Phinika, besser bekannt als Preveli-Strand.

Preveli-Strand

An diesem Strand, an den ein wunderschöner Palmenhain angrenzt, ergießt sich das klare Wasser des Kourtaliotis-Flusses ins Meer.

Vor dem Strand verbreitert sich das Flussbett und bildet einen von Palmen umstandenen See. Am Ostufer dieses Sees steht die nachbyzantinische Kapelle des Agios Savvas.

Von hier aus kann man am Fluss entlang ins Innere der Schlucht wandern. Die jungfräuliche Landschaft erinnert an ein Tropenparadies.

Das Wasser des Kourtaliotis fließt ruhig zwischen den grünen Hängen hindurch, umspült die Steine und gleitet, kleine Wasserfälle bildend, über die glatten Felsen.

Wir kehren nun zur Hauptstraße zurück, die von Asomatos in Richtung Süden nach Preveli führt. Wir passieren das heute nicht mehr bewohnte Kloster Kato Preveli mit den eigenartigen Kaminen, das linker Hand in einer grünen Umgebung liegt, und erreichen nach 2 km das Kloster Perveli oder Pisso Moni (Hinteres Kloster).

Vor dem Kloster führt ein Fußpfad zum Palmenstrand hinunter, den man auch mit dem Boot von Plakias und Agia Galini aus erreichen kann. Während der kurzen Fahrt zum Pisso Moni hat man von der Höhe einen herrlichen Blick auf die Mündung des Kourtaliotis-Flusses, den dichten Palmenhain und den langen Sandstrand.

*Unten:
Der Fluss
Kourtaliotis.*

*Rechts:
Der Fluss
Kourtaliotis und
der Preveli-
Strand.*

Kloster Preveli

Der Baukomplex des Pisso Moni ist auf verschiedenen Ebenen am Hang errichtet.

Die zweischiffige Klosterkirche ist dem Agios Ioannis dem Theologen und dem Agios Ioannis dem Evangelisten geweiht und zu Beginn des 19. Jhs. an der Stelle eines älteren byzantinischen Vorgängerbaus errichtet worden. Im Inneren der Kirche bewundern wir die schöne geschnitzte Ikonostase, die Kanzel und das Evangelienpult.

Das im Jahre 1900 errichtete Priorat (das ältere wurde in eine Herberge umgewandelt) ist von 20 Zellen umgeben.

Auf einem tieferen Niveau befinden sich der untere Hof mit einem Brunnen aus dem Jahr 1701 und ein tonnengewölbter Saal, in dem das Klostermuseum untergebracht ist.

Zu den Ausstellungsstücken zählen Priestergewänder, Ikonen, eine vom Patriarchen Gregorios V. gesiegelte Urkunde, durch die das Kloster im Jahre 1789 dem Patriarchat von Konstantinopel unterstellt worden ist, kirchliche Texte, die Bibliothek und Kirchengeräte. Von diesem Hof aus überblickt man das Libysche Meer. Das Kloster hat beim Freiheitskampf der Kreter eine wichtige Rolle gespielt. Zur Zeit der deutschen Besatzung wurden die Soldaten der Alliierten von hier aus nach Afrika übergesetzt.

Wir verlassen das Hintere Kloster Preveli und fahren in Richtung Asomatos zurück. Nach 4,5 km verlassen wir die Hauptstraße und biegen nach links nach Lefkogia ab und erreichen nach 4 km Plakias.

Auf der Fahrt passieren wir vier Abzweigungen, die zu den schönen Stränden Schinaria, Ammoudi, Kalypso und Damnoni – mit dem Strand Mikro Damnoni – führen, einem an einer malerischen Bucht gelegenen Küstendorf mit einem schönen Strand mit feinem gelbem Sand und kristallklarem Wasser.

Plakias ist auch über eine andere Straße erreichbar. Wir können nun nach Asomatos zurückkehren und dann einer Abzweigung nach links folgen, die zu den Dörfern Mariou und Myrthios im Kreis Agios Vassilios führt. Das zweitgenannte ist theaterartig am Hang errichtet und blickt auf die Bucht von Plakias. Vor Myrthios führt eine Straße nach links nach Plakias hinunter.

Plakias

Früher standen an dieser Bucht nur die wenigen Häuser eines kleinen Fischerdorfs.

Heute ist Plakias ein beliebtes Touristenziel mit einem herrlichen langen Sandstrand mit kristallklarem Wasser, das mit Hotelanlagen, Restaurants, Tavernen und Fremdenzimmern aufwartet.

Das »Hintere Kloster« Preveli.

Von Plakias aus bestehen zwei Alternativen. Wir können nach Rethymnon zurückkehren, indem wir die Straße nach Myrtios nehmen, wo wir die ausgemalte Kirche der Verklärung Christi besichtigen können.

Hinter Myrtios führt die Straße durch eine monumentale Landschaft und erreicht nach 3 km den Eingang der Kotsyphou-Schlucht.

Von hier führt eine Abzweigung in einem großen Bogen nach Südwesten nach Sellia, doch folgen wir der Straße, die durch die Schlucht führt.

Nach der Fahrt durch die Schlucht mit ihren 600 m hohen, steil abfallenden Felswänden, den Quellen und dem kleinen Fluss erreichen wir das Dorf Kanevo und folgen dann der nach Osten führenden Abzweigung.

Nach den Bergdörfern Agios Ioannis und Agios Vassilios treffen wir wieder auf die nach Rethymnon führende Hauptstraße.

Die andere Alternative ist eine Fahrt nach Westen. Bevor wir nach Sellia hinauffahren, von wo man einen herrlichen Blick auf das Libysche Meer genießt, können wir den Kiesel- und Sandstrand von Souda mit seinen Schatten spendenden Tamarisken besuchen.

Hinter Sellia führt die Straße durch eine Gebirgslandschaft mit häufigen Ausblicken auf das Libysche Meer.

Nach 10 km erreichen wir Kato und danach Ano Rodakino, von wo eine Nebenstraße zum großen Sandstrand von Korakas führt, das wie Souda über Fremdenzimmer und Tavernen verfügt.

Von Ano Rodakino führt die Straße nach Skaloti, einem schönen Dorf an den Osthängen der Weißen Berge.

Hinter Skaloti wenden wir uns nach Südwesten und erreichen nach 3,5 km Frangokastello (siehe Regierungsbezirk Chania).

Oben: Der Kalypso-Strand.

Unten: Plakias.

7. RUNDFAHRT

**Rethymnon-Atsipopoulo-Prines
Roustika-Prophitis Elias Kloster
Argyroupolis-Myriokephala-Asi Gonia
Episkopi-Petre Strand-Gerani**

Wir verlassen Rethymnon auf der alten Nationalstraße nach Chania und erreichen nach 6 km das Dorf Atsipopoulo, in dem noch zahlreiche Häuser aus venezianischer Zeit zu sehen sind. Danach berühren wir das Dorf Prines mit einer Kirche des Agios Nikolaos aus dem 13. Jh., das im 14. Jh. gegründete Gonia und Agios Andreas.

6 km weiter südlich sind in der Nähe des Dorfes Ano Valsamonero die Ruinen des Kastells Monopari erhalten, das von dem Genuesen Enrico Pescatore auf einer schroffen Anhöhe errichtet worden ist und einen herrlichen Blick auf die Umgebung bietet. 5 km hinter Agios Andreas folgt eine Abzweigung nach links, die nach Agios Konstantinos führt. Das Dorf mit seinen schönen venezianischen Häusern und den herrlichen Ausblicken auf die Weißen Berge und den Psiloritis war in venezianischer Zeit eine Sommerfrische für den venezianischen Adel. Von Agios Konstantinos führt eine Straße nach Süden und erreicht nach 5 km das traditionelle Dorf Roustika, dessen Häuser venezianische und türkische Elemente aufweisen. Südwestlich des Dorfes liegt das Kloster des Prophitis Elias, mit dessen Errichtung offenbar im Jahre 1637 begonnen worden ist.

Die Arbeiten wurden dann nach der Besetzung von Rethymnon durch die

Türken im Jahre 1646 unterbrochen und erst 1667 wieder aufgenommen. Das Kloster wurde 1823 zerstört, aber bereits 1831 wieder aufgebaut. 1866 wurde es ein weiteres Mal zerstört und danach in seiner heutigen Form neu errichtet. Die ausgemalte zweischiffige Klosterkirche ist der Entschlafung Mariä und der Verklärung Christi geweiht.

Von Roustika führt eine Nebenstraße nach Süden nach Moundros, wo sich ein venezianisches Gebäude befindet, in dessen Türrahmen ein Zitat aus der »Aeneis« des Vergil eingemeißelt ist. In Velonado gabelt sich die Straße. Die südliche Abzweigung führt nach Kali Sykia und Agios Ioannis, durchquert die Kotsyphou-Schlucht und endet in Plakias. Die westliche führt nach Vilandredo, Argyroupolis und Myriokephala. Von Agios Konstantinos führt eine andere Straße nach Westen, passiert Zouridi und Kato Poros und erreicht danach die schöne Ortschaft Argyroupolis. Etwa 300 m vor Argyroupolis befindet sich die grüne Stelle »Pende Parthenon« mit einer kleinen Kapelle, zu der ein gepflasterter Weg aus römischer Zeit führt. Neben der Kirche sieht man fünf Gräber, in denen der Überlieferung zufolge die »Agies Pende Parthenes« (die Fünf heiligen Jungfrauen) begraben sind, die um 250 n. Chr. unter dem römischen Kaiser Decius den Märtyrertod gestorben waren. In der weiteren Umgebung ist eine große römische Nekropole lokalisiert worden.

Argyroupolis ist in 260 m Höhe theaterartig an einem grünen Hang an derselben Stelle errichtet, an der sich in klassischer und römischer Zeit die antike Stadt Lappa befunden hat, die eine der bedeutendsten Städte Westkretas war.

Auf dem Hauptplatz der Ortschaft und in seiner Umgebung sich Überreste des antiken Lappa ans Licht gekommen, die aus dem Zeitraum zwischen der geometrischen und der römischen Zeit stammen, wie ein Fußbodenmosaik und eine Statue der Göttin Aphrodite.

Links: Gasse in Agios Konstantinos.

Oben: Argyroupolis.

Lappa

Lappa war dem Mythos zufolge von Agamemnon gegründet worden. Die Stadt besaß zwei Häfen, und zwar Hydramia an der Almyros-Bucht und Amphimala an der Stelle des heutigen Georgioupolis.

Lappa war in die Auseinandersetzungen zwischen den kretischen Städten verwickelt und später Mitglied im Bund der Kretaier. Lappa gehörte zu den Städten, die mit dem pergamenischen König Eumenes II. ein Bündnis schlossen.

Die Stadt blieb bis 68 v. Chr. unabhängig, als sie von dem römischen Heerführer Metellus zerstört wurde, einem Widersacher des Octavian, mit dem sich die Bewohner von Lappa verbündet hatten. Als Octavian die Macht übernahm, förderte er den Wiederaufbau der Stadt, die nach 31 v. Chr. eine neue Blüte erlebte.

Sie schmückte sich mit glanzvollen Bauten und Bäderanlagen (ein herrliches Mosaik ist gefunden worden), die über einen Aquädukt mit Wasser versorgt wurden, und prägte eigene Münzen.

Lappa bestand auch in byzantinischer Zeit weiter und wurde im Jahre 824 von den Arabern zerstört.

In der zweiten byzantinischen Periode trug die Stadt den Namen Kalamonos,

und 1822 nahm sie den Namen Argyroupolis an. Bevor wir Argyroupolis verlassen, besuchen wir eine der außerhalb der Ortschaft in einem grünen, quellreichen Gebiet mit kleinen Wasserfällen gelegenen Tavernen.
Hier ist in einer Höhle eine der **Agia Dynami** geweihte Kapelle errichtet worden.
Wir haben nun drei Möglichkeiten. Wir können uns zunächst nach Süden wenden und das im 11. Jh. gegründete Dorf Myriokephala mit dem Antiphonitria-Kloster besuchen.

Myriokephala-Kloster
Das Kloster ist im 10. Jh. vom heiligen Ioannis Xenos gegründet worden.
Die der Muttergottes geweihte Klosterkirche gehört dem Typus der Kreuzkuppelkirche mit frei stehendem Kreuz an. Sie ist im 11. Jh. errichtet und im 13. Jh. ausgemalt worden.

Die zweite Möglichkeit führt uns nach Westen. Wir durchfahren eine grüne Schlucht und gelangen nach Asi Gonia im Bezirk Apokoronos, der zum Regierungsbezirk Chania gehört.
Das wasserreiche Bergdorf mit seinen alten Steinhäusern ist in 400 m Höhe am Rand eines grünen Tales errichtet worden. Der zweite Teil des Namens (gonia = Ecke) spielt auf die Lage am Rand des Tales an, während der erste Teil (asi = widerspenstig) auf die Aufständischen zurückgeht, die hier vor den Türken Zuflucht gefunden hatten.
Nach Asi Gonia führt die Straße höher in die Berge, passiert Kallikratis und Asphendou an den felsigen Hängen der Weißen Berge und trifft schließlich auf die Straße Chania-Chora Sphakion.
Wir wählen die dritte Möglichkeit und fahren von Argyroupolis nach Norden. Nach 4,5 km gelangen wir nach Megali Episkopi, dem Hauptort des Demos Lappeon, der seit der ersten byzantinischen Phase bewohnt ist. Hiervon zeugen die architektonischen Überreste einer frühchristlichen Basilika mit einem Fußbodenmosaik mit Kreuzornamenten, die außerhalb des Dorfes an der Stelle Phontana am Ufer des Mousela-Flusses gefunden worden ist. Wir fahren weiter Richtung Norden und treffen nach 2 km die neue Autobahn Chania-Rethymnon, die uns nach Rethymnon zurückbringt.
Linker Hand erstreckt sich der lange Strand von Episkopi. Wir passieren Petre mit seinem schönen Sandstrand und die sandige Bucht von Vythos und biegen dann in Höhe des Kieselstrandes von Gerani nach Süden zum Dorf Gerani ab, das wegen seiner reich mit Stalagmiten geschmückten Höhle bekannt ist.
Bei den in der Höhle durchgeführten Ausgrabungen sind drei menschliche Skelette, neolithische Werkzeuge aus Bein und Stein sowie Überreste von rund 100 Hirschen gefunden worden, die am Ende des Pleistozäns in diesem Gebiet heimisch waren.

Links oben:
Lappa.
Links unten:
Die Kapelle der
Agia Dynami.

Oben:
Die Quellen von
Agia Dynami.

Regierungsbezirk Chania

Der 2.376 qkm große Regierungsbezirk Chania nimmt den westlichen Abschnitt der Insel Kreta ein. 1.476 qkm werden von Gebirgen eingenommen, die den Bezirk in Ostwestrichtung durchziehen. Einige Berge sind hoch, schroff und kahl und erinnern an Alpenlandschaften, andere sind flacher und bewaldet. Sie werden durch Täler und Schluchten voneinander getrennt, in denen Steineichen, Kiefern, Kastanien und Nussbäume wachsen. Die größten Ebenen, diejenigen von Chania, Kastelli und Georgioupolis, liegen innerhalb des nördlichen Abschnitts. Hier findet man Orangenplantagen, Weingärten und Olivenhaine. Hauptprodukte dieser Landschaft sind neben Zitrusfrüchten, Oliven, Olivenöl und Wein vor allem die Frühgemüsesorten, die in den Treibhäusern von Phalassarna und Kountouras angebaut werden, sowie tierische Produkte. An der Nordküste liegt östlich der Stadt Chania die geschlossene Souda-Bucht, eine der größten des Mittelmeergebiets. Der Regierungsbezirk Chania besteht aus den Bezirken Kydonia, Apokoronos, Kissamos, Selinos und Sphakia. Am östlichen Rand der offenen Bucht von Chania an der Nordküste liegt die Hauptstadt des Regierungsbezirks, Chania, eine der vier großen Städte Kretas.

Der Regierungsbezirks Chania ist wie der Nachbarbezirk Rethymnon nicht für seinen Antikenreichtum bekannt. Dennoch locken die schöne Stadt Chania mit dem alten venezianischen Hafen, die schönen Sandstrände, die grüne Bergwelt, die malerischen Dörfer und die berühmte Samaria-Schlucht zahlreiche Sommerurlauber und Besucher an.

Chania ist eine anziehende Küstenstadt am Kretischen Meer. Im Süden türmt sich das Bergmassiv der Weißen Berge (Lefka Ori). Die Stadt blickt auf eine lange Geschichte zurück, deren Spuren man auf Schritt und Tritt begegnet.

Die an verschiedenen Stellen der Stadt und auf dem Kastelli-Hügel, der sich hinter dem venezianischen Hafen erhebt und von den Häusern der Altstadt umstanden wird, ans Licht gekommenen Funde belegen, dass das Gebiet von Chania von der neolithischen Zeit bis heute ununterbrochen bewohnt gewesen ist. Hier befand sich die antike Stadt Kydonia, die in den homerischen Epen als eine der bedeutendsten Städte Kretas genannt wird.

Der Überlieferung zufolge war Kydonia eine der drei von Minos gegründeten Städte. Ein anderer Mythos bezeichnet dessen Enkel Kydon als den Gründer, der ein Sohn seiner Tochter Akakallis und des Gottes Hermes war. Das seit der mittelminoischen Zeit (17. Jh.) bewohnte Kydonia erlebte seine größte Blüte in der Nachpalastzeit. In dieser Zeit besaßen die Häuser, die zu Wohnblocks zusammengefasst waren, zwei Stockwerke und ein Abwassersystem. Wichtige Funde aus der Neu- und Nachpalastzeit sind die Tontäfelchen mit Linear B-Schrift aus der Zeit um 1300 v. Chr. und der als »Master Impression« bezeichnete tönerne Siegelabdruck aus dem 15. Jh. v. Chr., auf dem ein mehrstöckiges Gebäude dargestellt ist, auf dem eine männliche Gestalt steht.

Um 1200 v. Chr. wurde Kydonia wie die Palastzentren der Insel zerstört und, wie die Funde auf dem Kastelli-Hügel gezeigt haben, um das 8. Jh. v. Chr. wieder besiedelt. Die Gründung der klassischen Stadt Kydonia wird in das Jahr 524 v. Chr. datiert.

Ruinen der antiken Stadt Kydonia sind an verschiedenen Stellen der Altstadt von Chania ans Licht gekommen.

Ihre Besitzungen reichten im Westen bis zum Kap Spatha, das die Grenze zum Gebiet der Nachbarstadt Polyrrhenia bildete, im Süden bis zu den Weißen Bergen und im Osten bis nach Malecha, wo die Besitzungen der Nachbarstadt Aptera begannen.

Als selbständiger Stadtstaat prägte Kydonia eigene Münzen, lag häufig mit den Nachbarstaaten Elyros, Phalassarna, Polyrrhenia und Aptera im Krieg und trat dem Bund der Kretaier nicht bei. Im Jahre 69 v. Chr. wurde die Stadt von den Truppen des römischen Feldherrn Metellus erobert. In der folgenden Zeit der Römerherrschaft erlebte Kydonia eine neue Blüte.

In frühchristlicher Zeit war Kydonia Bischofssitz, was zeigt, dass die Stadt auch während der ersten byzantinischen Periode weiter bestand, wovon auch die Überreste einer Basilika und die ans Licht gekommenen frühchristlichen Gräber zeugen. Die Araber nannten die Stadt nach ihrer Eroberung Al

Hanim (= Herberge, griech.: chani). Die Zeit der Araberherrschaft war für Kydonia ein leidvolles Kapitel. Der einzige Beleg für ihre Existenz während der zweiten byzantinischen Periode ist die Befestigungsanlage auf dem Kastelli-Hügel. Mit ihrem neuen Namen Cania wird die Stadt zum ersten Mal im Jahre 1211 erwähnt. 1252 ließen sich venezianische Siedler auf dem natürlich befestigten Kastelli-Hügel nieder.

Nach der Eroberung von Konstantinopel durch die Türken im Jahre 1453 und aufgrund der ständig steigenden Bedrohung durch die Türken rückten die Venezianer und die Einheimischen enger zusammen, so dass die Kreter die Venezianer zu Beginn des 16. Jhs. als ihre natürlichen Beschützer betrachteten. In diesem freundschaftlichen Klima begann der Aufstieg von Chania, dessen Bedeutung in den Augen der Venezianer vor allem nach dem Verlust ihrer Stützpunkte im östlichen Mittelmeerraum wuchs.

Chania war ein bedeutendes Produktionszentrum und zugleich ein wichtiger Hafen, der der venezianischen Flotte Schutz bot. Die wirtschaftliche Blüte und der Kontakt mit Venedig bildeten geeignete Voraussetzungen für die kulturelle Entfaltung der Stadt, in der sich eine Kultur entwickelte, in der Einflüsse aus dem Westen und Venedig mit charakteristischen einheimischen Elementen verschmolzen.

Die Stadt und der Hafen wurden durch Mauern verstärkt, vor denen ein breiter, tiefer Graben angelegt wurde. Das monumentale Haupttor, die sogenannte Porta Retimiota, befand sich im südlichen Abschnitt des Mauerrings. Innerhalb der Stadtmauern gab es vier große Plätze, den Kotala-, den Splandzia-, den Sandrivaniou- und den Agion-Anargyron-Platz, acht Kirchen und sechs Klöster und an der südlichen und östlichen Seite des Hafens zwei Arsenalkomplexe für

Oben: Die Residenz des venezianischen Gouverneurs stand auf dem ummauerten Kastelli-Hügel. Unten: Nach dem Zeugnis des Architekten Fr. Basilicata wurde Chania von den Venezianern mit neuen Gebäuden geschmückt. Die Stadt und der Hafen erhielten eine Umfassungsmauer mit fünf Bastionen, mit deren Errichtung nach Plänen von M. Sanmicheli 1536 begonnen wurde.

die Instandsetzung der Schiffe während der Wintermonate. Zum Schutz des Hafens vor den Nordwinden wurde ein Wellenbrecher angelegt, auf dessen Spitze ein Leuchtturm errichtet wurde.

Während der Zeit der Türkenherrschaft wurden zahlreiche venezianische Kirchen und Klöster in Moscheen umgewandelt, so die Kirche des Agios Nikolaos des Dominikanerklosters (in Splandzia), die nun die Hauptmoschee der Stadt bildete. Außerdem wurden ein Dampfbad, Brunnen und neue Moscheen errichtet.

Zur Zeit der Autonomie Kretas war Chania der Sitz des Hochkommissars, was erhebliche Veränderungen mit sich brachte. Die Stadt entwickelte sich außerhalb der Mauern weiter, und es wurden öffentliche Gebäude im klassizistischen Stil errichtet. Von den venezianischen Häusern wurden die Erker entfernt. Große Abschnitte der venezianischen Stadtmauer und die Stadttore wurden abgetragen, um neue Straßen anlegen zu können, und auf einem Abschnitt des Grabens vor dem südlichen Teil der Stadtmauer wurde die Städtische Markthalle errichtet. Es entstanden neue Wohnviertel, wie das vornehme Chalepa mit den Häusern der Mitglieder der Oberschicht und schönen klassizistischen Bauten, die die meisten Botschaften der europäischen Großmächte aufnahmen.

Ansichten der Altstadt und des Hafens.

Nach der Integration der Insel in den freien Staat Griechenland und dem Abenteuer des 2. Weltkrieges blühte Chania weiter auf, dehnte sich weiter aus und erhielt zahlreiche Neubauten.

Der alte Uhrenturm, das Wahrzeichen der Stadt.

Chania ist eine Stadt mit zwei Gesichtern, einem alten und einem neuen. Beide ergänzen sich harmonisch und machen den Charakter des heutigen Chania aus, das mit Recht zu den schönsten Städten Griechenlands gezählt wird. Besonders sehenswert ist die malerische Altstadt mit ihren engen Gassen und den zwei- und dreistöckigen Häusern. Sie liegt am venezianischen Hafen und atmet den Geruch des Salzwassers des Kretischen Meeres. Die neuen Stadtteile sind großzügig angelegt und besitzen breite Straßen, schöne Plätze und klassizistische und moderne Bauten.

Am östlichen Rand der Neustadt liegt in der Nähe der Viertel Agios Ioannis und ton Lendarianon der große Eleftherias- oder Dikastirion-Platz. Südlich des freien Platzes erhebt sich der prächtige klassizistische Baukomplex, der die Gerichte und die Verwaltung des Regierungsbezirks beherbergt. In diesem Gebiet sind spätminoische Gräber aus dem Zeitraum 1400-1100 v. Chr. gefunden worden.

Vom Platz gehen strahlenförmig angelegte Straßen aus, unter ihnen die Hauptstraßen Iroon Polytechniou, Dimokratias und Ioannou Sphakianaki. Die Iroon-Polytechniou-Straße wird von den Einheimischen auch Bolari-Straße genannt, weil sie die westliche Grenze des gleichnamigen Stadtviertels bildet. Auch hier sind spätminoische Gräber aus dem Zeitraum 1400-1100 v. Chr. gefunden worden.

Diese breite Straße, die früher beiderseits von schönen Herrenhäusern flankiert wurde, von denen leider nur sehr wenige erhalten geblieben sind, endet an der Küste. Das an der Küste gelegene Viertel wird nach den früher dort betriebenen Gerbereien Tambakaria genannt. Diese Betriebe sind an eine andere Stelle der Stadt verlegt worden, und ihre alten Gebäude sind inzwischen restauriert. Hier befinden sich heute Fischtavernen, die frischen Fisch, Meeresfrüchte, Seeigel, Tintenfische u. a. anbieten.

Die Ioannou-Sphakianaki-Straße wurde ursprünglich ebenfalls von zahlreichen Herrenhäusern gesäumt. In einem von ihnen, einem zweistöckigen klassizistischen Gebäude, ist heute das interessante Historische Archiv Kretas untergebracht. An der Kreuzung der Sphakianaki- und der Tzanakaki-Straße befindet sich das Kriegsmuseum, das in den alten Kasernen der Stadt eingerichtet ist, die in einem schönen Park liegen. In der Tzanakaki-Straße, die zum Agora-Platz führt, findet man Geschäfte, Banken, die Zentrale der Telefongesellschaft O.T.E. und die Post.

Dem Kriegsmuseum gegenüber liegt der Stadtpark mit hohen Bäumen, die während der Sommermonate willkommenen Schatten spenden. Er ist im Jahre 1870 von Reouf Pascha nach europäischen Vorbildern angelegt worden. An seiner Ostecke erhebt sich ein Uhrenturm, und innerhalb des Parks wird ein kleiner Zoo unterhalten.

An der Nordseite des Parks führt die Dimokratias-Straße entlang, die am zentralen Platz der Stadt endet, dem lauten und verkehrsreichen 1897-Platz, der von den Einheimischen auch Agora- oder Kotzambasi-Platz genannt wird.

Hier, am südlichen Rand der mittelalterlichen Stadt, erhebt sich die kreuzförmig errichtete Städtische Markthalle. In den Läden im Inneren werden u. a. kretische Milchprodukte, Fleisch, Fisch, Brot und kretisches Paximadi (Zwieback) angeboten. Jeder der vier Kreuzarme hat einen eigenen Eingang. Vom nördlichen und westlichen führen Stufen ins Geschäftszentrum der Stadt, der Katola.

Wir verlassen die Markthalle durch den westlichen Ausgang, steigen die Stufen hinab und stehen auf der Mousouron-Straße, die von schmalen Gassen mit Geschäften geschnitten wird.

Andere führen zur Chalidon-Straße – wie die Skydloph-Straße, die früher Stivanadika hieß, weil hier die kretischen Stiefel (»stivania«) hergestellt wurden – und von dort zum Hafen. Andere Straßen führen auf den Kastelli-Hügel und zum gleichnamigen Viertel.

Wenn wir die Stufen des nördlichen Ausgangs hinabsteigen und der Tsouderon- und danach der Daskalogianni-Straße in Richtung Meer folgen, treffen wir auf den kleinen malerischen 1821-Platz, der im Herzen des Splandzia-Viertels liegt. Das Viertel wird von der Kirche des Agios Nikolaos mit dem hohen Minarett beherrscht.

In der Nähe ist die katholische Kirche des Agios Rokkos erhalten, die 1630 geweiht worden ist. Die Kirche des Agios Nikolaos ist um 1320 als Klosterkirche eines Dominikanerklosters errichtet worden. Von hier aus kann man durch die engen Gassen schlendern, die sich zwischen den Häusern hindurch winden. An einer dieser Gassen liegen die Kirche des Agios Ioannis des Eremiten aus der 2. Hälfte des 16. Jhs. und die Kapelle der Agii Anargyri, die die einzige orthodoxe Kirche in Chania war, in der mit Erlaubnis der Venezianer und der Türken die Liturgie gefeiert werden durfte. Die Kirche ist mit bedeutenden Fresken geschmückt, von denen die meisten aus dem Jahr 1841 stammen.

Die Städtische Markthalle ist 1911 nach dem Vorbild der Markthalle von Marseille errichtet worden.

Der Platz der Markthalle kommuniziert mit dem kleinen, von Palmen bestandenen Platz, der nach der Schlacht um Kreta (Machi tis Kritis) benannt ist. Hier beginnt die Kriari-Straße, die zum mit Bäumen bepflanzten 1866- oder Ton-Neon-Katastimanton-Platz mit Cafes und Hotels führt. Den nördlichen Abschluss des Platzes bildet die Chatzimichali-Giannari-Straße, die zugleich die Altstadt von der Neustadt trennt.

An der belebten Chatzimichali-Giannari-Straße beginnt die Chalidon-Straße, die zur Zeit der Venezianerherrschaft Ruga Magistra hieß. Westlich dieser Straße, die von Läden mit Tourismusartikeln gesäumt wird, trifft man im Ovriaki-Viertel auf die Schiavo-Bastion.

Die Chalidon-Straße berührt den Platz des Patriarchen Athinagoras, an dessen Ostseite sich die Bischofskirche erhebt, und führt zum venezianischen Hafen hinunter.

Die dreischiffige Basilika besitzt ein überhöhtes Mittelschiff und an der Nordwestecke einen Glockenturm. Sie wird auch »Trimartyri« genannt, weil jedes der Schiffe einem anderen Heiligen geweiht ist: das nördliche dem Agios Nikolaos, das südliche den Drei Hierarchen und das mittlere dem Tempelgang Mariä. Im Inneren der 1897 restaurierten Kirche beeindrucken die Ikonostase und die Wandmalereien. An der nördlichen Ecke des Platzes ist ein türkisches Dampfbad an einer Stelle erhalten, an der zur Zeit der Venezianer das katholische Kloster der Santa Chiara gestanden hatte.

Fast gegenüber erhebt sich die restaurierte katholische Kirche des Agios Frankiskos. Hier ist das Archäologische Museum der Stadt eingerichtet, in denen die bedeutenden Funde ausgestellt sind, die innerhalb des Regierungsbezirks ans Licht gekommen sind. Die Chalidon-Straße endet am belebten Eleftherios-Venizelos-Platz, dem Sandrivani, mit seinen zahlreichen Cafes und einem Hotel aus dem 19. Jh.

Hier weckt der Leuchtturm unsere Aufmerksamkeit, der von den Ägyptern zwischen 1830 und 1840 auf den Grundmauern eines älteren venezianischen errichtet worden ist.

Er erhebt sich auf dem Ende des im Jahre 1515 angelegten Wellenbrechers, der den Doppelhafen vor den heftigen Nordwinden schützt. Vom Sindrivani gehen wir die Akti Tombazi entlang und sehen rechts die im Jahre 1645 errichtete, restaurierte Kioutsouk-Hasan-Moschee.

Hinter ihr steigt der Kastelli-Hügel auf, an dem die Residenz des venezianischen Gouverneurs und die Ruinen des Duomo erhalten sind, die in die Wohnhäuser integriert sind. Wir gehen in Richtung auf den inneren Hafen weiter, der heute als Yachthafen dient.

Die malerischen alten Häuser an dieser Seite des Hafens beherbergen Cafes und Tavernen, und in einem von ihnen ist ein Ausstellungssaal eingerichtet. Hier sieht man auch die zwischen 1599 und 1607 errichteten eindrucksvollen venezianischen Arsenale.

An der Nordostecke des Hafens erhebt sich die in gutem Zustand erhaltene Sabbionara-Bastion. Wir folgen der durch diesen Teil der Altstadt führenden Straße zur Ostseite der Bastion, wo die Akti Miaouli und der Strand beginnen. Die hier betriebenen Cafes und Tavernen sind bei der Jugend der Stadt besonders beliebt.

Südlich des an der Küste entlang führenden Fußgängerwegs liegt das Viertel »Koum Kapi«, d. h. Strand-Tor, das im Osten außerhalb der alten Stadtmauer von Chania errichtet worden ist.

An der westlichen Seite der Akti Miaouli ist ein Abschnitt des Grabens erhalten, der vor der venezianischen Stadtmauer angelegt war, und am südlichen Ende sieht man die Bastion Santa Lucia.

Wir kehren zum Sandrivani zurück und folgen der Akti Koundourioti, an der sich Fischtavernen, Restaurants und Cafes aneinander reihen. Die Küstenstraße führt um die Phirkas-Festung herum – eines ihrer Gebäude

Links oben:
Die »Trimartyri«
genannte
Bischofskirche.
Links unten:
Der
Sandrivaniou-
Platz.

Rechts oben:
Der Leuchtturm.
Rechts unten:
Die Arsenale.

Oben:
Die Altstadt.

Unten:
Die Kioutsouk-
Hasan-Moschee.

beherbergt das Nautische Museum –, heißt nun Akti Kanari und führt zum Stadtviertel Nea Chora. Am Hafen enden die engen Gassen des Stadtviertels Topana, in dem zur Zeit der Türkenherrschaft die christliche Bevölkerung wohnte. Das Viertel ist nach den Kanonen (»topia«) benannt, die die Türken hier aufgestellt hatten.

An den engen, schattige Gassen mit Stufen und Bögen liegen zwei- und dreistöckige Häuser mit schönen Türen. An der Theophanous-Straße liegt der Palazzo Renieri mit Inschrift und Wappen und einer integrierten Kapelle. Die Venieri-Straße ist mit einem Bogen überwölbt, und an der Angelou-Straße stehen sehenswerte venezianische Herrenhäuser.

In der Theotokopoulou-Straße gibt es kleine Läden und Häuser mit Erkern. Sie führt zum nördlichen Rand des Topana-Viertels – der westlichen Grenze der mittelalterlichen Stadt – und zur Bastion San Salvatore mit dem kleinen Talou-Platz und der San Salvatore-Kirche (15. Jh., Umbauten im 16. und 17. Jh.), die Bestandteil eines Franziskanerklosters war.

Die restaurierte Kirche, die von den Türken in eine Moschee umgewandelt worden war, beherbergt heute die Byzantinische und Nachbyzantinische Sammlung der Stadt Chania. Wir folgen der Akti Kanari, die westlich des Talou-Platzes beginnt und unterhalb der San Salvatore-Bastion entlangführt, und erreichen nach einem kurzen, angenehmen Spaziergang das Stadtviertel Nea Chora mit seinem kleinen Hafen und den zahlreichen, am Sandstrand von Nea Chora gelegenen Fischtavernen.

Archäologisches Museum

(Chalidon-Straße 30)

Die Ausstellungsobjekte sind in zwei Einheiten gegliedert und stammen aus neolithischer bis römischer Zeit.

In der ersten Einheit sieht man Funde aus der spätneolithischen bis spätminoischen Zeit (3500-1200 v. Chr.).

Sie stammen aus den Höhlen des Regierungsbezirks, die zunächst als Wohn- und später als Kultstätten genutzt worden sind, aus Gräbern und aus Siedlungen dieser Zeit (so aus dem minoischen Kydonia).

Die zweite Einheit umfasst Funde aus der Eisenzeit, die am Ende des 2. Jahrtausends v. Chr. beginnt. Ausgestellt sind u. a. Tongefäße, Statuetten, Schmuck und Waffen aus geometrischer Zeit (1000-700 v. Chr.), ein Teil eines Frieses aus dem frühen 7. Jh. v. Chr. aus der Stadt Chania, Skulpturen aus dem Asklepieion von Lissos, Tonsarkophage, Goldschmuck und Fußbodenmosaike aus dem 2. und 3. Jh. n. Chr.

Byzantinische und Nachbyzantinische Sammlung der Stadt Chania

(Talou-Platz)

Die Sammlung ist in der restaurierten Kirche des venezianischen San Salvatore-Klosters untergebracht, die wahrscheinlich im 15. Jh. errichtet und im 16. sowie gegen Ende der Venezianerherrschaft (Mitte des 17. Jhs.) erweitert worden ist.

Die Türken hatten die Kirche in eine Moschee umgewandelt.

Die Sammlung umfasst Funde aus der frühchristlichen Zeit bis zur Zeit der Türkenherrschaft.

Ausgestellt sind u. a. Mosaike, Grabinschriften, Wandmalereien, Bauskulpturen, Münzen, Keramik und Werke der Kleinkunst.

Historisches Archiv Kretas und Volkskundliche Sammlung

(Ioannou-Sphakianaki-Straße 20)

In einem klassizistischen Gebäude sind die Volkskundliche Sammlung von Chania, die u. a. lokale Trachten, Handarbeiten und Möbel umfasst, und das Historische Archiv Kretas untergebracht, das das wichtigste Archiv nach dem Generalstaatsarchiv darstellt, zu dem es gehört. Aufgabe des Archivs Kretas ist es, alle Schriftstücke und Zimelien zu sammeln, die mit der Geschichte der Insel in Zusammenhang stehen. Das Archiv beinhaltet u. a. tausende historische Urkunden, Dokumente zu einzelnen Persönlichkeiten und das Archiv der kretischen Presse.

Oben:
Die Kirche des
San-Salvatore-
Klosters.

Unten:
Das Nautische
Museum.

Nautisches Museum

Das Nautische Museum ist in einem auffallend farbig gestrichenen Gebäude am Eingang zur Phirkas-Festung am venezianischen Hafen eingerichtet.

Ausgestellt sind Objekte, die mit der Geschichte der kretischen Schifffahrt zu tun haben (Schiffsmodelle, Zimelien der Marine, Gemälde, Stiche u. a.).

Kriegsmuseum

(An der Kreuzung der Ioannou-Sphakianaki- und Tzanakaki-Straße)

Ausgestellt sind Erinnerungsobjekte an die Kriege des 20. Jhs. u. a.

Akrotiri und Therisso

Während unseres Aufenthalts in Chania können wir, bevor wir mit den Rundfahrten beginnen, zwei Ausflüge in die unmittelbare Umgebung der Stadt unternehmen, die uns nach Nordosten nach Akrotiri und nach Süden zum historischen Dorf Therisso führen, das an den nördlichen Ausläufern der Weißen Berge errichtet ist.

AKROTIRI

Akrotiri ist der Name der nahezu runden Halbinsel, die die Bucht von Chania nach Osten abschließt.

Sie wird zum großen Teil von einer 200 m hoch gelegenen Ebene eingenommen.

Im Süden liegt der Flugplatz von Chania. Der höchste Berg, die Skloka, erreicht eine Höhe von 526 m.

Auf Akrotiri befinden sich zahlreiche kleine Dörfer, historische Klöster und Höhlen.

Wir verlassen Chania auf der Eleftherios-Venizelos-Straße und folgen dann der Manoussou-Koundourou-Straße hinauf zum Stadtviertel Chalepa, dessen Häuser auf einer flachen Anhöhe über dem Meer errichtet sind.

Das Venizelos-Haus in Chalepa.

Hier befanden sich zur Zeit des Staates Kreta (1898-1913) die Botschaften, Konsulate und Verwaltungsgebäude. Hier stehen auch das Haus des Prinzen Georgios und dasjenige von Eleftherios Venizelos.

Das zweistöckige klassizistische Haus von Eleftherios Venizelos, das in ein Museum umgewandelt worden ist, steht am gleichnamigen Platz in der Nähe der im russisch-byzantinischen Stil errichteten Kirche der Agia Magdalini aus dem Jahr 1903.

Die Straße steigt hinter Chalepa weiter an und bietet herrliche Blicke auf die Stadt Chania. Nach den beiden letzten engen Kurven der sich durch einen Kiefernwald hinauf windenden Straße erreichen wir den Prophitis Elias-Hügel.

In der gleichnamigen Kapelle wurde im Jahre 1897 die erste Revolutionsversammlung abgehalten, die die Vereinigung Kretas mit dem übrigen Griechenland zum Ziel hatte.

Auf der Kuppe des Hügels verzweigt sich die Straße. Links sieht man die schlichten Gräber von Eleftherios Venizelos und seines Sohnes Sophoklis.

Die in der Nähe befindlichen Cafes bieten einen herrlichen Blick auf Chania. Wir kehren zur Hauptstraße zurück und fahren nordwärts nach Kounoupidiana und zur Kalathas-Bucht mit ihrem von Tamarisken bestandenen goldenen Sandstrand.

Es folgt der sehr gepflegte Sandstrand von Stavros an einer geschlossenen

Oben: Die Venizelos-Gräber; im Hintergrund Chania.
Unten: Der Strand von Stavros.

Bucht am nördlichsten Punkt von Akrotiri. Hier sind einige Szenen des Filmes »Alexis Sorbas« gedreht worden.

Eine andere Straße, der wir folgen, führt nach Osten zum Flugplatz. Rechts sieht man die geschlossene Souda-Bucht, die einem länglichen See gleicht, und die Berge von Malaxa, die fast senkrecht aufragen. Nach 7 km verzweigt sich die Straße. Geradeaus geht es nach Sternes mit einem herrlichen Blick auf die Souda-Bucht. Außerhalb des Dorfes ist ein Landhaus aus der Periode Spätminoisch III ausgegraben worden.

An der Bucht unterhalb von Sternes liegt das Dorf Marathi mit einem schönen Sandstrand und seichtem Wasser; gegenüber liegt am Eingang der Bucht das Inselchen Palia Souda. Hier wird Minoa vermutet, einer der beiden Häfen der Stadt Aptera, von dem Reste der Hafenanlagen, Überreste runder Zisternen und von Häusern aus römischer Zeit erhalten sind.

Das Kloster Agia Triada Tzangarolon.

Die Abzweigung nach links führt zum Flugplatz, von wo eine weitere Abzweigung das Kloster Agia Triada Mourtaron oder Tzangarolon zum Ziel hat. Eine Zypressenallee mündet nach 2,5 km auf einen Platz, an dem sich der von Weinfeldern, Orangenplantagen und Eukalyptusbäumen umgebene eindrucksvolle Baukomplex des Klosters aus dem 17. Jh. erhebt.

Kloster Agia Triada Tzangarolon

Das Kloster trägt den Namen der beiden Mönche Ieremias und Lavrentios Tzangarolo, die das kleine Kloster der Familie der Mourtari restauriert hatten und, obwohl gebürtige Venezianer, den orthodoxen Glauben angenommen hatten.

Das eindrucksvolle Klostergebäude, dessen Fassade außen drei- und innen zweistöckig ist, ist in einer grünen Landschaft mit Olivenhainen und Weingärten errichtet.

Eine Treppe führt zum monumentalen Hauptportal, das von der westlichen Architektur beeinflusst ist. In der Mitte des gepflasterten Innenhofs erhebt sich die große Dreikonchenkirche mit ihren beiden Kapellen – der Zoodochos Pigi bzw. dem Agios Ioannis geweiht – und dem Narthex, die von den Zellen, dem Refektorium und den anderen Räumen des Klosters umgeben ist. Unter dem Hof sind Zisternen angelegt, in denen das Regenwasser aufgefangen wird. Im Kloster ist ein Museum mit wichtigen Urkunden und Ikonen aus dem 15., 16. und 17. Jh. eingerichtet.

An der Westseite des Platzes beginnt eine schmale Straße, die durch eine Schlucht führt und nach 5 km ein anderes historisches Kloster erreicht, das alte Gouverneto-Kloster, das bereits am Ende des 16. Jhs. bestanden hat.

Das Kloster Gouverneto

Der Komplex des Wehrklosters mit seinen vier Türmen liegt am Rand eines Platzes.
Das Zentrum des Innenhofes nimmt die dem Tempelgang Mariä geweihte Dreikonchenkirche mit ihren beiden Kapellen ein, deren Fassade reich mit venezianischen Reliefs geschmückt ist.

Nördlich des Gouverneto-Klosters befindet sich das heute verlassene Katholiko-Kloster, zu dem ein Bergpfad führt. Auf halber Strecke sieht man die Bärenhöhle, die in der Antike als Kulthöhle gedient hat – in der Artemis in Gestalt einer Bärin verehrt wurde – und auch von den Christen weiter benutzt worden ist. In ihrem Inneren sieht man einen Stalagmiten, der einem Wasser saufenden Bären gleicht, und einen kleine Kapelle der Panagia.

Nach der Höhle führt der Pfad bergab. An seinem Ende haben die Mönche Stufen angelegt, die den Zugang zum Kloster erleichtern.

Das Kloster ist im 5. oder 6. Jh. n. Chr. vom Agios Ioannis dem Eremiten in dieser monumentalen Landschaft gegründet worden. Die halb verfallene Klosterkirche ist aus der senkrecht abfallenden Felswand herausgemeißelt und zeigt Renaissanceeinflüsse.

THERISSO

Wir verlassen Chania in Richtung Westen und folgen vor der Verzweigung des Kladissos-Flusses der Straße nach Perivolia, das inmitten riesiger Orangenplantagen errichtet ist. Hinter Perivolia beginnt die Straße anzusteigen.

Nach wenigen Kilometern und zahlreichen Kurven erreicht sie die 6 km lange Therisso-Schlucht, deren Windungen die Straße nun folgt.

Sie verläuft parallel zum kleinen Fluss, an dessen schmalen Ufern Platanen, Johannisbrot- und Erdbeerbäume sowie alle Arten von Büschen wachsen. Die Schlucht wird immer enger, und die Felswände nehmen an Höhe zu.

Hinter dem Ausgang der Schlucht sieht man das theaterartig über einem kleinen Tal am grünen Hang liegende Dorf Therisso.

Vor dem kleinen Dorfplatz weist ein Schild den Weg zum Hauptquartier von Venizelos, d. h. zum Haus, von dem aus der große kretische Politiker die Revolution von 1905 organisiert hatte. Der Hof des Hauses ist voller blühender Blumen.

Am Dorfplatz gibt es Tavernen und Cafes. Von Therisso führt die Straße zu den Bergdörfern Zourva und Meskla hinauf.

Oben:
Die Statue des
Eleftherios
Venizelos.
Unten:
Die Therisso-
Schlucht.

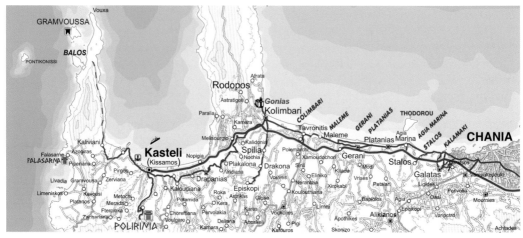

1. RUNDFAHRT

**Chania-Agia Marina-Maleme
Kolymbari-Kloster Gonia-Polyrrhenia
Kissamos (Kastelli)-Gramvoussa**

Wir verlassen die Stadt in Richtung Westen und fahren vor der Verzweigung des Kladissos-Flusses geradeaus nach Kolymbari und Kastelli. Abzweigungen nach rechts führen zur Küste östlich der Straße.

Nach Makry Ticho führt eine Abzweigung nach links (beim 3. km) nach Pano Daratso und Galatas.

Das traditionelle Dorf Galatas liegt auf einer grünen Anhöhe und besitzt einige kleine Hotels mit Meerblick.

Das Dorf ist von fünf Familien gegründet worden, die im Jahre 961 aus dem Stadtviertel Galata in Konstantinopel nach Kreta übergesiedelt waren.

Hier haben während der Schlacht um Kreta griechische und neuseeländische Soldaten mit der Unterstützung der unbewaffneten Bevölkerung gegen die deutschen Fallschirmjäger gekämpft.

Wir fahren an der Abzweigung nach Galatas geradeaus weiter. Eine Abzweigung nach rechts führt zu den sandigen Buchten von Agii Apostoli und Glaros.

Nach 1 km sieht man rechts Kalamaki mit einen kleinen Sandstrand. In weiteren Verlauf der Strecke ist das Meer nicht immer sichtbar. Auf der gesamten Strecke säumen Hotels, Restaurants, Cafes und Touristengeschäfte die Straße, die zwischen Orangenplantagen, die mit Riedhecken vor dem Meereswind geschützt sind, errichtet sind.

Bis Platania ist das Gebiet dicht bebaut. Kato Stalos und Agia Marina besitzen einen schönen Sandstrand mit seichtem Wasser.

Genau gegenüber liegt die unbewohnte Felseninsel Agii Theodori oder Thodorou, das antike Akoitos (= zum Wohnen ungeeignet). Die Insel verdankt ihren heutigen Namen einem der beiden venezianischen Kastelle, dem Kastell Agios Theodoros oder Turluru aus dem Jahr 1585.

Nach 12 km erreichen wir Platanias, das auf der Kuppe einer felsigen Anhöhe in der Nähe der Küste liegt.

Am sandigen Strand gibt es zahlreiche Cafes, Bars, Nachtlokale, Restaurants, Tavernen und Hotels. Das folgende Dorf heißt Gerani, an das sich das durch die Schlacht um Kreta bekannt gewordene Maleme anschließt, das heute ein Tourismusgebiet mit zahlreichen großen Hotelkomplexen ist.

Der rechts der Straße gelegene Flugplatz war während der deutschen Invasion heiß umkämpft. In der Nähe von Maleme ist ein Friedhof angelegt worden, auf dem die während des 2. Weltkriegs in Griechenland gefallenen deutschen Soldaten bestattet sind.

Nördlich des Dorfes ist in der Nähe dieses Friedhofs ein nachpalastzeitliches Kuppelgrab gefunden worden, zu dessen Grabkammer ein 13,80 m langer Dromos mit gebauten Seitenwänden hinführt.

*Links oben:
Der Strand von
Agia Marina.
Links unten:
Agii Apostoli.*

*Unten: Die
Thodorou-Insel,
auf der Kri-Kri
gezüchtet
werden.*

Wir passieren nach der Brücke über den Tavronitis-Fluss die Abzweigung nach Paleochora und erreichen nach 4,5 km Kolymbari, ein altes, von endlosen Olivenhainen gesäumtes Fischerdorf am linken Rand der Bucht von Chania. Hier beginnt die gebirgige Halbinsel von Rodopos, dem antiken Tityros oder Psakkon. An seiner Nordostspitze wird die antike Stadt Diktynna mit dem Diktynnäischen Heiligtum vermutet.

Kolymbari ist für sein hervorragendes Olivenöl und seinen Wein bekannt, die die umliegenden Olivenhaine und Weinberge liefern. Die hübsche Ortschaft verfügt über Tavernen, Cafes und einen kleinen malerischen Hafen. Der lange Kieselstrand und das saubere tiefe Meer laden zum Baden ein.

In der Nähe des Gonia-Klosters befindet sich die Orthodoxe Akademie Kretas. 2 km weit entfernt ist den griechischen Kadetten, die während der Invasion der Deutschen gefallen waren, ein Denkmal errichtet worden.

Hinter Kolymbari biegen wir nach links ab und erreichen nach 2,5 km das grüne Dorf Spilia, das eine Sammlung byzantinischer Ikonen besitzt. Außerhalb des Dorfes befindet sich auf einer mit Zypressen bestandenen Anhöhe die Einraumkirche der Panagia.

Im folgenden Dorf Drakona befindet sich eine ausgemalte Kapelle des Agios Stephanos (14. Jh.), und der Name des Dorfes Episkopi Kissamou verrät, dass es von 961 bis zum Beginn der Herrschaft der Venezianer Sitz des Bischofs von Kissamos gewesen ist.

Außerhalb des Dorfes ist die Rotonda erhalten, deren Kuppel außen vier Abstufungen zeigt und die auf den Grundmauern einer frühchristlichen Basilika errichtet worden ist. In ihrem Inneren sieht man Reste des Fußbodenmosaiks, Wandmalereien und im Narthex ein kleines kreuzförmiges Taufbecken, die noch aus der alten Basilika stammen.

Oben:
Kolymbari.

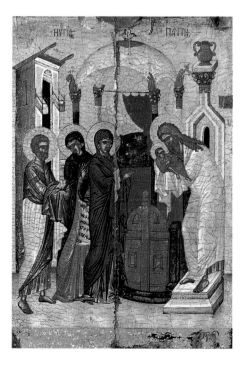

*Oben links:
Ikone mit dem
»Tempelgang
Mariä« in der
Sammlung des
Dorfes Spilia.*

*Oben rechts:
Diptychon im
Museum des
Gonia-Klosters.*

*Unten:
Das Gonia-
Kloster bei
Kolymbari.*

Das Gonia-Kloster

*Das der Muttergottes geweihte
Wehrkloster Gonia liegt etwa 1
km nordwestlich von Kolymbari
auf der Rodopos-Halbinsel.
Im Zentrum des Innenhofes
erhebt sich die Drei-
konchenkirche mit zwei
Kapellen.
Die sie umgebenden Bauten ent-
halten die Mönchszellen, das
Refektorium und andere Räume.
Im Klostermuseum sind
Zimelien, Priestergewänder,
Handschriften und Ikonen aus
dem 15., 16. und 17. Jh. ausge-
stellt, unter denen sich Werke
des berühmten Vertreters der
Kretischen Schule, Andreas
Ritzos, befinden.*

Das antike Polyrrhenia

Das antike Polyrrhenia war in hellenistischer Zeit einer der mächtigsten Stadtstaaten Westkretas, der eigene Münzen prägte und auch noch in römischer Zeit blühte. In dieser Zeit übte die Stadt die Kontrolle über das Heiligtum der Göttin Diktynna (oder Artemis oder Britomartis) an der Menies-Bucht der Rodopos-Halbinsel aus. Die Stadt war an einer natürlich befestigten Stelle erbaut und kontrollierte das Kretische Meer. Die Häuser waren theaterartig an den Hängen eines Hügels errichtet, auf dessen Kuppe sich die Akropolis befand. Obwohl sie von Achäern gegründet worden sein soll (nach Strabon durch die Zusammenlegung benachbarter Siedlungen), stammen die ältesten Funde erst aus dem 6. Jh. v. Chr. Heute sieht man Überreste der hellenistischen und byzantinischen Befestigung, der zur Zeit Hadrians (117-138 n. Chr.) aus dem Fels gemeißelten Wasserleitung und aus dem Fels gehaune Kammergräber. Auf der Kuppe des Hügels, auf der heute die weitgehend aus antikem Baumaterial errichtete Kirche des Agion Pateron steht, sieht man die Grundmauern eines Tempels oder Telesterions aus dem 4. Jh. v. Chr.

Wir kehren zur Hauptstraße zurück und fahren weiter nach Kastelli Kissamou. Nach 5 km erreichen wir Plakalona, von wo aus man einen herrlichen Blick auf die Ebene von Kissamos mit ihren endlosen Olivenhainen hat. Vor Kastelli kann man nach links abbiegen und das 6,5 km entfernt liegende Dorf Polyrrhinia mit seinen engen Gassen und Steinhäusern besuchen, in dessen Nähe die Überreste der antiken Stadt Polyrrhenia entdeckt worden sind. Auf einem Platz des Dorfes steht noch heute ein halbkreisförmiger Turm, der zur hellenistischen Stadtmauer gehört hat.

Unsere letzte Station ist die Ortschaft Kastelli, die 42 km von Chania entfernt liegt und einen schönen Sandstrand mit hohen Tamarisken sowie einige Unterkünfte besitzt. Von hier aus bestehen Fährverbindungen nach Kythera und nach Gythio auf der Peloponnes. Die Einheimischen nennen ihre Ortschaft nach dem venezianischen Kastell »Kastelli«, von dem nur einige Reste der Umfassungsmauer erhalten sind.

Kastelli liegt am westlichen Abschnitt der gleichnamigen Bucht, die von den Halbinseln von Rodopos und Gramvoussa flankiert wird. Im fruchtbaren Hinterland gedeihen Oliven- und Orangenbäume, und die Weingärten liefern den bekannten kissamiotischen Wein.

Das antike Kissamos

In der Antike war Kissamos eine autonome Küstenstadt, die eigene Münzen mit dem Kopf des Hermes, einem Delphin und der Legende ΚΣ/ΙΩ prägte.

Die von Ptolemaios erwähnte Stadt war wahrscheinlich der Hafen der antiken Stadt Polyrrhenia und blühte vor allem vom 1. Jh. v. bis zum 4. Jh. n. Chr., als sie durch das schwere Erdbeben zerstört wurde, das Kreta im Jahre 365 n. Chr. heimsuchte. Innerhalb der heutigen Ortschaft durchgeführte Notgrabungen bringen ständig neue Funde aus römischer Zeit ans Licht, wie architektonische Überreste von Bädern, öffentlichen Thermen, Zisternen, einem Aquädukt, des Wasserversorgungs- und Abwassersystems, von Tempeln und Wohnhäusern mit schönen Fußbodenmosaiken aus dem 2.-4. Jh. n. Chr., der Nekropole mit gebauten und aus dem Fels gehauenen Gräbern sowie Abschnitte eines Theaters oder Amphitheaters. Auf dem Hügel Selli westlich der heutigen Ortschaft sind architektonische Überreste aus dem 4.-3. Jh. v. Chr. entdeckt worden, die wahrscheinlich zur Stadt der klassischen und hellenistischen Zeit gehört haben; später ist die Stadt dann an den Hafen verlegt worden.

Bevor wir Kastelli verlassen, besuchen wir das venezianisch-türkische Verwaltungsgebäude, in dem die interessante Archäologische Sammlung von Kissamos ausgestellt ist, die Funde aus der Umgebung enthält. Die Objekte stammen aus der prähistorischen bis zur frühchristlichen Zeit.
Im Erdgeschoss sieht man Funde aus dem Umland von Kastelli, während das Obergeschoss den Funden aus der antiken Stadt Kissamos gewidmet ist.

*Links:
Die Rotonda in
Episkopi
Kissamou.*

*Unten: Kastelli
Kissamou.*

Gramvoussa

Westlich von Kastelli liegt die langgestreckte, schwer zugängliche Halbinsel von Gramvoussa, die in zwei Kaps ausläuft; im Norden liegt Kap Vouxa, das antike »Korykos akra«, und im Nordwesten Kap Tigani, das bei Strabon den Namen Kimaros trägt. Zwischen Tigani und Vouxa liegen die beiden langgestreckte Inseln Agria und Imeri Gramvoussa.

Auf Imeri Gramvoussa haben die Venezianer im Jahre 1584 ein Kastell errichtet, das in gutem Zustand erhalten ist. An der nördlichen Seite der Tigani-Halbinsel befindet sich die reizvolle Balos-Bucht mit ihrem herrlichen weiß-goldenen Sandstrand, dem grünblauen seichten Meer und einem schönen Blick zur gegenüber liegenden Insel Imeri Gramvoussa, die die nördliche Öffnung der Bucht schützt; etwas weiter östlich erkennt man die längliche Insel Agria Gramvoussa.

Dieses Gebiet mit seiner unberührten wilden Schönheit, das einer Tropenlandschaft gleicht, kann man bei geeignetem Wetter von Kastelli aus in etwa einer Stunde mit dem Boot erreichen. Auch von Chania aus kommen Ausflugsboote hierher.

Im Dorf Kalyviani beginnt eine schwierige, 15 km lange Staubstraße, die 2 km vor dem Sandstrand von Balos endet, zu dem man auf einem Fußpfad hinabsteigt.

2. RUNDFAHRT

Kastelli Kissamou-Phalassarna
Chryssoskalitissa-Elaphonissi-Topolia

Die zweite Rundfahrt führt uns an die Westküste des Regierungsbezirks. Wir verlassen die Stadt in Richtung Westen.

Bei der Verzweigung des Kladissos-Flusses biegen wir nach links ab und folgen nach 1,5 km dem Hinweisschild zur neuen Autobahn Chania-Kastelli. Hinter Kastelli entfernt sich die Straße von der Küste und erreicht nach 11,5 km das große Dorf Platanos. Von hier aus führt eine Abzweigung nach etwa 5 km nach Phalassarna.

Während der abwärts führenden Fahrt genießen wir die Ausblicke auf die vor uns liegende kleine Ebene mit ihren Treibhäusern und dem Meer im Hintergrund, und rechts ist schwach die westliche Steilküste der Gramvoussa-Halbinsel zu erkennen.

Phalassarna besitzt einen herrlichen Strand mit feinkörnigem goldenem Sand und sauberem Wasser. Hier gibt es einige Tavernen und Fremdenzimmer für die ständig zunehmende Zahl der Besucher.

Etwa 2 km entfernt sind am nördlichen Rand des Strandes auf dem Kap Kourti die Überreste der antiken Stadt Phalassarna freigelegt worden, die eine der wichtigen Hafenstädte Westkretas war.

Antike Phalassarna

Die hellenistische Stadt Phalassarna entwickelte sich zu einer bedeutenden See- und Handelsmacht. Die Ausgrabungsergebnisse und die Schriftquellen datieren ihre Gründung ins 6. Jh. v. Chr. Sie ist nach der Nymphe Phalasarne benannt. Die Stadt war eine erklärte Feindin von Polyrrhenia. Sie war auf Terrassen errichtet und besaß zwei geschlossene und befestigte Häfen, die durch einen Kanal mit dem Meer verbunden waren. Dank dieses geschützten Hafens und des fruchtbaren Hinterlandes entwickelte sich Phalassarna zu einem bedeutenden Schifffahrts- und Handelszentrum. Im Rahmen der von ihnen im 1. Jh. v. Chr. ergriffenen Maßnahmen gegen die Seeräuberei zerstörten und verschlossen die Römer den Hafen. Nach der wahrscheinlich 365 n. Chr. erfolgten Hebung der Westküste liegt der hellenistische Hafen heute rund 100 m von der Küste entfernt. Man sieht heute noch Reste der Stadtmauer, zwei Festungstürme des Hafens aus dem 4. Jh. v. Chr., Grundmauern von Gebäuden und kleinen Tempeln der klassischen und hellenistischen Zeit, Kistengräber der archaischen und klassischen Zeit und einen aus dem Fels gemeißelten »Thron«. Seine Bedeutung ist unbekannt, doch wird er als Rednertribüne gedeutet.

Wir kehren nach Platanos zurück, setzen unsere Fahrt nach Süden fort und gelangen nach 8 km zum Küstendorf Sphinari mit seinem Kieselstrand, den Tamarisken und den Treibhäusern. Die Straße windet sich nun in Serpentinen durch die grünen Berge und Flussbetten.

Ein Dorf reiht sich an das andere. Nach Ano Sphinari gelangen wir ins Bergdorf Kambos. 4 km hinter Kambos führt in einer grünen, von Erdbeerbäumen bestandenen Landschaft eine Abzweigung nach rechts zur Ortschaft Livadia mit ihren kleinen Buchten.

Die Hauptstraße steigt die Berge hinauf, passiert das Bergdorf Keramoti, das nicht mehr bewohnte grüne Amygdalokephali, das mit Blick auf das Meer am Hang errichtet ist, dann Simandiriana, das malerische Papadiana mit seinen Steinhäusern und das hoch gelegene Kephali, das eine ausgemalte byzantinische Kirche der Verklärung Christi besitzt.

Nach weiteren 13 km erreichen wir das Nonnenkloster Chryssoskalitissa. Wir fahren weiter nach Süden, und nach 5 km endet die Straße am berühmten Sandstrand gegenüber der kleinen Insel Elaphonissi.

Elaphonissi

Der überwältigende Strand mit dem feinen weißen Sand, der schön geformte Hügel bildet, und das smaragdfarbene, kristallklare seichte Wasser, das in der Sonne glitzert, nehmen jeden Besucher gefangen, besonders wenn er zu einem Zeitpunkt in dieses Gebiet kommt, wenn es noch nicht von Sommerurlaubern überlaufen ist. Etwa 100 m vom Strand entfernt befindet sich das Inselchen Elaphonissi. Da das Wasser zwischen dem Strand und dem Inselchen nur 50-100 cm tief ist, kann man bei ruhiger See bequem zu Fuß hinübergehen. Wenn der »Livas« genannte Südwestwind weht, braust das Meer auf, und es bilden sich hier die höchsten Wellen des Mittelmeers. Aus diesem Grund bildete die Insel bis zum Ende des 19. Jhs., als hier der Leuchtturm errichtet wurde, eine tödliche Falle, und zahlreiche Schiffe sind an ihrer Küste zerschellt. Eine Gedenktafel aus Marmor erinnert an die 700 Menschen, die hier im Jahre 1824 von den türkisch-ägyptischen Soldaten

Kloster Chryssoskalitissa

Das Kloster blickt von der Höhe eines schroffen Felsens auf das blaue Meer und ist in venezianischer Zeit an der Stelle des alten Klosters des Agios Nikolaos errichtet worden. Die zweischiffige Klosterkirche ist der Entschlafung Mariä geweiht, deren Fest am 15. August begangen wird. Der Name des Klosters (»goldene Treppe«) geht auf die Legende zurück, dass eine der 90 zum Kloster hinaufführenden Stufen aus Gold besteht, die allerdings nur von Sündenfreien gesehen werden kann.

umgebracht worden sind. Vom Strand führt ein Fußpfad nach Süden zu einem Zedernwald, der an einem der schönsten Sandstrände Kretas endet.

Wir fahren zurück zum Bergdorf Kephali und können in einer der Tavernen den lokalen Yoghurt mit duftendem Honig kosten. Wir wenden uns dann nach rechts und fahren auf der kurvenreichen Straße durch ein mit Olivenbäumen, Erdbeerbäumen und Kastanien bestandenes Tal nach Elos. Das wasserreiche Elos liegt in einem grünen Flusstal. Vom anschließenden Dorf Myloi führt eine Abzweigung, die zunächst asphaltiert ist und dann in eine gute Staubstraße übergeht, in ein grünes Tal, in dem das alte Dorf Milias mit seinen Steinhäusern liegt, von denen einige hergerichtet sind und auf Öko-Touristen warten, und schließlich nach Koutsomatados, das zahlreiche Tavernen besitzt.

Oben:
Der Zedernwald
in der Nähe von
Elaphonissi.
Unten:
Die Höhle der
Agia Sophia in
der Topoliano-
Schlucht.

Rechts:
Elaphonissi.

Hier beginnt die eindrucksvolle grüne, mit wilden Olivenbäumen und Platanen bewachsene, 1.500 m lange Topoliano-Schlucht, die zwischen senkrechten, fast 300 m hohen Felswänden hindurchführt und zahlreiche höhlenähnliche Einbuchtungen besitzt. Die Fahrt durch die Schlucht ist sehr eindrucksvoll. Vor dem Ausgang der Schlucht sieht man links in 800 m Höhe die Höhle der Agia Sophia mit schönem Stalagmiten- und Stalaktitenschmuck und der gleichnamigen Kapelle im Inneren.

Wir verlassen die Schlucht und gelangen nach Topolia, ein theaterartig in einem mit zahlreichen Bäumen bestandenen, wasserreichen Tal errichtetes Dorf, in dem wir die byzantinische Kirche der Agia Paraskevi besichtigen können. Die traditionellen ziegelgedeckten Häuser stehen zwischen Kastanien, Olivenbäumen und Pappeln.

Nach Topolia folgen wir der Straße nach Norden, passieren das Dorf Potamida mit seinen glatten weißen Felsen, die die Einheimischen »komolithroulia« nennen, und erreichen nach 8,5 km das Dorf Kaloudiana, von wo wir auf der neuen Autobahn Kissamos-Chania nach Chania zurückkehren.

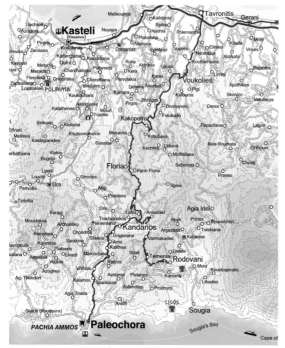

3. RUNDFAHRT

Chania-Phloria-Kandanos
Temenia-Paliochora

D er dritte Ausflug führt ins Hinterland und nach Paliochora an der Südküste, die von den Wellen des Libyschen Meeres bespült wird.

Wir können entweder 19 km der neuen Autobahn Richtung Kastelli folgen und dann nach Paliochora abbiegen oder die Stadt Richtung Westen verlassen und an der Verzweigung des Kladissos-Flusses geradeaus nach Tavronitis fahren, von wo eine Abzweigung nach Süden nach Paliochora führt.

Wir lassen Voukolies mit seinem großen Platz hinter uns, steigen nach Kakopetros hinauf, durchqueren ein fruchtbares, mit Olivenhainen und Kastanien bewachsenes Tal und gelangen zum 580 m hoch gelegenen Phloria.

Dort befindet sich die byzantinische Kirche des Agios Georgios, die 1497 von Georgios Provatopoulos ausgemalt worden ist.

Danach durchqueren wir ein weites, mit seinen zahllosen Olivenbäumen silbern glänzendes Tal.

Die Landzunge von Paliochora.

Hier liegt das historische Dorf Kandanos, das im 2. Weltkrieg das Opfer einer deutschen Vergeltungsaktion geworden ist.

Aus Rache für den heroischen Widerstand seiner Einwohner wurde das Dorf von den Deutschen niedergebrannt. Die Geschichte dieser Ortschaft, deren Name »Stadt des Sieges« bedeutet, ist sehr alt. Den schriftlichen Quellen zufolge hat hier in römischer Zeit eine blühende Stadt bestanden, von der ein großes Bauwerk mit einem Mosaikfußboden erhalten ist.

Während der ersten und der zweiten byzantinischen Periode residierte hier ein Bischof. Sehenswert ist im heutigen Dorf die Einraumkirche der Agia Ekaterini mit einer eindrucksvollen steinernen Ikonostase.

In der Umgebung von Kandanos stehen zahlreiche byzantinische Kirchen, von denen die meisten mit Fresken geschmückt sind (so in Anissaraki die Kirchen der Agia Anna, der

Kastell Paliochora

Auf der Spitze der Landzunge sieht man die Ruine eines 1279 von den Venezianern errichteten Kastells, das den Namen »Castel Selino« trug und Sitz eines Kastellans war. Die Ecken der hohen Mauern waren mit Türmen verstärkt. Es besaß gezahnte Schießschachten und Tore. Im Inneren gab es Wohnungen für die Offiziere, eine Kirche und Militärgebäude. Das Kastell wurde von aufständischen Kretern zerstört, jedoch 1325 von den Venezianern wiedererrichtet, um dann 1653 von den Türken ein weiteres Mal zerstört zu werden.

Agia Paraskevi und des Agios Georgios und in Plemeniana die Christuskirche und die Kirche des Agios Georgios).

Südlich von Kandanos liegt 700 m hoch in einer grünen Umgebung das Dorf Temenia, das für sein die Verdauung förderndes Wasser bekannt ist, das abgefüllt wird; hier steht die Kirche des Sotira Christou. In der Nähe des Dorfes sind auf einem schwer zugänglichen Hügel Überreste einer starken doppelten Umfassungsmauer, eines Panheiligtums und anderer Bauten erhalten, die zur antiken Stadt Hyrtakina gehört haben. Nach Temenia verläuft die Straße nach Osten zum Bergdorf Rodovani und trifft nach 1 km auf die Straße, die Alikianos mit Sougia verbindet. Wir verlassen Kandanos, wo es Bankfilialen und Geschäfte gibt, und erreichen nach 18 km das hübsche Paliochora.

Paliochora

Paliochora liegt auf einer kleinen Halbinsel am Libyschen Meer. Am nördlichen Rand der Halbinsel befindet sich der kleine Hafen für die zahlreichen Fischerboote mit einem gegenüber liegenden kahlen Inselchen. Die Ortschaft ist an der östlichen Küste der Halbinsel errichtet, während sich an der Westküste ein langer Strand mit goldenem Sand und kristallklarem Wasser entlang zieht, an dessen Rand Schatten spendende Tamarisken wachsen. In Paliochora, das sich zu einem beliebten Touristenziel entwickelt hat, gibt es zahlreiche Tavernen, Restaurants und Unterkünfte. Vom Hafen aus kann man vor allem in den Sommermonaten Bootsausflüge nach Elaphonissi, zur Insel Gavdos, zum Küstendorf Sougia und weiter nach Agia Roumeli unternehmen.

Paliochora.

Von Paliochora führt eine Straße nach Westen nach Koundoura mit seinen Gemüsetreibhäusern und endet am Krios-Strand.

4. RUNDFAHRT

Chania-Agia-Alikianos
Nea Roumata-Prasses-Sougia

D er vierte Ausflug innerhalb des
Regierungsbezirks Chania führt uns
ebenfalls in den Süden der Insel. Wir
durchfahren den Bezirk Kydonia und die
Dörfer des Bezirks Selino und erreichen nach
einer reizvollen Fahrt das Küstendorf Sougia.

An der Gabelung des Kladissos-Flusses nehmen wir die linke Abzweigung nach Alikianos.
Nach 5,5 km treffen wir auf die nach Galatas
führende Straße.

Wir durchqueren auf der Hauptstraße ein
wasserreiches, fruchtbares Tal mit Olivenbäumen, Orangenbäumen und Reben, die
seit alters hier kultiviert werden.

Die Fahrt zum 2,5 km entfernten Dorf Agia ist
außerordentlich reizvoll und führt durch eine
grüne Ebene. Rechts wölben sich flache
Hügel, und links erkennt man in der Ferne die
Gipfel der Weißen Berge. Außerhalb von Agia befindet sich der gleichnamige
Stausee, der mit seiner reichen Flora ein wichtiges Feuchtgebiet bildet.

Nach etwa 2,5 km befindet sich an einer Gabelung ein Denkmal für die 118
Kreter, die im Jahre 1941 in der Nähe des Flusses Keritis von den Deutschen
erschossen worden sind. Die geradeaus führende Straße berührt die Dörfer

*Unten: Der See
von Agia.*

Phournes und Omalos. Die nach rechts abbiegende Straße führt zunächst über
eine enge Brücke über den Fluss Keritis, der von Orangenplantagen flankiert

wird, und dann zum großen Dorf Alikianos, das von Orangenhainen umgeben ist. Versteckt in den im Frühling betäubend duftenden Orangenhainen hat der Turm der Da Molini, wenn auch mit einigen Schäden, die Zeiten überdauert. Der älteste Teil ist um 1229 vom Gründer der Familie, Mario Da Molini, errichtet worden.

In der Nähe befindet sich die Kirche des Agios Georgios aus dem Jahr 1243, die 1430 von Pavlos Provatas mit Fresken geschmückt worden ist. Hinter Alikianos liegt an der zum Dorf Kouphos führenden Straße die Kirche der Zoodochos Pigi, die auch unter dem Namen Ai-Kyrgiannis o Xenos bekannt ist. Sie steht auf den Grundmauern einer frühchristlichen Basilika, von der ein Teil des Mosaikfußbodens aus dem 6. Jh. mit Darstellungen von Hirschen, Pfauen, Amphoren u. a. erhalten ist.

Hinter der Brücke zweigt bei den ersten Häusern von Alikianos eine Straße nach rechts ab, die nach 2 km das Dorf Vatolakkos erreicht, an dessen Platz sich eine große Kirche erhebt.

Wir bleiben auf der nach Skines hinaufführenden Straße, einem hübschen, inmitten dichter Orangenplantagen gelegenen Dorf mit alten Häusern und einem Platz mit Cafes. Es folgen die in einem engen grünen Tal gelegenen kleinen Dörfer Chliaros und Langos. Die Straße steigt nun durch eine Vorgebirgslandschaft die nordwestlichen Ausläufer der Weißen Berge hinauf. Die Orangenbäume werden nun von Steineichen und Mastixbäumen abgelöst, und in den Flusstälern wachsen Platanen und Oleander. Die kurvenreiche Straße führt weiter an dicht bewachsenen Hängen bergauf. Nach 5 km passieren wir eine von Platanen umstandene Quelle.

Nach den letzten Kurven fahren wir über ein von Olivenbäumen bestandenes Plateau, hinter dem sich ein von Kastanien, Platanen, Erdbeerbäumen und Olivenbäumen bestandenes Tal öffnet. Auf der nun bergab führenden Fahrt erkennt man durch die Bäume die Häuser eines theaterartig an den beiden Hängen über dem Tal errichteten kleinen Dorfes, das von einem kleinen Fluss durchflossen wird.

Auf der Fahrt nach Sougia wechseln sich bewaldete mit kahlen Bergen ab.

Bevor wir Nea Roumata erreichen, weist ein Schild auf die Stelle hin, an der ein wichtiges kleines Kuppelgrab aus frühminoischer Zeit gefunden worden ist, das ein Skelett in Hockerstellung und zwei Tongefäße als Grabbeigaben enthielt.

Nach Nea Roumata steigt die Straße wieder in Serpentinen die Hänge der Weißen Berge hinauf und erreicht nach 5 km das Dorf Prasses, an dessen Platz Cafes zu einer Pause einladen.

Von hier aus hat man einen schönen Blick auf die Madares (wie die Einheimischen die Weißen Berge nennen). Die Häuser des Dorfes sind an einem grünen Hang errichtet.

Wir fahren weiter durch eine sich nun ständig verändernde Landschaft. In der Ferne sehen wir die steilen grauen Rücken und Gipfel der Weißen Berge. Nach der Abzweigung nach Sembronas führt die Straße an teils kahlen und teils von Büschen bewachsenen Hängen entlang.

4 km hinter Sembronas erreichen wir den höchsten Punkt der Strecke, von wo man auf das Libysche Meer und die kahlen Gipfel der Weißen Berge blickt. Eine Abzweigung nach links führt durch eine monumentale Alpenlandschaft nach Omalos (siehe 5. Rundfahrt). Die Straße führt nun bergab, und der Charakter der Landschaft wandelt sich. Sie durchquert ein grünes Tal mit dem 700 m hoch gelegenen Dorf Agia Irini und erreicht nach 13 km die Abzweigung nach Rodovani-Paliochora und Sougia.

Nur 50 m nach der Abzweigung weist ein Schild den Weg zum Kephala-Hügel, wo in einer schönen Landschaft die Ruinen der autonomen antiken Stadt Elyros entdeckt worden sind. In den Schriftquellen wird Elyros als eine der wichtigsten Städte Westkretas bezeichnet. Erhalten sind Überreste einer römischen Zisterne, von Wohnhäusern und einer frühchristlichen Basilika, auf deren Fußbodenmosaik pflanzliche Motive und Tiere dargestellt sind (Ende des 5.-6. Jh. n. Chr.).

Wir folgen weiter der Hauptstraße und erreichen nach 11 km das Dorf Sougia. Die antike Stadt Syia, die auf einer nahen Anhöhe errichtet war, blühte in griechisch-römischer und frühchristlicher Zeit, wovon die Überreste von drei frühchristlichen Basiliken, der Teil einer Wasserleitung sowie die Überreste von Zisternen und Thermen aus römischer Zeit zeugen.

In der Antike gab es in der Nähe von Syia noch weitere Städte, wie Lissos im Westen, der Hafen von Elyros oder Hyrtakina, und Poikilassos im Osten, das in hellenistischer Zeit bewohnt war und danach verlassen worden ist.

Mosaik aus der byzantinischen Kirche im antiken Lissos.

Lissos

Lissos, das religiöse Zentrum der Städte Südwestkretas, hat seine größte Blüte in hellenistischer und römischer Zeit erlebt. Es prägte eigene Goldmünzen, die auf einer

Seiten den Kopf der Göttin Artemis und auf der anderen einen Delphin und die Legende ΛΙΣΙΩΝ tragen.

Die Stadt war Mitglied im Bund der Bergstädte und mit Hyrtakina verbündet. Sie verdankte ihren Reichtum dem Handel, dem Fischfang und ihrem Asklepiosheiligtum. Zu den Ruinen der antiken Stadt Lissos an einer kleinen Bucht westlich von Sougia führt ein Fußweg, der am westlichen Rand des Strandes von Sougia beginnt. Freigelegt worden sind die Ruinen des dorischen Asklepiostempels aus dem 4. Jh. v. Chr. mit einem Mosaik aus dem 1. Jh. v. Chr., Reste der Hafenanlagen, eine Stoa, ein Bad und andere öffentliche Gebäude, ein Teil des römischen Theaters, aus dem Fels gehauene und gebaute Kammergräber und Wohnhäuser.

Innerhalb des Tempels sind Votivstatuen und Inschriften gefunden worden, die im Archäologischen Museum von Chania ausgestellt sind. Die heilige Quelle und der Brunnen des Asklepiosheiligtums sind ebenfalls erhalten geblieben. In der Nähe der Ruinen des Asklepiostempels befindet sich die byzantinische Kapelle des Agios Kyrkos (Agios Kyriakos), die mit antikem Baumaterial auf den Grundmauern einer Basilika errichtet worden ist. In der Nähe der Küste steht eine Kirche der Muttergottes aus dem 14. Jh., die ebenfalls mit antikem und byzantinischen Baumaterial auf der Ruine einer anderen frühchristlichen Basilika erbaut worden ist.

Das Asklepieion in Lissos.

Sougia

Das hübsche Fischerdorf besitzt einen kleinen natürlichen Hafen, der versteckt zwischen den Küstenfelsen liegt. Hier machen die Schiffe fest, die von Agia Roumeli und von der Insel Gavdos kommen.

Die Häuser sind entlang des Kieselstrandes mit dem tiefen, kristallklaren Wasser errichtet. Vorgängerin von Sougia war die kleine antike Stadt Syia, die eine der beiden Häfen der Stadt Elyros war. Am langen Strand mit den Tamarisken findet der Besucher malerische Tavernen; Fremdenzimmer stehen ebenfalls zur Verfügung.

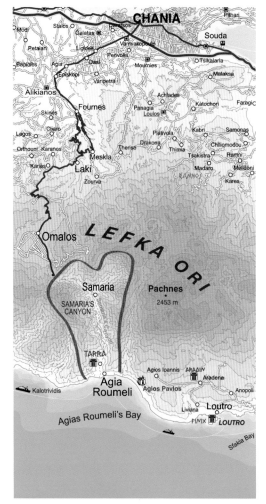

5. RUNDFAHRT

Chania-Alikianos-Lakki-Omalos Hochebene
Samaria Schlucht-Agia Roumeli-Loutro

Wir fahren von Chania mit dem Ziel Omalos nach Süden. Danach durchwandern wir die Samaria-Schlucht, die wir am Strand von Agia Roumeli verlassen.

Danach bringt uns ein Boot nach Sphakia, von wo aus wir nach Chania zurückkehren. Wir folgen zunächst bis nach Alikianos derselben Straße wie beim vorherigen Ausflug.

Wir fahren geradeaus weiter und erreichen nach 3,5 km das Dorf Phournes, dessen Häuser von grünen Gärten umgeben sind. Die Straße führt nun in Kurven bergan nach Lakki, von wo aus man einen schönen Blick auf die Madares genießt.

Aufgrund seiner schwer zugänglichen Lage hat Lakki bei den Aufständen der Kreter gegen die Besatzer eine führende Rolle gespielt. Eine andere, von Phournes ausgehende Straße führt nach Meskla, einem in einem grünen Tal gelegenen Dorf, das vom Fluss Keritis durchflossen wird. Die heutige Ortschaft ist an der Stelle einer Vorgängerin aus hellenistischer und römischer Zeit errichtet.

Sehenswert sind die Kirche des Sotira Christou, deren Fresken aus den Jahren 1303 und 1471 stammen, und die Kirche der Muttergottes, die auf den Grundmauern einer frühchristlichen Basilika

errichtet ist, von der ein Teil des Mosaikfußbodens aus dem 5.-6. Jh. n. Chr. erhalten geblieben ist.

Hinter Lakki steigt die Straße weiter an. Vom höchsten Punkt der Fahrt (1.200 m) geht der Blick über das Kretische Meer. Links beginnt ein Fußpfad, der nach Omalos führte, die berühmte »Straße der Mousouri«.

Die Straße führt nun bergab und gibt den Blick auf die nahezu runde, von hohen Bergen umgebene Omalos-Hochebene frei, ein Unterschlupf der aufständischen Kreter. Ihre mittlere Höhe beträgt 1.080 m und ihre Fläche 25 qkm. Sie besitzt drei natürliche Zugänge, von denen der am tiefsten liegende von Lakki ausgeht.

Links unten: Lakki.

Oben: Meskla.

Unten: Steinhaus auf der Hochebene von Omalos.

»Wann wird es klar, wann wird es Frühling werden? Ich nehme mein Gewehr, die schöne Patrone und gehe nach Omalos und schließe mich den Kämpfern der Mousouri an...«

(rizitisches Lied)

Im Winter verwandeln sich zahlreiche Abschnitte in kleine seichte Seen, und im Frühling blühen hier zahlreiche Wildblumenarten.

Fast am Rand der Hochebene liegt das heute verlassene gleichnamige Dorf, in dem nur noch einige wenige Tavernen betrieben werden. Von Omalos aus führt eine Straße nach Westen und trifft nach 8 km auf die Hauptstraße, die Chania mit dem Strand von Sougia verbindet. Die geradeaus führende Straße erreicht nach 4 km das Dorf Xyloskalo (Höhe 1.236 m), wo ein Informationszentrum der Forstbehörde arbeitet. Außerdem gibt es dort einen Touristenpavillon, einen Erfrischungskiosk und ein kleines Museum für Naturgeschichte.

Von Xyloskalo° genießt man atemberaubende Blicke auf die hohen Gipfel der Weißen Berge. Genau gegenüber der kleinen Terrasse des Touristenpavillons türmen sich die grauen, kahlen, steilen Gipfel des Gigilos, von denen der höchste eine Höhe von 2.074 m erreicht. Hier stellte man sich den Thron des Kretageborenen Zeus vor.

Die Samaria-Schlucht

Die Samaria-Schlucht oder der »Pharangas«, wie sie die Einheimischen nennen, ist mit einer Länge von 16,5 km die längste Europas; sie ist 1962 zum Naturschutzgebiet erklärt worden. Sie ist vom 1. Mai bis zum 31 Oktober von 6-15 Uhr geöffnet. Die Wanderung durch die Schlucht ist anstrengend und dauert zwischen 6 und 8 Stunden. Da Übernachten innerhalb der Schlucht nicht gestattet ist, muss die Strecke an einem Tag absolviert werden. Man muss die Wanderung deshalb früh am Morgen beginnen, um den Ausgang vor Anbruch der Dunkelheit zu erreichen. Die Breite der Schlucht schwankt zwischen 3,5 und 300 m und die Höhe der Felswände zwischen 200 und 1.000 m.

An ihrer engsten und zugleich eindrucksvollsten Stelle, die »Portes« (Pforten) genannt wird, beträgt die Breite lediglich 3,5 m. Die Schlucht wird vom Tarrhaios-Fluss durchflossen, der im Winter so stark anschwillt, dass ein Passieren der Schlucht unmöglich ist. Die Schlucht besitzt eine artenreiche Fauna und Flora. Innerhalb der Schlucht gibt es Quellen und die verlassene Siedlung Samaria mit der byzantinischen Kirche der Osia Maria der Ägypterin, nach der die Schlucht benannt sein soll. Aus »Osia Maria« wurde »Sia Maria« und daraus »Samaria«. Während des Aufenthalts in der Schlucht darf kein Feuer entzündet werden; außerdem sind verboten der Konsum alkoholischer Getränke, das Jagen, das Fischen, laute Musik und das Lärmen im Allgemeinen, die Mitnahme von Hunden, das Pflücken oder Zerstören von Pflanzen, Blumen und Kräutern sowie das Zerstören von Nestern, Eiern, frisch geschlüpften Vögeln, Hinweisschildern und anderen Einrichtungen. Das Rauchen ist ebenfalls strengstens verboten.

Vor dem Betreten der Schlucht erhält der Wanderer eine Eintrittskarte, die er mit sich führen und am Ausgang der Schlucht dem Wächter aushändigen muss. Diejenigen, die die Schlucht durchwandern wollen, müssen außerdem wissen, dass Wanderstiefel und die Mitnahme von Sonnenschutz sowie leichter Nahrung und Wasser unbedingt erforderlich sind. Im verlassenen Dorf Samaria warten Eselführer, die gegen einen geringen Lohn denjenigen helfen, die nicht mehr weiter wandern wollen, und in der Nähe ist für Notfälle ein Hubschrauberlandeplatz angelegt worden.

Die Wanderung durch die Schlucht

Der Abstieg in die Schlucht beginnt in Xyloskalo und wird zunächst durch in den Fels gehauene Stufen erleichtert, die in einen engen, bergab führenden Fußpfad übergehen, der durch Geländer abgesichert ist.

Wir folgen dem Pfad, bis wir auf der Sohle der von hoch aufragenden Felswänden begrenzten Schlucht angelangt sind. Unsere Wanderung wird von gewaltigen Zypressen, Kiefern, Steineichen und Ahornbäumen begleitet.

Nach 1,5 km erreichen wir die Neroutsiko-Quelle, die im Schatten riesiger Platanen aus der Felswand sprudelt.

Der Pfad führt weiter bergab und erreicht auf der Sohle der Schlucht die Quelle Riza tis Sykias. Wir wandern nun am Fluss entlang und begegnen bald der in einer Lichtung stehenden Kapelle des Agios Nikolaos, die von hohen Zypressen beschattet wird und in ihrem Vorhof zwei Quellen besitzt.

Neben ihr ist eine Forststation mit einem Brunnen mit kühlem Wasser einge-

Links: Hohe Gipfel überragen die Samaria-Schlucht.

Seite. 261:
Die »Pforten«.

richtet. Hier wird die Stelle Keno vermutet, wo nach Diodorus Siculus die Göttin Britomartis geboren worden sein sollte. Bei der Quelle nahe der Steinkapelle sind architektonische Überreste eines offenen Heiligtums gefunden worden, das von der archaischen Zeit bis zur Spätantike betrieben worden ist und wahrscheinlich dem Apollon geweiht war. Nach einer Wanderung von 1 km entlang des Flusses erreichen wir die Stelle Vryssi mit einer weiteren erfrischenden Quelle.

Die nächste Station ist Nea Vryssi, wo eine weitere sprudelnde Quelle entspringt. Die Schlucht weitet sich jetzt, während die hohen Gipfel der Weißen Berge uns weiterhin begleiten. Rechts ragt der Volakias (2.113 m) und links der Pachnes (2.453 m) auf.

Der kleine Fluss verschwindet nun und kommt an der Stelle Kephalovryssia wieder ans Licht. Nach einer Wanderung von 7 km durch eine ständig sich ändernde, fantastische Landschaft haben wir die Mitte der Schlucht erreicht.

Wir überqueren eine kleine Brücke und erblicken die Ruinen des 300 m hoch gelegenen Dorfes Samaria, dessen wenige Einwohner es 1962 verlassen haben, als die Schlucht zum Naturschutzgebiet erklärt wurde. Die Schlucht verengt sich nun wieder zwischen Respekt einflößenden steilen Felswänden.

Wir passieren die kühle Rebhuhn-Quelle und erreichen die Stelle Chalasmena Gremna. An dieser Stelle haben Steinschläge zu Beginn des 20. Jhs. dem Wasser den Weg versperrt, so dass sich hier ein kleiner See gebildet hat, den man früher mit Flößen überquerte.

Wir haben nun 10 km hinter uns gebracht und die Stelle Kephalovryssia erreicht, an der der Fluss Tarrhaios wieder ans Tageslicht tritt. Hier steht eine Christuskapelle, bei der wir uns etwas ausruhen können, bevor wir das letzte Stück der Wegstrecke in Angriff nehmen.

Der Weg führt nun durch die engen »Pforten«, und danach weitet sich die Schlucht drei Mal. Wir passieren die Lichtung mit der Metamorphosis-Kapelle und –Quelle und durchqueren die dritte, eindrucksvollste und engste der Pforten.

Der Pfad führt über dicke Kiesel am engen, nur 3,5 m breiten Bett des Flusses entlang.

Links und rechts ragen steile graue Felswände bis zu einer Höhe von 300 m auf. Hinter der letzten Pforte weitet sich die Schlucht, und wir setzen unsere Wanderung zum Ausgang fort, an dem das alte Dorf Pano Agia Roumeli liegt, dessen Einwohner es in den 1960er Jahren verlassen haben, um sich weiter südlich an der nahe gelegenen Küste niederzulassen. In der Nähe des verlassenen Dorfes sind Überreste einer Siedlung aus klassischer Zeit entdeckt worden.

Unter den Steinhäusern von Pano Agia Roumeli sind die Kirchen des Agios Georgios und der etwas höher gelegenen Agia Paraskevi erhalten. Wir überqueren die Brücke, die die Ufer des Sturzbaches miteinander verbindet, und folgen der Zementstraße, die nach Kato Agia Roumeli führt. In der Nähe der Brücke sieht man links die Friedhofskirche der Agia Triada, und gegenüber liegt zwischen den nackten grauen Felsen versteckt die höhlenartige Kirche des Agios Antonios.

Nach etwa einer halben Stunde erreichen wir die Ortschaft Kato Agia Roumeli, die an einem schönen Strand mit hellgrauem Sand und tiefem, kristallklarem Wasser liegt. Hier gibt es Unterkünfte und Tavernen. Dieser Abschnitt der Küste hat sich nach 365 n. Chr. dramatisch verändert, als sich die Küste bis nach Sphakia um etwa 4 m anhob.

Kato Agia Roumeli ist an der Stelle errichtet worden, an der in der Antike die klei-

Unten: Der Ausgang der Schlucht am Libyschen Meer.

Rechts: Agia Roumeli.

Das antike Tarrha

Die Stadt Tarrha war das religiöse Zentrum der Dorer mit zahlreichen Tempeln, darunter demjenigen des Apollon Tarrhaios aus dem 5. Jh. v. Chr. Sie prägte ihre eigenen Münzen, auf denen auf einer Seite der Kopf einer Wildziege und auf der anderen eine Biene dargestellt war. Tarrha war im 4. und 3. Jh. v. Chr. zusammen mit Poikilasion, Elyros, Lissos und Hyrtakina Mitglied im Bund der Bergstädte.

Die Stadt war von der klassischen bis zur römischen Zeit ununterbrochen bewohnt und wurde erst in frühchristlicher Zeit verlassen. Die Römer trafen hier einen Tempel der Göttin Britomartis an, den sie in einen Tempel der Göttin Roma verwandelten. Die Heiligkeit des Ortes blieb auch in christlicher Zeit erhalten, als an dessen Stelle eine Kirche der Agia Roumilia oder Roumeli errichtet wurde. Von der heutigen Kirche der Panagia ist nur der überkuppelte Teil in Betrieb.

ne autonome Stadt Tarrha gestanden hat. Sie war eine der vier Städte der klassischen und hellenistischen Zeit im Gebiet von Sphakia.

Von Agia Roumeli kann man sich mit einem kleinen Boot nach Sougia und von dort nach Paliochora oder Chora Sphakion fahren lassen. Wir wählen die gebräuchlichste Möglichkeit und nehmen das Boot nach Chora Sphakion.

*Unten: Die
kleine Kirche des
Agios Pavlos.*

*Rechts: Loutro
und die Ruinen
des
mittelalterlichen
Kastells.*

Das Boot fährt parallel zur Küste nach Osten. Wir sehen in der Ferne die hoch aufragenden Gipfel der Weißen Berge, die durch tiefe Schluchten voneinander getrennt sind. Eine von ihnen, die Eligia-Schlucht, öffnet sich auf einen schönen Sandstrand.

Danach erkennt man die kleine byzantinische Kirche des Agios Pavlos (11. Jh.), die auf einem flachen Vorsprung über dem Sandstrand steht. Es folgt die monumentale, wilde Aradena-Schlucht, die tief in die nackten Felsen eingeschnitten ist.

Sie öffnet sich auf den weißen Kieselstrand Marmara, an den sich der kleine Strand Phinika anschließt. Wir passieren Kap Mouri und fahren in eine Bucht ein, an der das gut geschützte Fischerdorf Loutro liegt.

Loutro

Loutro ist ein besonders malerisches Dorf, das nur vom Meer aus zugänglich ist und über zahlreiche Tavernen und Fremdenzimmer verfügt. Die weißen Häuser sind zu Füßen des nackten, hinter ihnen aufragenden Berges entlang der kleinen halbkreisförmigen Bucht errichtet. Das Dorf, das an der Stelle der antiken Stadt Phoinix steht, hat während der Aufstände gegen die Türken eine wichtige Rolle gespielt. Der Name des Dorfes, der »Bad« bedeutet, geht auf die antiken Bäder zurück, die vom nahen Anopolis mit Wasser versorgt wurden.

Das antike Phoinix, von dem einige architektonische Überreste erhalten sind, war in römischer Zeit der Hafen der Städte Anopolis und Aradena. Mit seinen drei windgeschützten Buchten war Phoinix ein idealer Ankerplatz. An der Stelle der Kirche der Muttergottes befand sich eine frühchristliche Basilika, deren Mauern bis zu einer Höhe von 3 m erhalten sind. Südlich des Narthex erkennt man einen Anbau, der vielleicht als Baptisterium gedient hat.

Wir lassen das hübsche Loutro hinter uns, das von Ruhe suchenden Urlaubern bevorzugt wird.

Die Fahrt nach Chora Sphakion dauert etwa 15 Minuten. Kurz nach der Abfahrt sehen wir den kleinen Kieselstrand Glyka Nera, an dem eine Quelle entspringt und der von einem steil aufragenden Berg abgeschlossen wird.

6. RUNDFAHRT

Chania-Vrysses-Askyphou Hochebene
Frangokastello-Sphakia-Anopolis
Gavdos

Wir fahren zunächst auf der Autobahn Chania-Rethymnon nach Osten und nehmen nach 33 km die Ausfahrt nach Vrysses, einem schönen großen Dorf mit vielen Quellen. Das Dorf ist beiderseits der grünen Ufer des Flusses Vryssanos errichtet, die durch eine Brücke miteinander verbunden sind.

An der Brücke befindet sich der Dorfplatz, der von hohen Platanen beschattet wird. Hier findet man Tavernen, in denen man u. a. Yoghurt mit Honig genießen kann.

Außerhalb des Dorfes ist die »Philipps-Brücke« (oder »griechischer Bogen«) erhalten, eine von einem Bogen getragene Brücke aus klassischer Zeit. In der Nähe sind Fußbodenmosaike gefunden worden, die zu einer frühchristlichen Basilika gehört haben.

Von Vrysses fahren wir auf der ansteigenden Straße nach Süden und erreichen die grüne, mit Olivenhainen und Steineichen bestandene Krapi-Hochebene, die die Grenze zwischen den Bezirken Apokoronas und Sphakia bildet.

Im Süden der Ebene beginnt die 2 km lange, enge ansteigende Schlucht »Langos tou Katre«, an deren Wänden Steineichen und Zypressen wachsen. Hinter dem Ausgang der Schlucht liegt die von hohen Bergen umgebene Askyphou-Hochebene, die für ihre Milchprodukte und ihren Wein bekannt ist. Askyphou ist eine der fünf verstreut liegenden Ortschaften der Hochebene.

Hier findet man Geschäfte, Cafes und Restaurants. Jenseits der Ebene steigt die Straße weiter an, und nach 4 km erreichen wir das Dorf Imbros, das am Eingang der gleichnamigen, 7 km langen Schlucht liegt.

Die Höhe der senkrecht aufsteigenden Felswände erreicht 300 m, und an einigen Stellen verengt sich die Schlucht auf 2 m. Die Wände und der Boden der Schlucht sind über und über bewachsen. Die Straße folgt den Windungen der engen Schlucht bergab.

Frangokastello

Das 1371-1374 errichtete Kastell sollte das Gebiet vor Piratenüberfällen schützen und die aufsässige Bevölkerung niederhalten.
Die rechteckige Anlage ist mit quadratischen Türmen verstärkt. Über dem Tor sieht man noch heute venezianische Wappen und das Relief mit dem Löwen von San Marco.
Vor der Kastellruine liegt ein herrlicher Strand mit goldenem Sand und seichtem smaragdgrünen Wasser.

Vom Ausgang der Schlucht aus sieht man das Libysche Meer, zu dem die Straße nun in Serpentinen hinunter führt.

An den Ausläufern des Berges führt eine Abzweigung zum von Olivenhainen umgebenen Dorf Komitades und zum Frangokastello, einem venezianischen Kastell, das dem gesamten Gebiet seinen Namen gegeben hat. In der Nähe befinden sich der Koutelos-Strand mit großen Kieseln und wenigen Bäumen und der kleine Ilinga-Strand mit tiefem, smaragdgrünem Wasser.

Das Kastell liegt gewöhnlich friedlich am tiefblauen Libyschen Meer und wirft in den Sommermonaten die Rufe der Schwimmer zurück. Zu gewissen Morgenstunden im Mai kann man das natürliche Phänomen der »Schatten« erleben, die auf den Mauern des Kastells zu wandern scheinen.

Links oben: Das Kloster des Agios Georgios beim Dorf Vrysses.
Links unten: Vrysses.

Rechte Seite: Frangokastello.

Die Einheimischen nennen sie die »Drosouliten« und erkennen in ihnen die Seelen der Mitkämpfer des Chatzi Michali, die jedes Jahr in dieser Zeit zurückkehren, um das Kastell zu verteidigen.

An der sich nach Osten fortsetzenden Küste findet man sandige Strände, die zum Baden einladen, wie den herrlichen Strand Orthi Ammos mit seinen Dünen und den Strand Lakka. Von Frangokastello führt die Straße nach Osten nach Skaloti, Ano und Kato Rodakino und nach Plakia in ein Gebiet, das wir bereits von Rethymnon aus erkundet haben.

Wir kehren zur Hauptstraße zurück und erreichen nach 4 km das oberhalb einer kleinen Bucht theaterartig am Hang errichtete Chora Sphakion mit seinem malerischen Hafen, wo man Tavernen und Cafes findet.

Die zweistöckigen Steinhäuser mit ihren kleinen Fenstern, die sich auf vier Ortsteile verteilen, steigen den Hang des hinter dem Dorf aufsteigenden Berges hinauf. Auf der Kuppe des grünen Berges östlich des Hafens sind Überreste eines venezianischen Kastells erhalten. Wegen seiner abgelegenen Lage ist Sphakia nie von den Eroberern betreten worden, die nacheinander die Insel in Besitz genommen hatten, und hier entstanden immer wieder Aufstandsbewegungen. Für die Sphakianer charakteristisch sind das Festhalten an den lokalen Traditionen und ihr unbezähmter Charakter. Sphakia hat früher etwa 600 Einwohner besessen, die vor allem zur See fuhren und sich als Händler und Piraten betätigten.

Heute ist die Zahl der Einwohner, die sich vor allem mit der Tierhaltung beschäftigen, stark zurückgegangen. Im Dorf gibt es eine Polizeistation, ein Hafen- und Zollamt und andere Behörden.

Von Sphakia führt eine 12 km lange, kurvenreiche Straße zum malerischen Anopolis hinauf, das in 600 m Höhe auf einer kleinen Hochebene mit zahlreichen Weinstöcken liegt. In der Nähe des Dorfes befand sich die antike autonome Stadt Anopolis, die eigene Münzen prägte. Erhalten sind Abschnitte der starken hellenistischen Befestigungsmauer und Kastengräber aus römischer Zeit.

Gegen Ende des 3. Jhs. v. Chr. ist die Stadt wahrscheinlich von Aradena erobert

Oben: Der Strand von Orthi Ammos.

Unten: Sphakia.

worden, doch gelang es den Bewohnern, sich wieder zu befreien. Anopolis ging zusammen mit den Städten Aradena und Poikilassos im Jahre 183 v. Chr. ein Bündnis mit Eumenes II. von Pergamon ein.

Hinter Anopolis führt die Straße über eine eiserne Brücke, die die beiden Ränder der eindrucksvollen Aradena-Schlucht miteinander verbindet, die senkrecht in die Felsen eingeschnitten ist, und erreicht das Dorf Aradena. Von der Brücke hat man einen atemberaubenden Blick hinunter in die tief eingeschnittene Schlucht, die die Hochebenen von Anopolis und Aradena voneinander trennt. Im Hintergrund türmen sich die Hänge der Weißen Berge.

Aradena liegt in der Nähe der ehemaligen antiken Stadt Araden, von der einige Ruinen und Gräber aus archaischer Zeit erhalten sind. Die byzantinische Kirche des Erzengels Michael nimmt einen Teil des Mittelschiffes einer frühchristlichen Basilika ein. Die Schlucht von Aradena endet an der Phinikas-Bucht westlich von Chora Sphakion.

Gavdos

Von Chora Sphakion setzen Fähren zur nur 26 Seemeilen entfernten malerischen Insel Gavdos über, die herrliche sandige Buchten und azurblaues sauberes Wasser besitzt. Die dreieckige Insel misst 37 qkm. Nach dem Dichter Kallimachos war Gavdos die homerische Insel Ogygia, auf der die Nymphe Kalypso wohnte. Die südlichste Insel Europas war bereits in neolithischer und frühminoischer Zeit bewohnt und unterhielt später Beziehungen mit Gortyn, wie eine Inschrift aus dem 3. Jh. v. Chr. lehrt. Ihre Einkünfte bezogen die Inselbewohner aus der Tierhaltung sowie aus der Salz- und Zedernharzgewinnung; letzteres wurde zur Herstellung von Medikamenten und der Abdichtung der Schiffe verwendet. Eine weitere Einnahmequelle war der Hafenzoll.

Im 2. Jh. n. Chr. überließ der römische Kaiser Hadrian die im Abstieg begriffene Insel den Spartanern. In byzantinischer Zeit war sie Bischofssitz, und in venezianischer Zeit stieg sie wieder zu einer wichtigen Handelsstation für die Schiffe auf, die südlich von Kreta segelten.

Heute ist Gavdos, das nur noch wenige Bewohner zählt, außer für seine herrlichen gelben Sandstrände (Sarakiniko, Korphou) vor allem für seine Zedernwälder bekannt. Am Hafen Karave an der Südostseite der Insel gibt es einige Tavernen und Fremdenzimmer. Im Hauptort Kastri, der 5 km von Karave entfernt in 190 m Höhe liegt, befinden sich eine Ambulanz, die Verwaltung der Gemeinde und die Polizeistation der Insel.

Auf der Insel sind bis heute zahlreiche archäologische Fundplätze entdeckt worden. Architektonische Reste aus hellenistischer und römischer Zeit sieht man heute an den Stellen Ai Giannis und an der Lavraka-Bucht.

Zwischen Gavdos und Agia Roumeli liegt die unbewohnte Insel Gavdopoula, auf der eine frühminoische Siedlung entdeckt worden ist (2800-2000 v. Chr.).

Oben: Die Aradena-Schlucht. Unten: Gavdos, das antike Ogygia, die Insel der Kalypso.

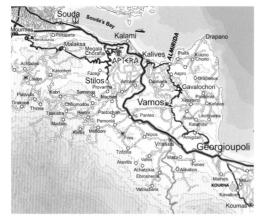

7. RUNDFAHRT

Chania-Kloster Chryssopigi-Souda-Aptera
Stylos-Mournies-Kalyves-Vamos
Georgioupoli-Kournas See-Kournas

W ir fahren von Chania auf der von Bäumen gesäumten Straße in Richtung der Ortschaft Souda, deren Name vom lateinischen Wort »suda« abgeleitet ist, das »Graben« bedeutet.

Nach 3 km führt eine Abzweigung nach rechts zum Nonnenkloster Zoodochos Pigi, das um 1560 gegründet worden ist. Die mit drei Apsiden ausgestattete Klosterkirche ist im 17. Jh. errichtet worden. Im Klostermuseum werden liturgische Gerätschaften sowie Handschriften und Ikonen aus dem 15., 16. und 17. Jh. aufbewahrt.

Wir kehren zur Hauptstraße zurück, passieren die Ortschaft Souda, deren großer Hafen die Stadt Chania bedient, und fahren weiter nach Platani. Da die Straße ansteigt, öffnen sich herrliche Ausblicke auf die tief eingeschnittene Bucht und die Inselchen an ihrem Eingang.

Auf der kleinen Insel Souda ist das im Jahre 1560 von den Venezianern zum Schutz der Bucht vor Piratenüberfällen errichtete Kastell erhalten.

Auf der gegenüber liegenden Seite der Bucht

Das antike Aptera

Aptera oder Aptara war eine wichtige Handelsstadt und einer der mächtigsten Stadtstaaten Kretas. Dem Mythos zufolge hatte sie ihren Namen (die Flügellose) von den Sirenen erhalten, die in einem Musikwettkampf von den Musen besiegt worden waren und danach ihre Federn verloren hatten. Der Name geht jedoch wahrscheinlich auf die Göttin Artemis zurück, die hier mit diesem Namen verehrt wurde. Die Stadt ist an dieser Stelle anscheinend im 8. Jh. v. Chr. gegründet worden. In der Nähe muss es bereits in minoischer Zeit eine Siedlung gegeben haben, die in den Linear B-Texten A-pa-ta-wa genannt wird. Die Stadt der historischen Zeit bedeckte die planierte Kuppe der 200 m hohen Anhöhe. Sie besaß die Häfen Minoa und Kissamos.

In hellenistischer Zeit entfaltete Aptera intensive Handelsaktivitäten. Im 3. Jh. v. Chr. wurde eine starke, 4 km lange Umfassungsmauer errichtet, von der Abschnitte erhalten sind. In römischer Zeit war Aptera eine bäuerliche Siedlung. Es wurde im 7. Jh. n. Chr. durch ein Erdbeben zerstört und erhielt seinen tödlichen Schlag im Jahre 823 n. Chr., als die Sarazenen Kreta eroberten. Im 12. Jh. wurde in der Nähe das Kloster des Agios Ioannis des Theologen gegründet.

Links:
Das Kloster
Zoodochos Pigi
oder
Chryssopigi.

Oben:
Die Festung
Izzedin bei
Aptera
Unten links:
Blick auf das
antike Aptera.
Unten rechts:
Die römischen
Zisternen von
Aptera.

erkennt man die Höhenzüge auf der Akrotiri-Halbinsel und rechts die schroffen Berge von Malaxa. Hinter Platani treffen wir auf die Straße nach Aptera. Im Dorf Megala Choraphia biegen wir nach links ab und finden nach einem schwierigen Anstieg von 2 km die Ruinen der antiken Stadt Aptera.

Der Ausblick auf die Souda-Bucht und das umliegende Gebiet ist atemberaubend. Die Befestigungsmauern der antiken Stadt sind auf einer Länge von 4 km erhalten. In der Mitte der Ausgrabungsstätte kann man in der Nähe des Klosters des Agios Ioannnis des Theologen zwei große tonnengewölbte römi-

sche Zisternen besichtigen, die möglicherweise zu einer öffentlichen Bäderanlage gehört haben, und außerdem die Überreste eines Doppeltempels (»zweiteiliges Heiligtum«) aus hellenistischer Zeit, östlich davon die Mauer der Proxenieinschriften und einen römischen Dreikonchenbau mit Apsis, in dem das Buleuterion vermutet wird. Im Süden sieht man die Überreste des hellenistischen Theaters.

An verschiedenen Stellen liegen Architekturglieder antiker Tempel verstreut, während einige Gebäude aus byzantinischer Zeit in relativ gutem Zustand erhalten sind. Am nordöstlichen Rand des Plateaus erhebt sich die mächtige türkische Festung Izzedin, die 1866-1869 errichtet worden ist. Westlich der antiken Stadt ist ihre Nekropole entdeckt worden.

Blick von Aptera.

Wir kehren nach Megala Choraphia zurück und fahren nach Süden. Vor dem Dorf Stylos kann man einen Abstecher zum 470 m hoch gelegenen Bergdorf Malaxa machen, das einen schönen Blick auf die Souda-Bucht bietet.

Von hier führt die Straße hinunter in die Ebene nach Nerokourou, wo eine große Siedlung aus mittelminoischer Zeit freigelegt worden ist, die bis ins 13. Jh. v. Chr. bewohnt gewesen ist. Außerdem sieht man hier die Grundmauern einer Villa aus der Neupalastzeit. Von Nerokourou fahren wir nach Mournies weiter, das 4 km von Chania entfernt liegt. In diesem grünen Dorf, das zahlreiche alte Kirchen und Klöster besitzt, ist Eleftherios Venizelos geboren worden, in dessen Steinhaus ein Museum eingerichtet ist. 500 m außerhalb des Dorfes befindet sich an der Stelle Agia Marina ein Platanenwald mit Quelle.

Als Alternative kann man von Aptera aus nach Stylos fahren, das in einer grünen, wasserreichen Umgebung liegt.

Auf dem Azogyre-Hügel vor dem Dorf sind ein monumentales Grab aus der Phase Spätminoisch III und eine bedeutende Siedlung gefunden worden, die in spätminoischer Zeit verlassen worden ist. Zu den bedeutenden Funden zählt ein Keramikbrennofen mit gepflastertem Boden. Wir kehren über Megala Choraphia zur Hauptstraße zurück und fahren nach Kalami und zum Küstendorf Kalyves mit seinem großen Sandstrand.

Von hier kann man den schönen Sandstrand von Almyrida erreichen. Vor dem Dorf sind die Überreste einer der bedeutendsten frühchristlichen Basiliken Kretas aus dem 6. Jh. n. Chr. entdeckt worden, von der ein Teil des herrlichen Mosaikfußbodens erhalten ist. Nicht weit von Almyrida liegt Gavalochori mit seinen traditionellen Häusern, Tavernen, Cafes und einem Volkskunde-Museum, das in einem alten Herrenhaus eingerichtet ist und dessen Ausstellungsstücke die Geschichte und die Gebräuche des Dorfes illustrieren. Es verdankt seinen Namen der byzantinischen Familie Gavalas, die sich hier um 960 n. Chr. niedergelassen hatte.

Von Gavalochori fahren wir weiter nach Süden zum Hauptort des Bezirks Apokoronos Vamos mit seinen traditionellen Steinhäusern, den ansteigenden Gassen und den byzantinischen Kirchen. Der Dorfplatz mit den kleinen Cafes wird von Platanen beschattet. Aufgrund seiner strategisch wichtigen Lage war Vamos zur Zeit der Türkenherrschaft häufig Gegenstand kriegerischer Auseinandersetzungen.

Oben: Das Venizelos-Haus in Mournies.

Unten: Almyrida.

Von Vamos aus führt die Straße in südöstliche Richtung und erreicht nach 10 km Georgioupoli mit seinem wichtigen Feuchtgebiet. Das Dorf liegt an der Stelle, an der der vom Kourna-See kommende Fluss Almyros in die gleichnamige Bucht mündet. Das alte Küstendorf mit seinem langen Sandstrand, dem von Eukalyptusbäumen bestandenen Platz und dem kleinen Hafen mit seinen Fischerbooten hat sich zu einem viel besuchten Ferienzentrum mit ausgeprägtem Nachtleben entwickelt.

Wir fahren von Georgioupoli weiter nach Südosten und erreichen nach 5 km den einzigen natürlichen See Kretas, den Kourna-See. Seine Fläche beträgt 65.000 qm und seine größte Tiefe 25 m. Er wird von Bergen gesäumt, die sich in seinem unbewegten Wasser spiegeln.

Der See trug in der Antike den Namen Koresia,

Oben: Vamos.
Unten:
Der Kourna-See.

Rechts:
Ansichten von
Georgioupoli.

und in seiner Nähe bestand ein Heiligtum der Athena Koresia. Sein heutiger Name Kourna bedeutet »See«.

Von hier aus kann man das Dorf Kourna besuchen, das am grünen Hang des Berges Daphnomadara errichtet ist. Zwischen den Steinhäusern des Dorfes stehen die alten Kirchen des Agios Georgios mit Fresken aus dem 12.-14. Jh. und der Agia Irini. Vom höchsten Punkt der Wegstrecke hat man einen schönen Blick auf den See und das Kretische Meer.

Anreise

Mit dem Flugzeug

Chania und Iraklion werden täglich mehrmals von Athen aus angeflogen.

Außerdem besteht eine Flugverbindung Athen-Sitia. Rethymnon ist über den Flugplatz von Chania erreichbar.

Flugverbindungen:

Direkt von Chania nach Thessaloniki.

Direkt von Iraklion nach Thessaloniki und Rhodos.

Direkt von Sitia nach Alexandroupolis.

Von Sitia zu mehreren Inseln der Dodekanes.

Von zahlreichen europäischen Städten bestehen Charterflugverbindungen nach Chania und Iraklion.

Mit dem Schiff

Es fahren täglich Autofähren vom Piräus nach Iraklion, Chania und Rethymnon.

Expressfähren fahren vom Piräus nach Iraklion und Chania.

Weitere Fähren fahren von Kastelli Chanion zum Piräus, nach Gythion, Kalamata, Kythera und Antikythera (weitere Informationen im Internet: www.ferries.gr und unter der email-Adresse: anek-lines@ferries.gr).

Schiffe der Gesellschaft GA FERRIES verkehren auf den Routen Iraklion-Santorin-Naxos-Paros-Tinos-Skopelos-Skiathos-Thessaloniki und Iraklion-Santorin-Ios-Naxos-Paros-Piräus (weitere Informationen im Internet: www.ferries.gr und unter der email-Adresse: ga@ferries.gr).

Schiffe der Gesellschaft Hellenic Seaways verbinden Iraklion mit den Kykladen und verkehren auf der Route Iraklion-Santorin-Ios-Paros-Mykonos und zurück (weitere Informationen im Internet: www.ferries.gr und unter der email-Adresse: info@ferries.gr).

Schiffe der Gesellschaft LANE verbinden Iraklion, Agios Nikolaos und Sitia mit den Inseln der Dodekanes auf folgenden Routen:

Piräus-Melos-Santorin-Agios Nikolaos-Sitia-Kassos-Karpathos-Diaphani Karpathou-Chalkis-Rhodos und Piräus-Milos-Santorin-Iraklion-Sitia-Kassos-Diaphani Karpathou-Chalkis-Rhodos (weitere Informationen im Internet: www.ferries.gr).

Unterkünfte

In allen Hauptstädten der Regierungsbezirke und in allen Tourismusgebieten werden Unterkünfte aller Kategorien angeboten.

Verkehrsmittel

Das in ganz Kreta gut ausgebaute Straßennetz ermöglicht ein problemloses Reisen. Wer nicht mit dem eigenen Auto anreist, kann an zahlreichen Stellen auf ganz Kreta einen Mietwagen oder ein Motorrad mieten.

Die Ausgrabungsstätten und andere Sehenswürdigkeiten kann man im Rahmen von (eintägigen, zweitägigen usw.) Ausflügen besuchen, die von den lokalen Tourismusbüros organisiert werden.

Außerdem stehen die Überlandbuslinien zur Verfügung, die die Hauptstädte der vier Regierungsbezirke miteinander verbinden. Von den Hauptstädten fahren Busse zu den Dörfern des jeweiligen Regierungsbezirks.

Konsulate

Folgende Staaten unterhalten in Iraklion Konsulate: Großbritannien, Dänemark, Schweden, Finnland, Belgien, Deutschland, Italien, Norwegen, Niederlande, Russland und Österreich.

Unterhaltung, Essen

Kreta, das während der vergangenen Jahrzehnte einen sprunghaften Anstieg des Tourismus erlebt hat, bietet seinen Besuchern nahezu alles, was man sich an Unterhaltung und Verpflegung wünschen kann.

Die Restaurants und Tavernen bieten die lokale und die internationale Küche an. Darüber hinaus gibt es zahlreiche Fischtavernen, Pizzerien, Ouzerien, Fast Food, Cafeterien, Clubs, Bars und Pubs.

REGIERUNGSBEZIRK IRAKLION

AUSGRABUNGSSTÄTTEN

Agia Triada 91
Amnissos 106
Ano Symi 105
Archanes 97
Gortyn 80
Jouchtas (Gipfelheiligtum) 99
Knossos 62
Kommos 93
Leben 84
Lyttos 103
Mallia 110
Nirou Chani 107
Phaistos 86
Phourni (Nekropole) 98
Sklavokambos 75
Tylissos 74
Vathypetro 101

MUSEEN

Acharnes, Archäologisches . . . 100
Ethnologisches Kretas 86
Geschichte und Tradition 100
Historisches Kretas 61
Iraklion, Archäologisches 58
Leuchtturm 109
N. Kazantzakis 96
Naturhistorisches 61
Sammlung byzantinischer Ikonen. 61

KASTELLE

Koules. 56

KLÖSTER

Agios Antonios 105
Ag. Georgios Apanosiphis . . . 101
Agios Georgios Gorgolaïni 76
Agios Pandeleimon 74
Aistratigou 101
Angarathou 102
Koudouma 84
Odigitria 94
Palliani 76
Panagia Kera 108
Savvathianon 72
Varsamonero 79
Vrontissi 78

HÖHLEN

Eileithyia 107
Kamares 79
Skotinou 108

STRÄNDE

Agia Pelagia 73
Ammoudara 72
Amnissos 106
Anisaras 109
Arvi 105
Chani Kokkini 107
Gournes 107
Gouves 107
Kali Limenes 94
Karteros 106
Kokkinos Pyrgos 93
Kommos 93
Lendas 84
Limani Chersonissou 109
Linoperamata 72
Lygaria 73
Mallia 109
Matala 93
Phodele 73
Stalida 109

INSELN

Dias 106

SCHLUCHTEN

Agios Nikolaos 78
Agiopharangos 94
Arvi. 105

SEEN

Zaros 78

AQUARIEN

Gournes 107

STÄDTE UND DÖRFER

Agies Paraskies 102
Agii Deka 80
Agios Myron 76
Amiras 104
Apesokari 84
Archanes 96
Arkalochori 104
Arolithos 74
Asimi 80
Asites (Kato und Ano) 76
Avdou 108
Choudetsi 100
Damasta 74
Daphnes 77
Embaros 104
Gazi 74
Gergeri 77
Gonies 75
Gouves 107
IRAKLION 50
Kamares 79
Kamilari 93
Karkadiotissa 101
Kastelli 103
Kounavi 102
Krassi 108
Listaros 94
Maratho 74
Martha 104
Mires 86
Mitropoli 84
Myrtia 96
Nivrytos 78
Panagia 104
Panassos 77
Pefko 105
Peza 102
Phodele 74
Pigaidakia 94
Pitsidia 93
Platanos 84
Pompia 94
Prinias 77
Pyrgos 80
Pyrgou 76
Rodia 72
Sivas 77
Skalani 96
Styloi 80
Symi 105
Thrapsano 103
Tymbaki 92
Venerato 77
Viannos 104
Vori 86
Voriza 79
Zaros 78

REGIERUNGSBEZIRK LASSITHI

Ausgrabungsstätten

Agia Photia 142
Agios Nikolaos (Insel) 135
Chamezi (minoische Villa) . . . 137
Dreros 133
Gournia 135
Itanos 146
Kamara 116
Karphi 128
Lato 126
Milatos 132
Myrtos 159
Palekastro 146
Petra (Palast) 140
Petsophas 147
Praisos 151
Psira (Insel) 136
Trypitos 141
Vassiliki 160
Zakros 148

Museen

Ag. Nikolaos, Archäologisches . 120
Ag. Georgios, Volkskundliches . 130
Ag. Nikolaos, Botanisches 120
Ag. Nikolaos, Volkskundliches . 120
Chamezi, Archäologisches 137
Chamezi, Volkskundliches 137
Ierapetra, Archäologische
Sammlung 158
Neapolis, Archäologische
Sammlung 128
Sitia, Archäologisches 138
Sitia, Volkskundliches 138

Kastelle

Ierapetra 156
Mirabello 116
Sitia 137
Spinalonga 124

Klöster

Ag. Georgios Selinari 133
Aretiou 124
Kapsa 152
Kroustallenia 128
Phaneromeni 134
Toplou 142

Kirchen

Panagia Kera 126

Höhlen

Diktäische Grotte 151
Kronion 128
Milatos 132

Strände

Achlia 155
Agia Photia (Sitia) 142
Agia Photia (Ierapetra) 155
Almyros 134
Ammoudara 134
Analipsi 153
Chionas 147
Elounda 123
Erimoupoli 146
Gra Lygia 159
Ierapetra 156
Istros 134
Kato Zakros 147
Koutsounari 155
Koutsouras 155
Makrygialos 153
Milatos 132
Mochlos 136
Myrtos 159
Pachia Ammos 135
Pherma 155
Plaka 124
Sissi 132
Vai 144
Vathy 134
Xerokambos 153

Inseln

Agios Nikolaos 136
Chryssi 158
Grandes 147
Kouphonissi oder Lefki 155
Psira 136
Spinalonga 124

Schluchten

Ag. Georgios Selinari 133
Pervolaki 153
Totental 147

Seen

Bramianon 159

Hochebenen

Lassithi 129
Ziros 153

Städte und Dörfer

Achladia 151
Agios Charalambos 131
Agios Konstantinos 130
AGIOS NIKOLAOS 116
Anatoli 159
Armeni 152
Chamezi 137
Chandras 152
Epano Episkopi 151
Etia 152
Exo Mouliana 137
Ierapetra 156
Kalo Nero 153
Kato Metochi 131
Kavousi 136
Kourounes 133
Koutsouras 151
Kritsa 126
Krousta 127
Lapitho 151
Lastro 136
Latsida 133
Lithines 151
Manares 150
Mardati 126
Marmaketo 128
Maronia 151
Messa Lassithi 128
Messa Mouliana 137
Messa Potami 128
Mournies 160
Myrsini 136
Myrtos 159
Nea Praisos 151
Neapoli 128
Nikithiano 124
Pilalimata 153
Pinakiano 128
Piskokephalo 150
Plati 131
Psychro 130
Sitia 137
Sphaka 136
Stomio 159
Tourloti 136
Tzermiado 128
Vasiliki 160
Vrachasi 133
Vrysses 128
Zakros 147
Ziros 153
Zou 151

REGIERUNGSBEZIRK RETHYMNON

AUSGRABUNGSSTÄTTEN
Armeni 198
Eleutherna 188
Lappa 212
Monastiraki 196
Oaxos 179
Sybritos 195
Zominthos 183

MUSEEN
Archäologisches 172
Historisches 172
Kirchenmuseum 172
Meeresmuseum 172
Städtische Gemäldesammlung 172
Volkskundliches 172

KASTELLE
Rethymnon, Fortezza 170

KLÖSTER
Arkadi 187
Arsani 191
Atali 176
Dioskouri 178
Myriokephala 213
Preveli 208
Prophitis Elias 210

HÖHLEN
Ag. Antonios (Patsos) 193
Gerani 213
Idäische Grotte 184
Melidoni 178
Sendoni 181

SCHLUCHTEN
Agios Antonios 193
Kotsyphou 209
Kourtaliotis 204
Prassamo 193

HOCHEBENEN
Nida 184

STERNWARTEN
Skinakas 183

STRÄNDE
Agia Galini 202
Agios Pavlos 201
Bali 177
Damoni 208
Episkopi 213
Gerani 213
Geropotamos 174
Korakas 209
Panormos 174
Petres 213
Plakias 208
Platanes 186
Preveli 206
Skaleta 174
Stavromenos 191
Triopetra 201

STÄDTE UND DÖRFER
Adele 186
Agallianos 201
Agia Paraskevi 194
Agia Photini 194
Agios Andreas 210
Agios Dimitrios 186
Agios Ioannis (Amari) 194
Agios Ioannis 209
Agios Konstantinos 210
Agios Vassilios 209
Akoumia 201
Amari 196
Amnatos 186
Ano Meros 194
Anogia 181
Apodoulou 197
Apostoli 194
Argyroupolis 211
Armeni 199
Asi Gonia (Chania) 213
Asomaton-Schule 195
Asomatos 204
Atsipopoulo 210
Axos 179
Chamalevri 191
Chordaki 194
Chromonastiri 192
Eleftherna 188
Episkopi 178
Garazo 178
Gerakari 194
Gerani 213

Gonia 210
Goudeliana 193
Kalogerou 195
Kambos Kissou 201
Kanevo 209
Kapsalliana 186
Kare 193
Kerames 201
Kouroutes 196
Koxare 204
Kyrianna 186
Lambiotes 196
Lefkogia 208
Lochria 197
Loutra 186
Margarites 190
Megali Episkopi 213
Melidoni 178
Meronas 194
Mixorouma 199
Monastiraki 196
Moundro 211
Mourtziana 178
Myli 192
Myriokephala 213
Myrthios (Amari) 193
Myrthios 209
Nea Krya Vryssi 201
Nithavris 197
Pandanassa 193
Panormos 174
Patsos 193
Perama 178
Phourphouras 196
Pigi 186
Platania 196
Prasses 192
Prines 210
RETHYMNON 164
Rodakino 209
Roussospiti 192
Roustika 210
Selli 193
Sisses 177
Thronos 194
Velonado 211
Viranepiskopi 191
Vistagi 196
Vizari 196
Voliones 193
Vrysses 194
Zoniana 181

REGIERUNGSBEZIRK CHANIA

AUSGRABUNGSSTÄTTEN

Aptera 270
Elyros 252
Kissamos 239
Kydonia 216
Lissos 253
Phalassarna 242
Phoinix 264
Polyrrhenia 238
Syia 252
Tarrha 263

MUSEEN

Byzantinische Sammlung 227
Chania, Archäologisches 226
Historisches Archiv 227
Kissamos,
Archäologische Sammlung . . . 239
Kriegsmuseum 227
Nautisches Museum 227

KASTELLE

Frangokastello 267
Gramvoussa 240
Izzedin 272
Kastelli 223
Paleochora 246
Phirkas 223

KLÖSTER

Agia Triada 230
Chryssoskalitissa 243
Gonia 237
Gouverneto 232
Katholiko 232
Zoodochos Pigi 270

HÖHLEN

Agia Sophia 244

INSELN

Elaphonissi 243
Gavdos 269
Gramvoussa 240
Palia Souda 230
Theodorou 235

STRÄNDE

Agia Marina 231
Agia Roumeli 262
Agii Apostoli 231
Almyrida 273
Elaphonissi 243
Frangokastello 267
Georgioupoli 274
Kalamaki 231
Kalami 272
Kalathos 229
Kalyves 272
Kato Stalos 231
Kolymbari 235
Lakka 268
Loutro 264
Maleme 235
Marathi 230
Orthi Ammos 268
Paleochora 248
Phalassarna 242
Platanias 235
Sougia 254
Sphinari 243
Stavros 229

SCHLUCHTEN

Aradena 269
Imbros 266
Katre 266
Samaria 258
Therisso 233
Topoliano 244

SEEN

Agia 250
Kourna 274

HOCHEBENEN

Anopolis 269
Aradena 269
Askyphou 266
Krapi 266
Omalos 257

STÄDTE UND DÖRFER

Agia Irini 252
Alikianos 251
Anopolis 268
Aradena 269
Askyphou 266
Batolakkos 251
CHANIA 220
Chora Sphakion 268
Drakona 236
Elos 244
Episkopi Kissamou 236
Galatas 234
Gavalochori 273
Gerani 235
Imbros 266
Kakopetro 246
Kaloudiana 244
Kambos 243
Kantanos 246
Kastelli 238
Kephali 243
Keramoti 243
Kolymbari 235
Komitades 267
Kounoupidiana 228
Kouphos 251
Kournas 274
Koutsomatado 244
Lakki 256
Livadia 243
Malaxa 272
Megala Choraphia 271
Meskla 256
Milia 244
Mournies 272
Myli 244
Nea Roumata 252
Nerokourou 272
Paliochora 248
Pervolia 233
Phloria 246
Phournes 256
Plakalona 238
Platanos 242
Polyrrhinia 238
Potamida 244
Prasses 252
Rodovani 248
Sembronas 252
Skaloti 268
Skines 251
Souda 270
Spilia 236
Sternes 230
Stylos 272
Temenia 248
Therisso 233
Topolia 244
Vamos 273
Voukolies 246
Vrysses 266
Zourva 233

Musik und Tänze

Die Musik und die Tänze Kretas sind vom unruhigen, freien Geist und vom männlichen Stolz geprägt. Zu den bekanntesten kretischen Liedern zählen die »rizitischen Lieder« und die »Mandinades«.

Die rizitischen Lieder werden in Westkreta gesungen und sind an den Ausläufern der Weißen Berge und des Psiloritis entstanden. Bei diesen langsamen Gesängen unterscheidet man Tischlieder und Straßenlieder.

Die erstgenannten werden von den aus freudigem oder traurigem Anlass zu Tisch Geladenen ohne Musikbegleitung gesungen, während die Straßenlieder von Instrumenten begleitet werden. Sie haben einen heiteren Inhalt und werden von denjenigen gesungen, die die Braut vom Elternhaus zur Kirche begleiten.

Die Mandinades werden auf ganz Kreta gesungen. Es handelt sich um selbstverfasste fünfzehnsilbige Zweizeiler erotischen, satirischen, sozialen oder historischen Inhalts.

Die Sänger der Mandinades werden von den traditionellen kretischen Musikinstrumenten begleitet, wie der birnenförmigen kretischen Lyra, die seit dem 17. Jh. nachweisbar ist, der Laute in ihrer großen kretischen Variante und seltener der Geige.

Der bekannteste kretische Volkstanz ist der Pendozalis, dessen Name auf die fünf hauptsächlichen Tanzschritte anspielt. Er wird gewöhnlich von Männern getanzt, die sich mit ausgestreckten Händen bei den Schultern fassen und einen Kreis bilden. Es handelt sich um einen schnellen Kriegstanz, der an den antiken Waffentanz erinnert.

Der Vortänzer improvisiert spektakuläre Sprünge. Der Pendozalis wird vom langsamen Siganos eingeleitet, dessen Tanzschritte denjenigen des Pendozalis gleichen.

Der Siganos geht auf den antiken »Kranichtanz« (Geranos) zurück, den Theseus nach seinem Sieg über den Minotauros getanzt hatte. Die langsam voranschreitenden Tänzer, die sich an den Schultern halten, gleichen einer sich aus dem Labyrinth herauswindenden Kette.

Andere kretische Tänze sind die Sousta, der Syrtos und der Kastrinos. Die aus sechs Tanzschritten bestehende Sousta ist nach den rhythmischen Auf- und Abbewegungen der Körper der Tänzer benannt; sie wird von sich gegenüber stehenden gemischten Paaren getanzt.

Der auch Chaniotikos genannte Syrtos wird von Männern und Frauen getanzt, die sich mit langsamen Schritten im Kreis bewegen. Der Kastrinos – benannt nach dem Kastro (Kastell) von Iraklion –, der auch Pidichtos oder Maleviziotikos (nach dem Bezirk Malevizi) genannt wird, ist ein schneller Kreistanz. Er besteht aus 16 Schritten, von denen 8 in Richtung auf die Kreismitte und 8 nach rückwärts ausgeführt werden.

Kretische Küche

Die Ernährungsweise der Mittelmeervölker und vor allem der Kreter gilt als ideal. Der Hauptfettlieferant innerhalb der kretischen Küche ist das Olivenöl, dessen positive Eigenschaften von der internationalen Wissenschaft anerkannt sind. Das Olivenöl ist von großer Bedeutung für eine ausgewogene Ernährung und trägt zum Schutz des menschlichen Organismus vor Gefäßerkrankungen bei; außerdem fördert es bei den Kindern die Knochenbildung, wirkt bei den Älteren der Osteoporose entgegen und hilft bei der Herausbildung eines gesunden Nervensystems. Es ist leicht verdaulich und besitzt ohne die Hinzufügung von Fremdstoffen von Natur aus ein breites Spektrum von Aromen und Geschmacksvarianten.

Die Grundlage für die Ernährung der Kreter – die sich heute aufgrund der von außen eindringenden anderen Ernährungsgewohnheiten allerdings erheblich verändert hat – bildet das Olivenöl, das bei der Zubereitung aller Gerichte verwendet wird. Es gehört ebenso selbstverständlich zum Bauernsalat und zum kretischen »Dako« (Tomate mit Myzithra-Käse) wie zu den Hülsenfrüchten und Gemüsen, die mehrmals in der Woche ohne Fleisch zubereitet und dann als »Ladera« (ladi = Öl) bezeichnet werden. Mit Olivenöl werden außerdem Fische, Meeresfrüchte sowie rotes und weißes Fleisch zubereitet, das früher nur an Sonn- und Feiertagen auf den Tisch kam. Außerdem wird es für die Zubereitung zahlreicher Süßspeisen verwendet, wie die Diples, die Xerotigana, die süßen Kalitsounia, die Ladokouloura und verschiedene Süßspeisen mit Blätterteig.

KRETISCHE KÜCHE
Traditionelle Mittelmeergerichte

Die kretischen Gerichte atmen den Duft der Berge und des Meeres. Die reichliche Verwendung von Olivenöl ist für die Mittelmeerkost charakteristisch.

Das Buch »Kretische Küche« enthält 205 einfache und vor allem gesunde Rezepte, die sich durch Vielfalt und Schmackhaftigkeit auszeichnen.

OLIVENBAUM & OLIVENÖL
Das Olivenöl in der griechischen Küche

Der Olivenbaum ist mit unserer Religion verbunden und ist Gegenstand der Künste, und die Oliven und das Olivenöl sind notwendige Bestandteile unserer Ernährung. Im Buch »Olivenbaum und Olivenöl« werden die lange Geschichte des Olivenbaums, die mit ihm verbundenen Mythen und die Eigenschaften seiner Produkte dargestellt.

Es folgen 114 Rezepte für schmackhafte und gesunde Gerichte, Backwaren und Süßspeisen, deren Grundlage das Olivenöl bildet.